北京文物与考古系列丛书

北京亦庄 X11 号地考古发掘报告

北京市文物研究所 编著

科学出版社
北　京

内 容 简 介

亦庄 X11 号地位于北京市大兴区亦庄镇西四号村一带的凉水河南岸。2010 年 3 至 4 月间，北京市文物研究所为配合基本工程建设，抢救发掘了汉代墓葬 32 座、窑址 7 座；唐代墓葬 1 座；辽金墓 5 座、窑址 1 座；清代墓葬 3 座、井 1 眼。同时出土有大量随葬器物。据初步研究，汉墓的年代大致为西汉晚期至东汉时期，个别墓葬可能晚至魏晋时期。陶窑的时代上限不早于西汉中期，下限可能晚至东汉时期。唐墓的上限为唐代中晚期。辽墓下限到辽代中期靠前。这批墓葬的发掘对研究北京东南部地区汉至辽金时期的葬俗、人口、制陶产业模式等有极为重大的意义。

本书适合从事历史学、考古学以及博物馆学的研究人员以及相关高校专业师生参考阅读。

图书在版编目 (CIP) 数据

北京亦庄 X11 号地考古发掘报告 / 北京市文物研究所编著. —北京：科学出版社，2012.6

（北京文物与考古系列丛书）

ISBN 978-7-03-034782-4

Ⅰ.①北… Ⅱ.①北… Ⅲ.①墓葬（考古）－发掘报告－大兴区 Ⅳ.①K878.85

中国版本图书馆 CIP 数据核字（2012）第 123174 号

责任编辑：王光明　陈　为／责任校对：宋玲玲
责任印制：赵德静／封面设计：陈　敬

科学出版社 出版
北京东黄城根北街 16 号
邮政编码：100717
http://www.sciencep.com

双青印刷厂 印刷
科学出版社发行　各地新华书店经销

*

2012 年 6 月第 一 版　开本：889×1194　1/16
2012 年 6 月第一次印刷　印张：9 1/2　插页：36
字数：247 000

定价：180.00 元
（如有印装质量问题，我社负责调换）

北京文物与考古系列丛书

主　编　宋大川
编　委　夏连保　郭京宁　朱志刚
　　　　刘乃涛　董育纲　郭力展
　　　　程　利　张中华　魏永鑫

目 录

第一章　绪论 ·· (1)

　第一节　历史沿革 ··· (1)

　第二节　遗址概况与发掘经过 ·· (3)

　第三节　资料整理与报告编排 ·· (6)

　第四节　地层堆积与文化分期 ·· (6)

第二章　汉代遗迹 ·· (10)

　第一节　墓地概况 ··· (10)

　第二节　墓葬介绍 ··· (10)

　第三节　窑址概况 ··· (96)

　第四节　窑址介绍 ··· (96)

第三章　唐、辽时期遗迹 ··· (109)

　第一节　墓葬 ·· (109)

　第二节　窑址 ·· (125)

第四章　清代时期文化遗存 ·· (127)

　第一节　墓葬 ·· (127)

　第二节　井 ·· (129)

第五章　结语 ·· (130)

　第一节　汉代遗存的分期 ··· (130)

　第二节　唐辽遗存的分期 ··· (132)

　第三节　墓葬和附近城址的关系 ··· (133)

附表 ……………………………………………………………………………………（134）

　　附表一　亦庄 X10、X11、X16 号地汉代墓葬统计表 ……………………………（134）

　　附表二　亦庄 X10、X11、X16 号地唐代墓葬统计表 ……………………………（136）

　　附表三　亦庄 X10、X11、X16 号地清代墓葬统计表 ……………………………（137）

　　附表四　亦庄 X10、X11、X16 号地窑址统计表 …………………………………（137）

插 图 目 录

图一　北京经济技术开发区河西区 X10R2、X11R2、X16R2 号地地理位置示意图 …………（3）
图二　北京经济技术开发区河西区 X10R2 号地考古发掘平面图 ……………（4）
图三　北京经济技术开发区河西区 X11R2 号地考古发掘平面图 ……………（5）
图四　北京经济技术开发区河西区 X16R2 号地考古发掘平面图 ……………（6）
图五　东壁剖面图 ………………………………………………（7）
图六　西壁剖面图 ………………………………………………（7）
图七　地层出土器物 ……………………………………………（8）
图八　④层铜钱拓片 ……………………………………………（8）
图九　M5 平、剖面图 …………………………………………（11）
图一〇　M5 出土陶器 …………………………………………（12）
图一一　M5 出土陶器 …………………………………………（13）
图一二　M5 出土陶器 …………………………………………（14）
图一三　M5 出土器物 …………………………………………（15）
图一四　M5 出土陶楼 …………………………………………（16）
图一五　M5 出土铜钱拓片 ……………………………………（17）
图一六　M6 平、剖面图 ………………………………………（18）
图一七　M6 出土器物 …………………………………………（19）
图一八　M6 出土铜镜 …………………………………………（20）
图一九　M6 铜钱拓片 …………………………………………（20）
图二〇　M7 平、剖面图 ………………………………………（22）
图二一　M7 出土陶壶 …………………………………………（23）
图二二　M7 出土陶罐 …………………………………………（24）
图二三　M7 铜钱拓片 …………………………………………（24）
图二四　M8 平、剖面图 ………………………………………（25）
图二五　M9 平、剖面图 ………………………………………（27）
图二六　M9 墓砖拓片 …………………………………………（28）
图二七　M9 出土器物 …………………………………………（29）
图二八　M9 铜钱拓片 …………………………………………（30）

图二九	M11 平、剖面图	(31)
图三〇	M11 铜钱拓片	(32)
图三一	M12 平、剖面图	(33)
图三二	M12 出土器物	(34)
图三三	M13 平、剖面图	(35)
图三四	M13 出土器物	(36)
图三五	M13 铜钱拓片	(37)
图三六	M14 出土墓砖拓片	(37)
图三七	M14 平、剖面图	(38)
图三八	M14 出土器物	(39)
图三九	M14 出土铜镜	(40)
图四〇	M14 铜钱拓片	(40)
图四一	M15 平、剖面图	(42)
图四二	M15 出土器物	(43)
图四三	M15 铜钱拓片	(44)
图四四	M16 平、剖面图	(45)
图四五	M16 出土器物	(47)
图四六	M16 出土陶棺	(48)
图四七	M16 铜钱拓片	(48)
图四八	M17 墓砖拓片	(49)
图四九	M17 平、剖面图	(50)
图五〇	M17 出土器物	(51)
图五一	M17 出土陶灶	(52)
图五二	M18 平、剖面图	(53)
图五三	M19 出土墓砖拓片	(54)
图五四	M19 平、剖面图	(55)
图五五	M19 出土器物	(56)
图五六	M19 铜钱拓片	(57)
图五七	M20 平、剖面图	(58)
图五八	M20 出土墓砖拓片	(59)
图五九	M20 出土器物	(59)
图六〇	M20 铜钱拓片	(60)
图六一	M21 平、剖面图	(61)
图六二	M22 平、剖面图	(63)
图六三	M22 出土器物	(64)

图六四	M23 平、剖面图	(64)
图六五	M23 出土墓砖拓片	(64)
图六六	M24 平、剖面图	(65)
图六七	M24 出土墓砖拓片	(66)
图六八	M25 平、剖面图	(67)
图六九	M25 出土墓砖拓片	(68)
图七〇	M26 平、剖面图	(69)
图七一	M27 平、剖面图	(70)
图七二	M27 出土陶器	(71)
图七三	M28 平、剖面图	(72)
图七四	M28 出土墓砖拓片	(73)
图七五	M29 平、剖面图	(74)
图七六	M29 出土墓砖拓片	(74)
图七七	M30 平、剖面图	(75)
图七八	M30 出土墓砖拓片	(76)
图七九	M30 出土陶罐	(76)
图八〇	M31 平、剖面图	(77)
图八一	M31 出土墓砖拓片	(78)
图八二	M32 平、剖面图	(79)
图八三	M32 铜钱拓片	(80)
图八四	M33 平、剖面图	(81)
图八五	M33 出土器物	(83)
图八六	M33 出土陶壶	(83)
图八七	M34 平、剖面图	(84)
图八八	M34 出土墓砖拓片	(85)
图八九	M38 平、剖面图	(86)
图九〇	M38 铜钱拓片	(87)
图九一	M39 平、剖面图	(88)
图九二	M39 出土器物	(90)
图九三	M39 出土器物	(91)
图九四	M39 出土器物	(92)
图九五	M39 铜钱拓片	(93)
图九六	M39 出土铜器	(93)
图九七	M40 平、剖面图	(95)
图九八	M41 平、剖面图	(96)

图九九	Y2平、剖面图	(97)
图一〇〇	Y3平、剖面图	(99)
图一〇一	Y4平、剖面图	(100)
图一〇二	Y5平、剖面图	(102)
图一〇三	Y6平、剖面图	(104)
图一〇四	Y7平、剖面图	(105)
图一〇五	Y8平、剖面图	(107)
图一〇六	M1平、剖面图	(110)
图一〇七	M1出土墓砖拓片	(111)
图一〇八	M1出土器物	(112)
图一〇九	M2平、剖面图	(113)
图一一〇	M3平、剖面图	(115)
图一一一	M3出土墓砖拓片	(116)
图一一二	M3出土器物	(116)
图一一三	M35平、剖面图	(117)
图一一四	M35出土器物	(118)
图一一五	M36平、剖面图	(120)
图一一六	M36出土墓砖拓片	(121)
图一一七	M36出土器物	(122)
图一一八	M37平、剖面图	(123)
图一一九	M37出土墓砖拓片	(124)
图一二〇	M37出土器物	(124)
图一二一	Y1平、剖面图	(125)
图一二二	M4平、剖面图	(127)
图一二三	M4出土铁器	(128)
图一二四	M10平、剖面图	(129)

彩 版 目 录

彩版一　X11号地全景及地层出土器物
彩版二　M5
彩版三　M5出土陶器
彩版四　M5出土陶器
彩版五　M5出土陶器
彩版六　M6遗址及铜镜
彩版七　M6出土陶器
彩版八　M7
彩版九　M7出土陶器
彩版一〇　M8
彩版一一　M9及出土陶器
彩版一二　M11、M12及出土陶器
彩版一三　M13
彩版一四　M13、M14出土陶器
彩版一五　M14
彩版一六　M14及出土器物
彩版一七　M15
彩版一八　M15出土陶器
彩版一九　M15出土陶器
彩版二〇　M16
彩版二一　M16
彩版二二　M16出土陶器
彩版二三　M17
彩版二四　M17及出土陶器
彩版二五　M17出土陶器
彩版二六　M18、M19
彩版二七　M18出土陶器
彩版二八　M20

彩版二九	M20 及出土器物
彩版三〇	M21、M22 及出土陶器
彩版三一	M23、M24
彩版三二	M25、M26
彩版三三	M27 及出土陶器
彩版三四	M28
彩版三五	M29、M30 及出土陶器
彩版三六	M31
彩版三七	M32、M33
彩版三八	M33
彩版三九	M33 出土陶器
彩版四〇	M33 出土陶器
彩版四一	M34、M38
彩版四二	M39 墓室及出土器物
彩版四三	M39 出土陶器
彩版四四	M39 出土陶器
彩版四五	M39 出土陶器
彩版四六	M39 出土陶器
彩版四七	M39 出土器物
彩版四八	M40、M41
彩版四九	Y2
彩版五〇	Y3
彩版五一	Y3
彩版五二	Y4
彩版五三	Y4
彩版五四	Y5、Y6
彩版五五	Y7、Y8
彩版五六	Y8
彩版五七	M1
彩版五八	M1 出土器物
彩版五九	M2
彩版六〇	M2
彩版六一	M3 及出土器物
彩版六二	M35
彩版六三	M35

彩版六四　M35 及出土器物
彩版六五　M36
彩版六六　M36 及出土器物
彩版六七　M37 及出土器物
彩版六八　Y1
彩版六九　Y1
彩版七〇　Y1
彩版七一　M4
彩版七二　M10、J1

第一章 绪 论

第一节 历史沿革

大兴历史悠久，自先秦建县以来至今约有2400余年历史，为我国最早的建制县之一。大兴前身为古蓟县，以建于蓟城地区得名。蓟县当为先秦之县，为春秋战国时燕国所建。秦始皇二十三年（公元前224年），秦于蓟城地区置广阳郡，蓟县属之。自汉至隋唐五代，蓟县之建制始终存在。西汉时期蓟县相继隶属燕国、燕郡、广阳郡、广阳国。汉末王莽新朝时期（公元9~24年），蓟县一度改名伐戎县，隶属广有郡，王莽新朝覆灭后恢复蓟县之名。东汉时，蓟县相继隶属广阳国、广阳郡、上谷郡、广阳郡。三国时代，蓟县属魏之幽州燕郡、燕国。西晋、东晋、南北朝、隋、唐、五代各朝，蓟县相继隶属燕国、燕郡、幽州、范阳郡等。辽会同元年（公元938年），蓟县改名蓟北县，隶属幽都府；辽开泰元年（公元1012年），蓟北县改名析津县，隶属析津府，为辽南京附郭京县。宋宣和五年至七年（公元1123~1125年），析津县归宋，隶属燕山府。金贞元二年（公元1154年），析津县更名大兴县，隶属大兴府，为金中都依郭县[①]。

元明清三代时期大兴县为"天下首邑"。元代至元九年（公元1272年）中都改为大都，大兴县为元大都附郭赤县，隶属大都路。明代初期，大兴县隶属北平府。明永乐元年（公元1403年），北平府改为顺天府，大兴属之。明永乐十九年（公元1421年），明迁都北京，大兴为依郭京县。清代，大兴仍为依郭京县，隶属顺天府。

中华民国时期，民国三年（1914年）10月顺天府改为京兆地方，大兴属之。1928年6月，大兴县划归河北省，9月定为特等县，1929年1月旋即降为二等县。至1937年七七事变前，隶属河北省第三专区。日伪统治时期（1937年7月~1945年8月），大兴县先后隶属河北省津海道和燕京道。1943年10月，中共领导的大宛安永固涿良办事处成立。1944年2月更名平南办事处，同年9月设置平南县。1945年3月，平南县建制撤销，分设大兴县和涿良宛县。1945年8月日本投降至1948年12月地区解放，大兴县隶属河北省第五专区。1949年8月以前，中共创建的平南县、大兴县隶属冀中十专区。1949年8月，大兴县划归河北省通县专区。1949年10月中华人民共和国成立后，大兴县仍隶属通县专区。1958年3月，大兴县划归北京市并将原属北京市南苑区的旧宫、亦庄、瀛海、西红门等地划归大兴改为区建制。1960年1月，恢复县建制。1999年，辖14个镇，526村。2001年1月9日，国务院批准撤销大兴县，设立大兴区，

[①] 顾祖禹：《读史方舆纪要·卷十一》，中华书局，2005年，第439页。

以原大兴县的行政区域为大兴区的行政区域，区政府驻黄村镇。2002年，大兴区辖3个街道、14个镇。2005年10月，北臧村镇人民政府由原址迁至北京生物工程与医药产业基地天富大街10号办公。2005年11月3日，大兴区黄村、西红门、亦庄、旧宫地区办事处揭牌仪式在黄村镇举行。2007年10月12日，大兴区瀛海地区办事处揭牌仪式在瀛海镇政府举行。截止到2005年，大兴区全区面积1036.32平方千米，人口56.6万人。辖3个街道、14个镇，共有75个社区、526个村委会。到2009年7月31日，观音寺、天宫院街道办事处成立。

亦庄地区所处区域为清代皇家苑囿南苑的范围内。"南苑"一词为御苑名。因在皇宫之南，故名。历代所指不一。《宋书·明帝纪》："以南苑借张永，云'且给三百年，期讫更启'。"杜甫《哀江头》诗："忆昔霓旌下南苑，苑中万物生颜色。"温庭筠《河传》词："天际云鸟引晴远，春已晚，烟霭渡南苑。"

到了元、明、清三代为皇家苑囿。明永乐中始建为苑囿。清置总尉防御等官把守，其中养殖禽兽，专供皇帝游猎享乐。《大清一统志》记载："南苑在京城永定门外二十里，方圆一百六十里。原为下马飞放泊，明永乐中增广，亦名南海子。周围绕以短垣，麋鹿雉兔，蕃息其中，时命禁旅行围，以肄武事。"清代赵翼《南苑大阅恭纪》诗云："雪晴南苑曙光皑，翠辇亲临阅武来。"

南苑又称"南海子"，位于永定河冲积扇中部，这里地势低洼，泉源密布，多年的河水、雨水和泉水汇集，形几个很大的水面，那时紫禁城北的积水潭有北海子之称，于是这里就叫成了南海子，包括饮鹿池、眼镜湖、大泡子、二海子、三海子、四海子、五海子等一系列水域。加上流经这里的凉水河、小龙河、凤河等为生物的繁衍创造了理想的水文条件，使得这一带水生和喜水的动植物繁盛起来。自辽金时起封建帝王就在这里筑苑渔猎；出生在草原又善骑射的蒙古人也看中了这块水丰草茂的游猎胜地。元世祖忽必烈来到燕京，在这里圈建了一个"广四十顷"的小型皇家猎场，称"下马飞放泊"，"下马"，指离城里不远，骑上马，一会儿下马就到了。"飞放"，指飞鹰放狗，"泊"自然是指"海子"。

明永乐年间，明成祖朱棣迁都北京后，赶走了所有居住在海子里的居民，扩建殿堂宫室，四周修砌围墙120里，开四个苑门，北为大红门，南为南大红门，东为东红门，西为西红门，并设有"海户"护守。谓之"南海子"。把元朝的猎场扩大了数十倍。明代的燕京十景中的"南囿秋风"，就是指南海子一带。周辟四门，内建衙署，设总提督一人、提督四人负责管理。苑内分为四部分，各有一名提督管理，管辖海户400人。苑内设立二十四园，养育禽兽，种植果蔬，供皇帝和官僚贵族打猎享乐。后日渐荒芜，明隆庆年间，南苑已经很衰败。

清朝入主中原后，南海子称南苑，虽然后来建起了西苑、北苑，但这里仍是当时北京地区最大的猎场。清朝皇帝在此修建4处行宫和若干庙宇，分别为旧衙门行宫（又称德寿寺，现地名旧宫），南红门行宫（现地名南宫），新衙门行宫（现地名新宫），团河行宫。现仅存团河行宫。清朝在南苑周围开九门，正门为大红门，又称"北红门"，位于今南四环路大红门立交桥所在地，是由南苑往永定门的必经之路。后增设为九个，包括小红门等。后来又增设了角门。《帝京景物略》记载："城南二十里有囿。曰南海子，方一百六十里。""四达为门，庶类蕃殖，鹿、獐、雉、兔，禁民无取设海户千人守视。"南苑一部分作为操兵练武之所，筑晾鹰台，作为检阅台，清帝多次在此校阅八旗军队。平时严禁平民进入，也不耕种，只有一些维护的人称为"海户"。随着乾隆后期，西苑（包括三山五园）兴建后，逐渐停建。同治间于此设神机营。苑内多獐子、野兔、麋鹿（四不像），并圈养老虎，作为狩猎之用。1900年，八国联军入侵北京，日军闯入园中焚毁建筑、射杀动物。明清两代苦心经营的南苑从此一蹶不振。1901年后荒废，《辛丑条约》签订后，为了弥补国库的空虚，在光绪二十八年六月设立了"南苑督办垦务局"，由皇家发行"龙票"，出卖南苑里的土地，将"南苑内闲旷地亩招佃垦荒"。从此，封闭了六百多年的南苑得以开发。比如大太监李莲英的广德庄、富源庄，北洋军阀段祺瑞的振亚庄等，后来，许多庄名都化为地名一直流传至今。清亡后，南苑毁为粮田。民国二年（1913年），北洋政府在南苑设第一所航空学校，并建飞机场。由此开始了南苑长期作为兵营的历史。中国陆军第29军的军部曾设在南苑，1937年7月28日，发生了南苑抗战，大批日军进攻南苑军部，副军长佟麟阁、师长赵登禹都牺牲在南苑地区。

1949年新中国成立后，这里发展为北京近郊重要农业区和工业区。到了二十世纪五十年代，南郊农场和红星人民公社的出现，使这里成为北京重要的副食品基地。因为得天独厚的地理位置和自然环境，刚改革开放，就曾有台商意在亦庄附近建立外向型为主的经济开发区，1994年，亦庄以北京经济技术开发区的新面孔出现在北京的地图上。

第二节 遗址概况与发掘经过

北京经济技术开发区河西区X10R2、X11R2、X16R2号地，位于北京市大兴区东北部，北邻凉水河一街，东邻中芯学校，南邻泰河路，西邻泰河园小区（图一）。2010年3月20日~

图一 北京经济技术开发区河西区X10R2、X11R2、X16R2号地地理位置示意图

4月22日北京市文物研究所在前期勘探的基础上，对工程占地范围内的古代遗迹进行抢救性考古发掘。

在发掘过程中，我们根据墓葬的实际分布情况，对分散遗迹采取单个布方、集中区域整体发掘的方法。共发掘古代窑址8座、墓葬41座、古井1眼。其中汉代窑址7座、辽金窑址1座、汉代墓葬32座、唐代墓葬1座、辽金墓葬5座、清代墓葬3座、清代井1眼。发掘面积共计1300平方米（图二~图四；彩版一）。

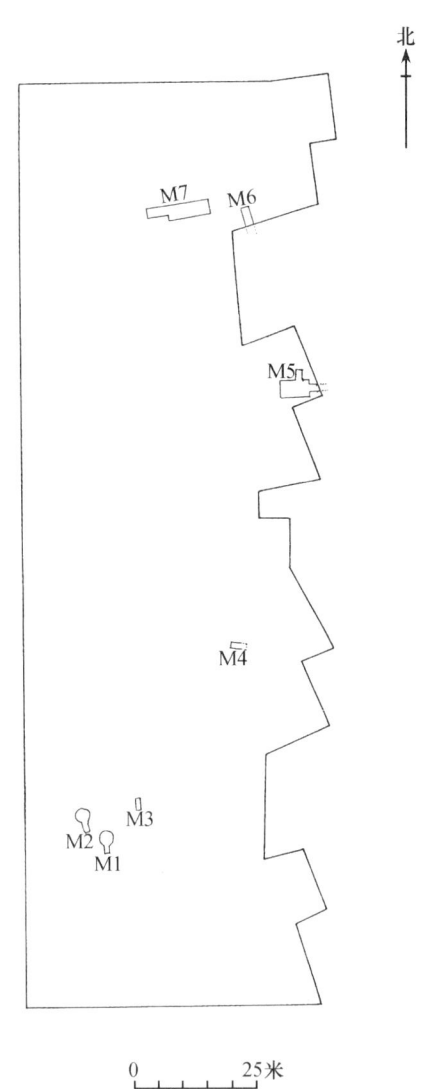

图二　北京经济技术开发区河西区X10R2号地考古发掘平面图

（墓—M）

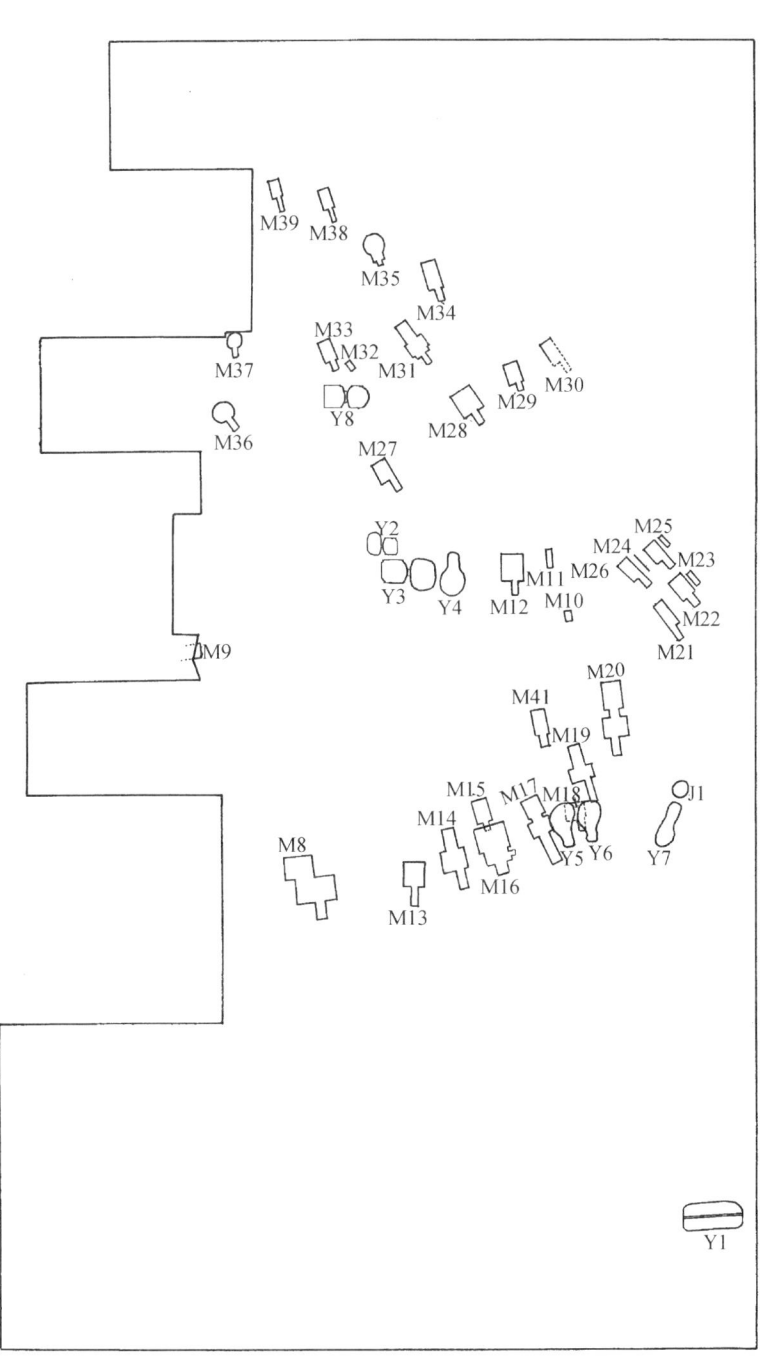

图三 北京经济技术开发区河西区 X11R2 号地考古发掘平面图
（墓—M；窑—Y；井—J）

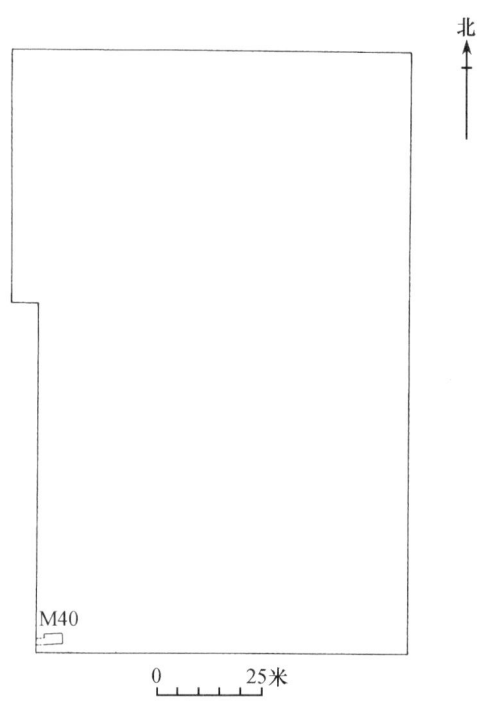

图四　北京经济技术开发区河西区 X16R2 号地考古发掘平面图

（墓—M）

第三节　资料整理与报告编排

北京经济技术开发区河西区 X10R2、X11R2、X16R2 号地在正式发掘之前，主要由刘风亮同志负责协调工作。考古工作开始后主要由郭力展同志负责发掘。发掘工作结束后，由于发掘人员马上又投入其他基建考古工作中，一直未能对发掘资料进行系统的整理。

2010 年 10 月开始，开始对发掘资料进行整理。本报告由郭力展、尚珩执笔，遗迹、器物图由孙建国绘制；遗迹照片由郭力展同志拍摄，出土器物照片由王殿平、王宇新同志拍摄。

第四节　地层堆积与文化分期

经过对整个遗址区的发掘，根据土质、土色以及包含物等综合因素分析，河西区 X10R2、X11R2、X16R2 遗址区域内地层堆积情况大致相同，自表土层之下总体可分为五层（图五、图六）：

第①层：现代地表层，厚 0.5~0.65 米。呈灰褐色，土质较杂、疏松，内含较多现代垃圾、植物根系等。

第②层：冲积层，厚0.4~0.5米。呈浅黄色，土质稍硬，内含少量砖渣颗粒及青花瓷片等。清代时期墓葬均及窑址均开口于此层下。

第③层：厚0.35~0.6米。呈黄褐色，土质略硬，内含较多沟纹砖残块（见拓片）、陶器残片等。唐代时期墓葬及窑址皆开口于此层下。

第④层：厚0.5~0.72米。呈青褐色，土质较硬，内含较多绳纹陶器残片及少量残砖块。

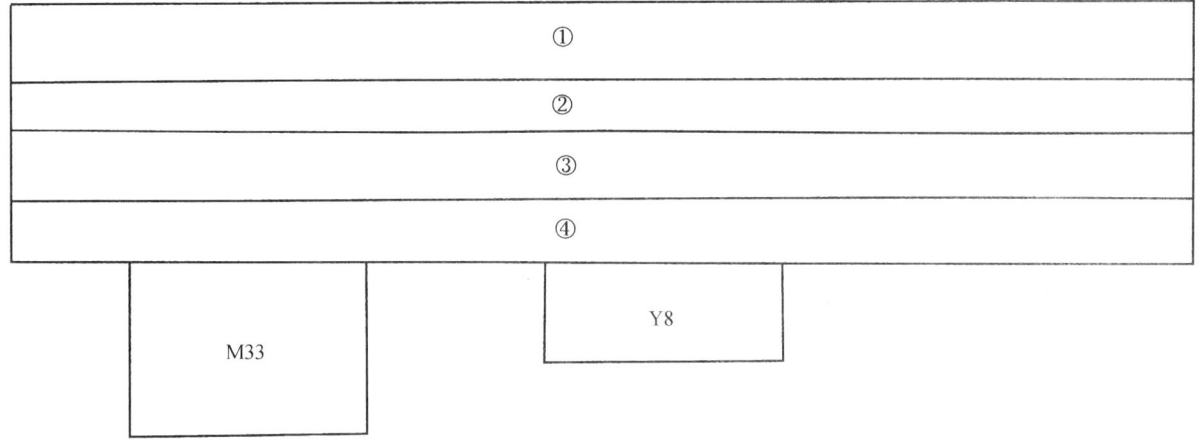

图五　东壁剖面图

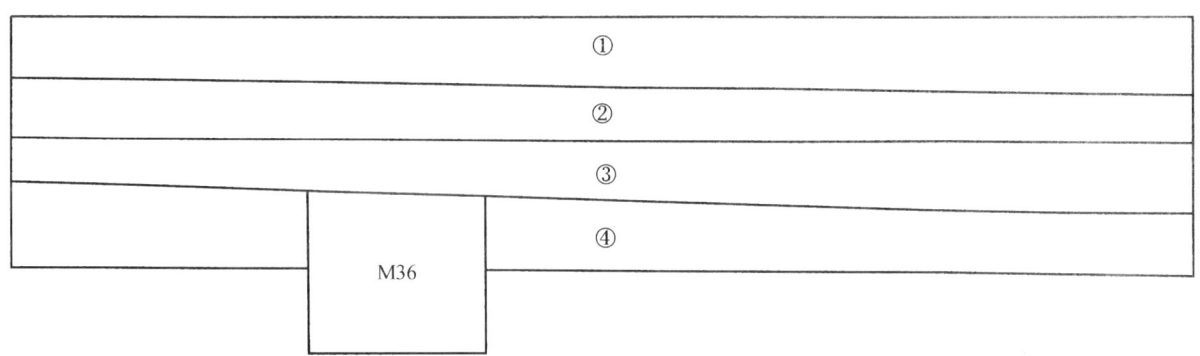

图六　西壁剖面图

在地层中，出土一些器物残片。可辨器形有陶罐底部残片、陶壶颈部残片、陶勺、绳纹砖块（见拓片）、陶盒、铜钱等。汉代时期墓葬及窑址均开口于此层下。在此地层中，出土一些器物残片，现分述如下（图七；彩版一）：

陶罐残片　1件。④:1，泥质灰陶，手、轮兼制，火候高。口、颈上腹残缺，残留部分为斜腹壁，平底。器表饰凹弦纹及细绳纹，内壁饰压印方格纹。底径18.4厘米、残高6.8~12.2厘米。

陶壶残片　1件。④:2，泥质灰陶，轮制，火候高。口、腹、足已残缺，残留部分为长束颈，颈部饰细绳纹及凹弦纹。

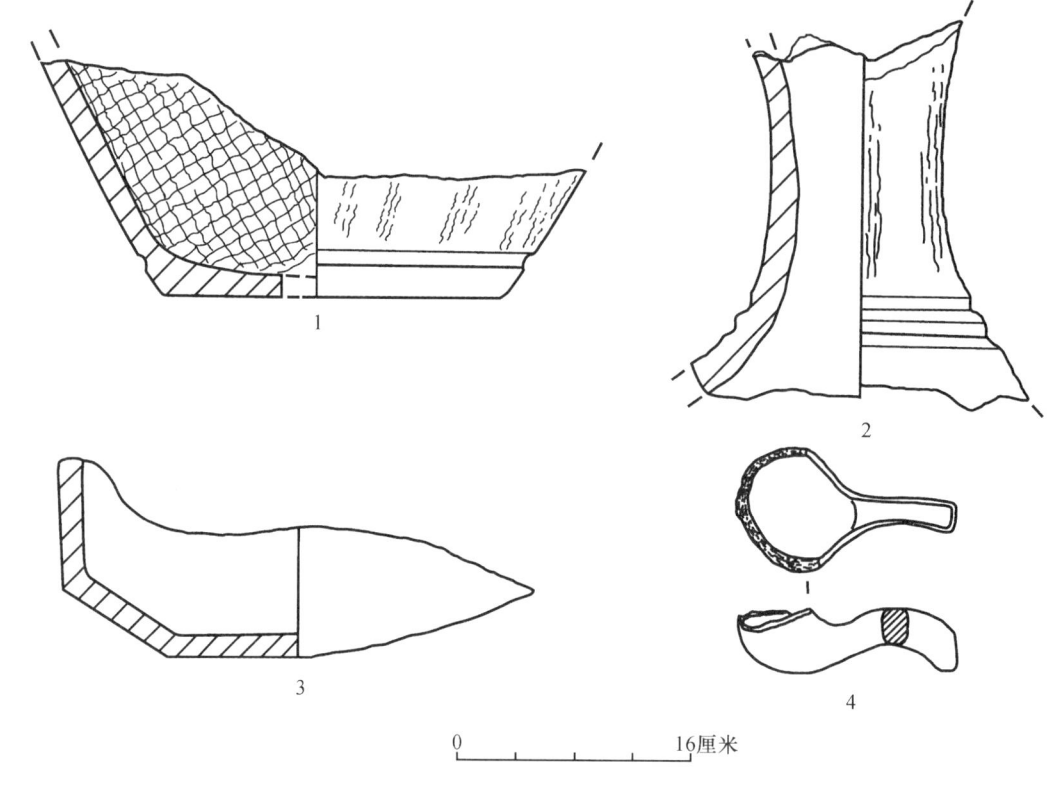

图七 地层出土器物

陶盒残片 1件。④：3，泥质灰陶，轮制，火候高。根据器形可辨为盒盖部分，呈覆斗形。残长25.6厘米、残高10.4厘米。

陶勺 1件。④：4，泥质灰陶，手制，火候高。勺首呈圆形，口部残缺，勺柄上翘，末端下垂呈"S"状。通长11.8厘米、高3.45厘米。

铜钱 2枚。

④：5（上林三官钱），1枚。方穿圆钱，正面穿左右篆书"五铢"二字，字体修长。"五"字两股交笔缓曲，上下与两横笔交接处略向内收。"铢"字"金"旁头呈三角形，下方形四点较短；"朱"字上部方折，中部横笔粗短，下垂圆折，头、尾与"金"旁平齐。钱背内外有郭，正背郭缘略窄。钱径2.51厘米、穿径0.97厘米、郭厚0.19厘米（图八）。

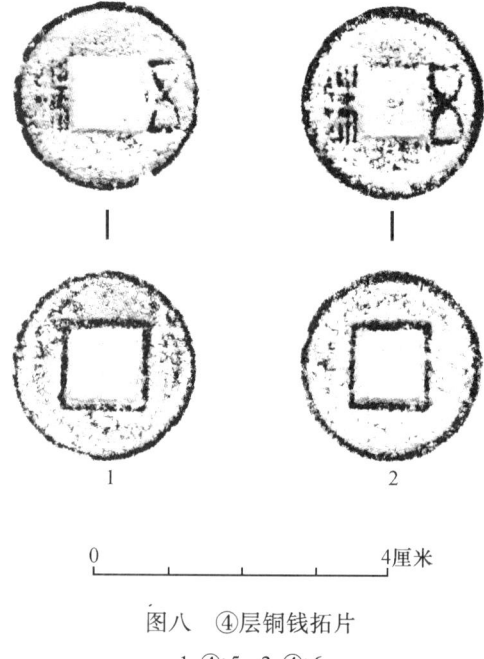

图八 ④层铜钱拓片
1.④：5 2.④：6

④：6（宣帝），1枚。方穿圆钱，正面穿左右篆书"五铢"二字，笔画清晰。"五"字两股交笔弯曲甚大，上下横笔不出头。"铢"字"金"旁头呈三角形略低于"朱"旁，下方形四点

较细;"朱"字上垂方折,中部横笔粗短,下垂圆折。钱背内外有郭,正背郭缘向内侧形成小斜面。钱径2.59厘米、穿径0.9厘米、郭厚0.19厘米(图八)。

④层以下为生土层。

综上所述,根据文化层的叠压关系以及各遗迹单位内所出土器物的特征,大致可将该遗址区内文化遗存的年代划分为两汉、隋唐和清代三个时期。

第④层下的遗存为第一期文化,时代大致为两汉时期;

第③层下的遗存为第二期文化,时代大致为唐末辽初时期;

第②层下的遗存为第三期文化,时代大致为清代时期;

第①层为近、现代耕土层。

本文在下面介绍遗迹资料时,将按时代的早晚关系对上述遗存分别予以详述。

第二章 汉代遗迹

第一节 墓地概况

遗址区内所发现的两汉文化遗存,以墓葬和窑址为主。墓葬33座,葬具和人骨保存较差,基本已不存在。出土器物以陶器为主,器类有壶、罐、奁、盒、灶、俑、房、鸡、狗等,此外还有铜镜、铜印、铜钱等;窑炉7座,保存一般,皆为长方形。

第二节 墓葬介绍

墓葬33座,编号分别为10YZM5～10YZM9、10YZM11～10YZM32、10YZM33、10YZM34、10YZM38～10YZM41。

一、10YZM5

1. 墓葬形制

位于X10发掘区的北部,北邻M6,开口于④层下,墓口距地表深2.15米。东西向,方向85°。平面呈长方形,竖穴土圹砖券双室墓。由于破坏严重仅残留下部,而且墓道部分也被现代建筑所压。残留部分由甬道、前室、耳室、甬道和后室组成。土圹残长8.2米,南北宽1.5～2.8米,高1.58米。用砖规格为0.28×0.14×0.05米(图九;彩版二,1)。

甬道　位于前室的东端,平面呈长方形,面宽0.88米,进深1.2米。南、北两壁用素面青砖二顺一丁叠压平砌而成,砌至0.67米时开始内收起券,呈双层拱形券顶,顶部已残缺,残高1.14～1.2米。甬道内用青砖一顺一丁叠压砌筑封堵。

前室　位于甬道的西端,平面呈长方形,土圹东西长3.35米,南北宽2.9米。顶部已残缺,券制不详。四壁用素面青砖二顺一丁叠压砌制。墓底用青砖并列横铺成"人"字形墁地。室长2.6米,宽2.12米,残高1.24～1.38米(彩版二,2)。

耳室　位于前室的北侧,平面呈长方形,土圹南北长2.02米,东西宽1.2米。东、西两壁用素面青砖二顺一丁叠压砌制,砌至0.72米时开始内收起券,呈双层拱形券顶,顶部残缺。底部青砖纵横平铺墁地。耳室长1.72米,宽0.5～0.66米,残高1.25～1.38米。

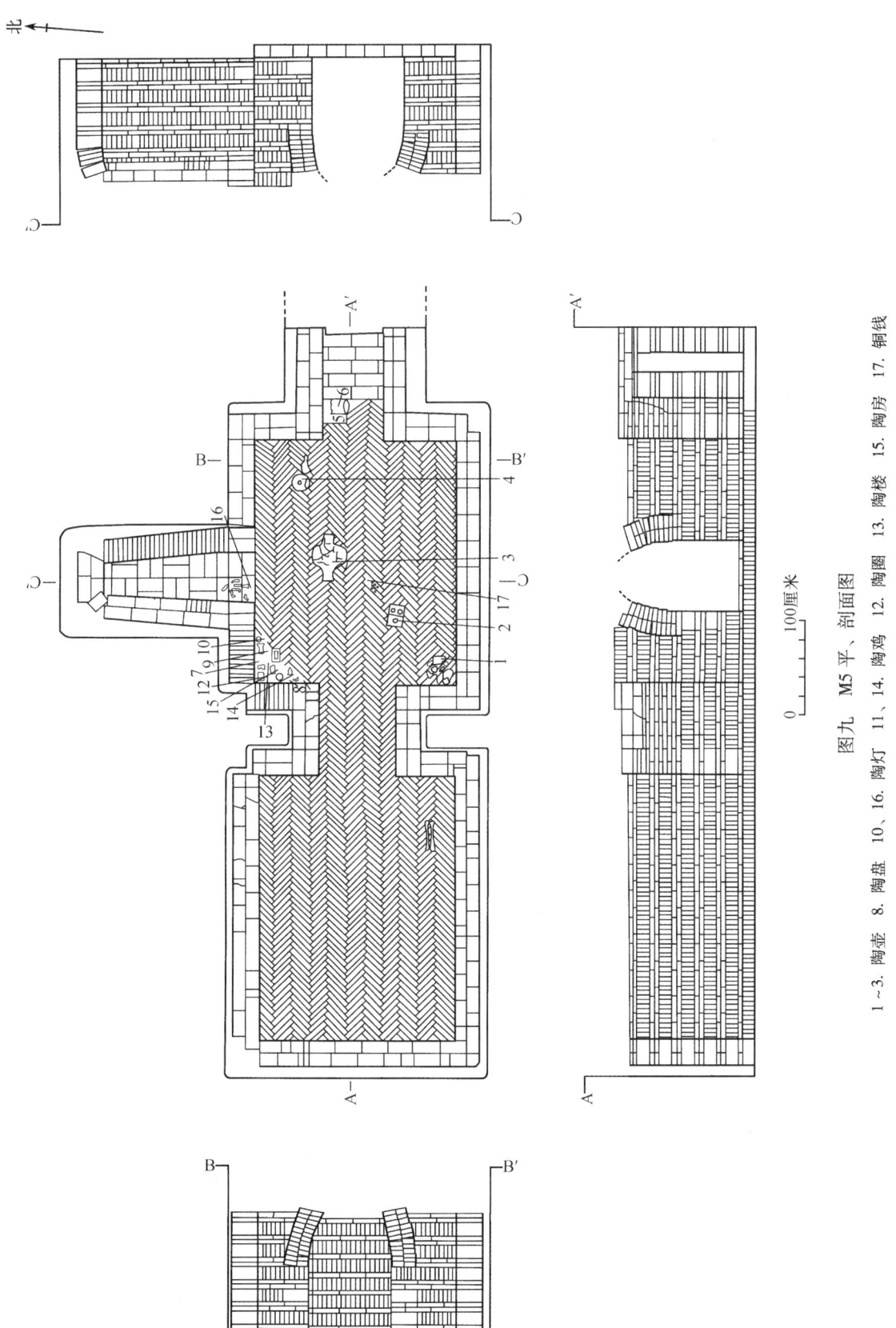

图九 M5 平、剖面图

1~3. 陶壶 8. 陶盘 10、16. 陶灯 11、14. 陶鸡 12. 陶圈 13. 陶楼 15. 陶房 17. 铜钱

后室甬道　位于前室与后室之间，平面呈长方形，面宽0.86米，进深0.98米。两壁用青砖二顺一丁叠压砌制，砌制0.67米时开始内收起券，呈双层拱形券顶，底部残缺，残高1.25～1.38米。用砖规格为0.28米×0.14米×0.05米。

后室　位于后室甬道的西端，平面呈长方形，土圹东西长3.3米，南北宽2.8米。顶部坍塌，券制不详，四壁用素面青砖二顺一丁叠压砌制而成，底部用青砖并列侧立砌制呈"人"字形墁地。室长2.84米，宽2.06米，残高1.22米。用砖规格为0.28米×0.14米×0.05米（彩版二，3）。

2. 随葬品

随葬器物有陶灶、陶壶、陶盘、陶奁、陶井、铜饰、铜钱等。

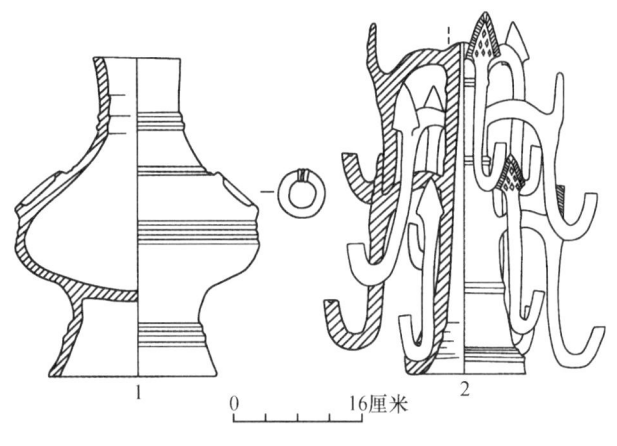

图一〇　M5出土陶器
1. 陶壶（M5∶1）　2. 陶灯（M5∶16）

陶壶　3件。M5∶1，泥质红陶，手、轮兼制，火候高。敞口，长颈，鼓腹，高圈足外展。颈（含颈内壁）、腹、足饰弦纹；上腹修饰衔环铺首。口径10.7厘米、腹径30.8厘米、底径21.2厘米、高39厘米（图一〇；彩版三，1）。M5∶2，泥质灰陶，轮制，火候高。敞口，圆唇，深曲腹，平底略上凹。器表饰弦纹。口径13.7厘米、底径16.2厘米、高26.3厘米（图一一；彩版三，2）。M5∶9，泥质红陶，轮制，火候高。口、腹、足已残缺，仅残留颈部，呈喇叭状，器表饰凸弦纹。残高15.2厘米（图一二；彩版七）。

陶奁　2件。M5∶3，泥质灰陶，轮制，火候高。敛口，深腹略鼓，圈平底。口径26.2厘米、腹径27.4厘米、底径26厘米、高11.3厘米（图一一；彩版三，3）。M5∶18，泥质灰陶，轮制，火候高，器表饰弦纹。口微敛，深腹，平底，下粘贴三锥形足。口径19.2厘米、底径21.8厘米、高18厘米（图一二；彩版三，5）。

陶灶　1件。M5∶4，泥质灰陶，手、模兼制，火候高。平面呈长方形，前宽后窄。灶体正面设长方形灶门，旱面三釜锅呈"品"字形摆放，釜锅周围摆放食物，后端设烟囱。其中釜锅与灶面连为一体，烟囱为实心。灶长24厘米、宽15.6～18.4厘米；灶门面宽6.4厘米、高5.3厘米、进深2厘米；灶体通高9.6厘米（图一三）。

陶盘　2件。M5∶5，泥质灰陶，手、轮兼制，火候低。敞口，平折沿，方唇，浅腹，平底。内用三个长方形泥条围绕空心圆柱把盘分割成三个扇形。口径17厘米、底径13.7厘米、高3.6厘米；柱径4.8厘米、高3.7厘米（图一一；彩版三，6）。M5∶8，泥质红陶，手、轮兼制，火候高。直口，浅腹较直，平底，底部粘贴三足，足已残缺。口径22厘米、底径22厘米、残高5.2厘米（图一一；彩版四，1）。

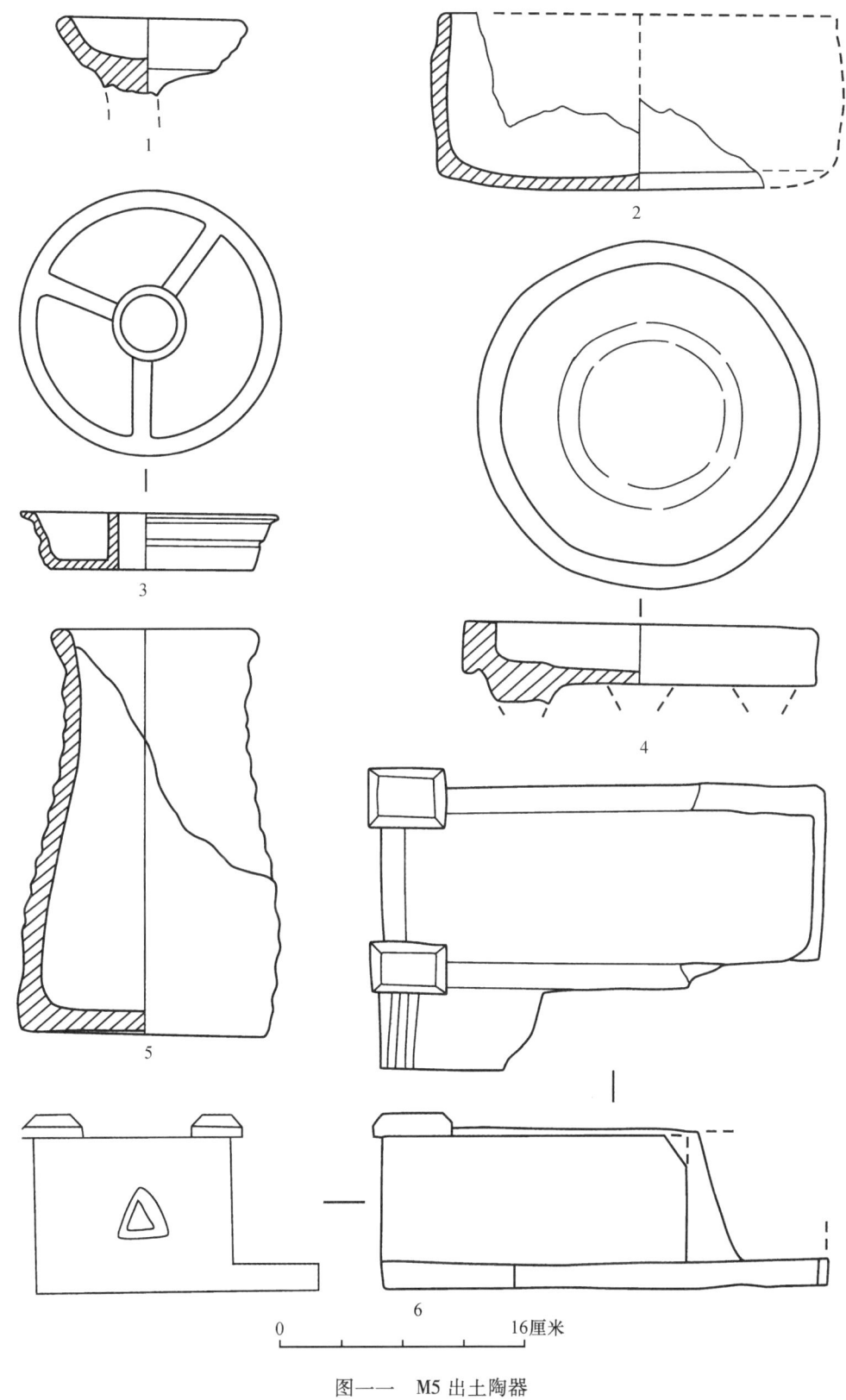

图一一　M5 出土陶器

1. 陶灯（M5:10）　2. 陶奁（M5:3）　3. 陶盘（M5:5）　4. 陶三足盘（M5:8）　5. 陶壶（M5:2）　6. 陶圈（M5:12）

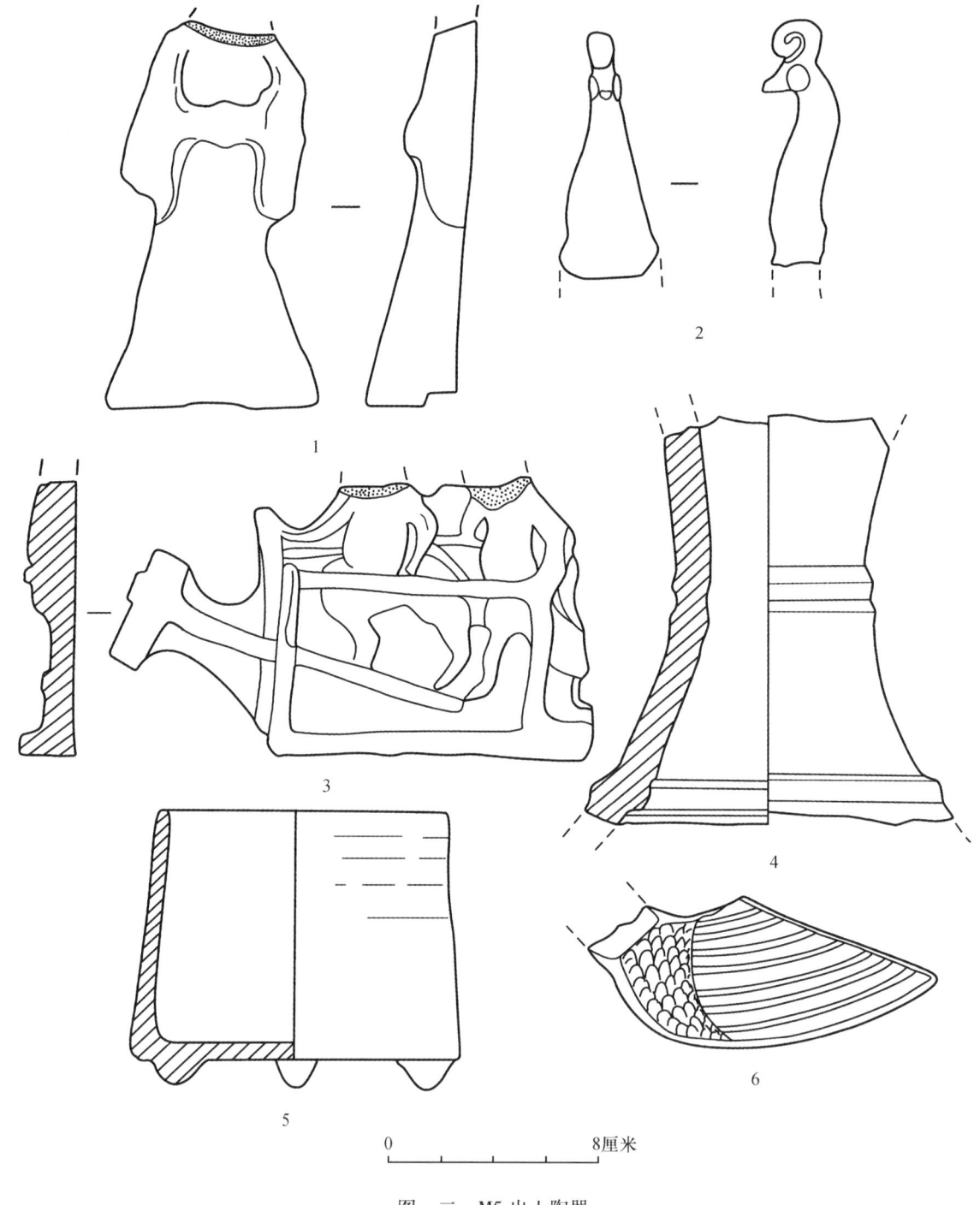

图一二 M5 出土陶器
1. 陶俑（M5:7） 2、6. 陶鸡（M5:11、M5:14） 3. 陶捣米俑（M5:6） 4. 陶壶（M5:9） 5. 陶三足奁（M5:18）

捣米俑 1件。M5:6，泥质灰陶，模制，火候高。杠杆一端装置杵头，一端踩于捣米俑者脚下。捣米俑者前后两人，头部残缺，身体微胖，袍拢于腰间，大腿部以下裸露，双手紧握扶栏，扶栏两端设立柱固撑。长18.4厘米、残高10.7厘米（图一二；彩版四，2）。

陶俑　1件。M5:7，泥质灰陶，模制，火候高。头部残缺，面部不详，长袍落地，双手拢于胸前，做站立状。残高7.3厘米（图一二；彩版四，3）。

陶灯　2件。M5:10，泥质灰陶，轮制，火候高。仅残留灯盘部分，残留部分为敞口，圆唇，浅盘状，下折收，余特征不详。口径12.5厘米、盘高3.2厘米、通残高5.2厘米（图一○；彩版四，4）。M5:16，泥质灰陶，手、轮兼制，火候高。灯首残缺，灯体内空呈柱状，座呈喇叭状，饰凸弦纹。围绕灯体粘贴11个"S"状灯枝，灯枝之上又粘贴蕉叶状纹饰。残高44厘米（图一○；彩版四，5）。

陶鸡　2件。M5:11，泥质灰陶，轮制，火候高。颈以下部位残缺，残留部分为昂首，耸冠微卷，尖啄，左右粘贴圆形双耳。残高9.2厘米（彩版四，6）。M5:14，泥质灰陶，模制，火候高。身、首、足残缺，仅留翅膀，呈扇形，羽翼清晰。残长13.3厘米、残高5.5厘米（图一二；彩版五，1）。

陶圈　1件。M5:12，泥质灰陶，手、轮兼制，火候高。陶圈上部陶厕部分已残缺，残留陶圈。平面呈长方形，一端正面刻挖三角形，顶部两角粘贴柱头，呈覆斗形。残长30.4厘米、残宽18.4~13.3厘米、残高11.2厘米（图一一；彩版五，2）。

陶楼　1件。M5:13，泥质灰陶，手、轮兼制，火候高。残留部分呈长方形，底部设置一圆孔。残长20.6厘米、宽15.2厘米、残高14.8厘米（图一三；彩版五，3）。

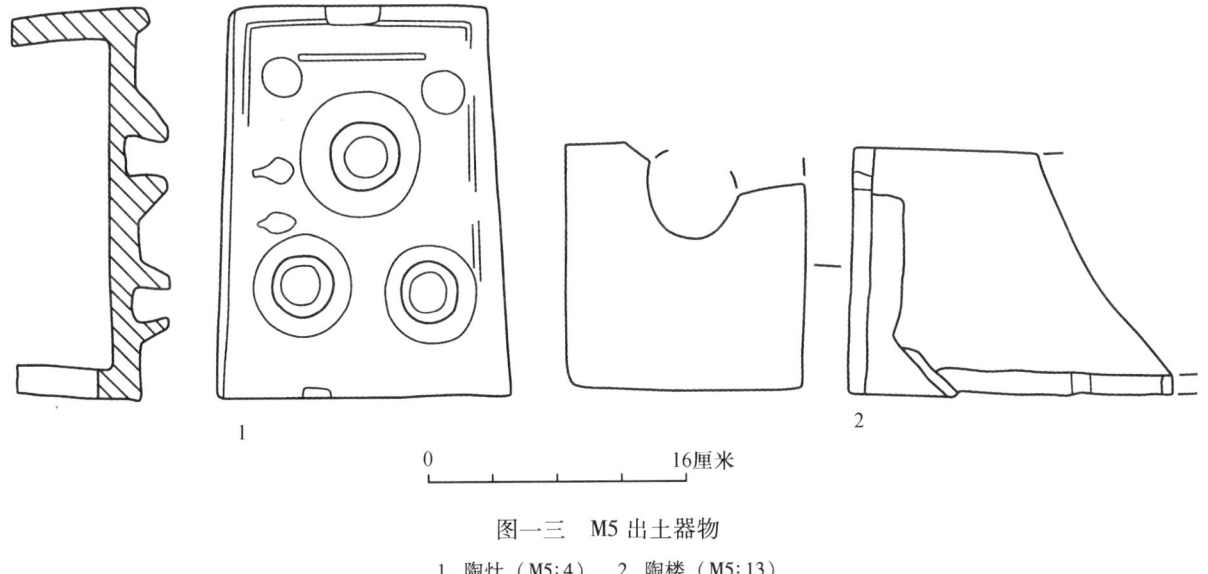

图一三　M5出土器物
1. 陶灶（M5:4）　2. 陶楼（M5:13）

陶房　1件。M5:15，泥质红陶，手、模兼制，火候高。残存部分为两层，通体施绿釉。上层为望楼，悬山式。面阔一间，进深一间，正脊长18.8厘米，两端翘起作鸱尾，脊面前坡盖筒瓦、板瓦，后坡面无瓦垄。正面开高6.6厘米、宽2.8厘米的大门，无门扉，门框两侧四角粘贴四乳钉。两山墙各有一个直径为2.8厘米的圆形对开窗口。檐面修饰圆形瓦当；下层为四阿顶，檐下房间已残缺，通面阔60厘米、通进深32厘米。正脊两端与斜翅为鸱尾状。房面前坡与左右两坡面铺筒瓦、板瓦，檐面修饰圆形瓦当。后坡面无装饰。通残高31.6厘米（图一四；彩版五，4）。

铜钱　30枚。含五铢和货泉两种钱币（图一五）。

M5：17-1，1枚。方穿圆钱，正面篆书"五铢"二字，字体略瘦长，对读。"五"字两股交笔稍弯曲，两股末端明显收分；铢字金旁头呈三角形，下四点略短；朱字上部方折，中笔略细，下垂圆折；金旁三角明显低于朱字。面文外郭略高窄；钱背内外有郭，外郭狭阔不一。钱径2.59厘米、穿径0.95厘米、厚0.14厘米。

M5：17-2，1枚。方穿圆钱，正面篆书"货泉"二字，对读。钱文书写工整，文字线条纤细，泉字中竖中断，内郭高于外郭。钱背无文，外郭高于内郭。钱径2.3厘米、穿径0.6～0.67厘米、郭厚0.14厘米。

M5：17-3，1枚。方穿圆钱，钱体较轻，正面篆书"五铢"二字，对读。钱文字体肥大，"五"字两股交笔较弯曲，上下横笔不出头；铢字金旁三角形略大，下四点细长，朱字上部圆折，中笔略粗长，下垂圆折；金旁三角明显高于"朱"字。正面穿上下各有一星，面背内外有郭，正背郭缘较窄。钱径2.47厘米、穿径0.92厘米、郭厚0.12厘米。

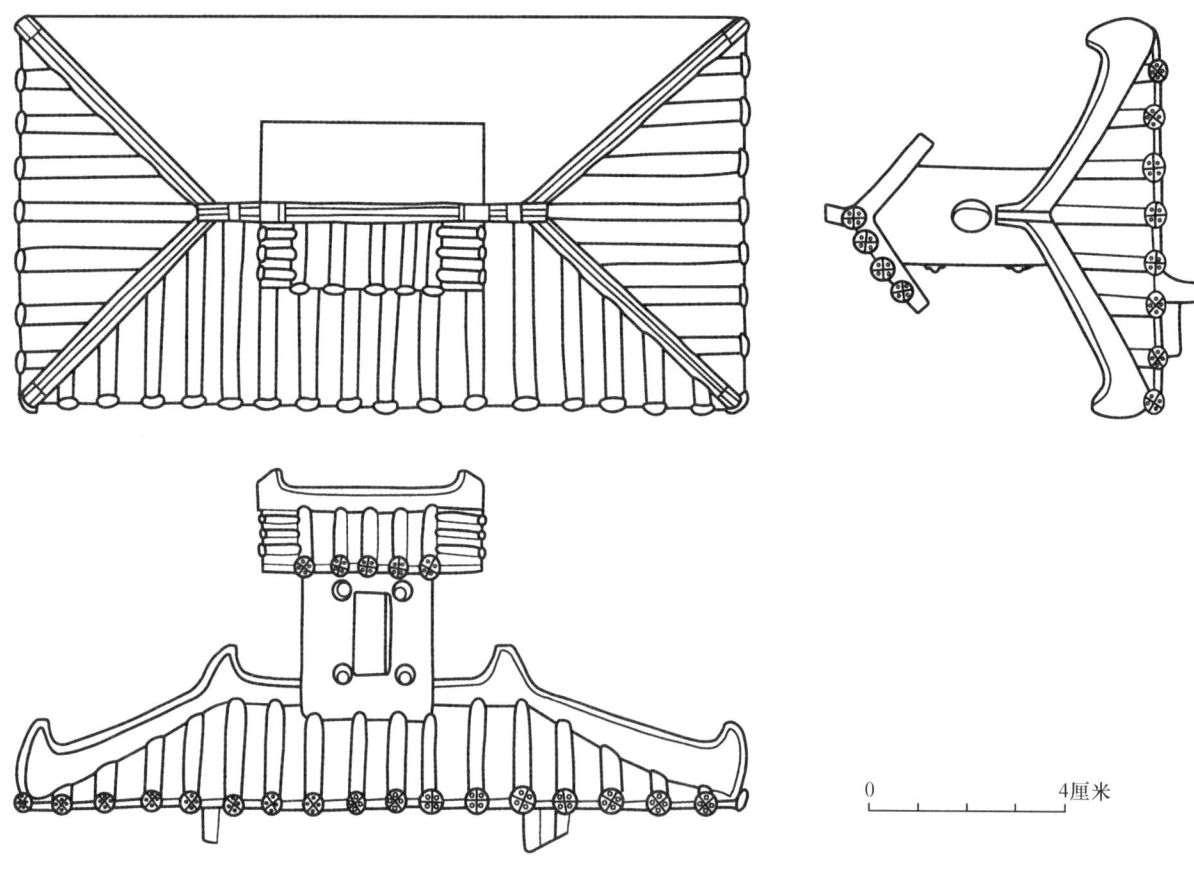

图一四　M5出土陶楼

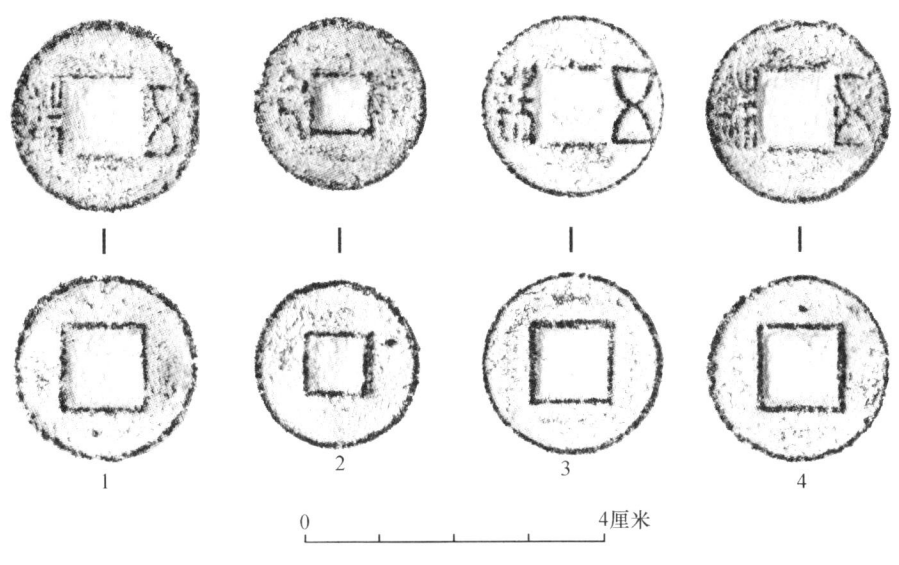

图一五 M5 出土铜钱拓片
1、3、4. 五铢（M5:1、M5:3、M5:4） 2. 货泉（M5:2）

M5:17-4，27 枚。方穿圆钱，钱体略厚，正面篆书"五铢"二字，对读。钱文字体肥大，"五"字两股交笔较弯曲，上下横笔不出头；铢字金旁三角形略大，下四点略粗，朱字上部圆折，中笔略细长，下垂圆折；金旁三角明显高于朱字。面背内外有郭，正背郭缘较窄。钱径 2.63 厘米、穿径 0.97 厘米、郭厚 0.13 厘米。

二、10YZM6

1. 墓葬形制

位于 X10 发掘区的东北部，西邻 M7，开口于④层下，墓口距地表深 2.15 米。南北向，方向 357°。由于破坏严重顶部残缺，而且南端同时被现代建筑所压，残留部分平面呈长方形竖穴土圹砖券单室墓，其他结构不详。土圹残长 3.38 米、宽 1.58 米，墓底距墓口深 1.4 米。顶部残缺，券制不详，四壁残留部分用素面青砖呈人字形斜立砌制 5 层，其上又叠压错缝平砌 1~2 层，底部未见墁地砖，室残长 3.14 米、宽 1.08 米、残高 0.5~0.9 米。室内置单棺，已朽，残长 1.29 米、宽 0.5 米、残高 0.1 米，棺内骨架保存较完整，头向北，面向上，仰身直肢葬，性别、年龄不详（图一六；彩版六，1）。

2. 随葬品

随葬器物有陶瓮、陶器盖、陶壶、陶灯、陶盘、铜镜、铜钱等。

图一六 M6 平、剖面图
1. 铜镜 2. 陶瓮 3. 陶器盖 4. 陶灯 5、6. 陶壶 7. 陶盘 8. 铜钱

除铜镜、铜钱放置于棺内,其余器物皆放置于墓室内棺外的北部偏西(彩版六,2)。

陶瓮 1件。M6:2,泥质灰陶,手轮兼制,火候高。敞口内敛,尖唇,束颈,鼓腹弧收,平底。器表饰凹弦纹与细绳纹。口径23.6厘米、腹径38.2厘米、底径14厘米、高34.6厘米(图一七;彩版七,1)。

陶器盖 1件。M6:3,泥质灰陶,手轮兼制,火候高。博山式器盖,盖口外敞。盖径16.2厘米、高9厘米(图一七;彩版七,2)。

陶壶 2件(M6:5、M6:6)。M6:6,泥质灰陶,手轮兼制,火候高。敞口内敛,尖圆唇,短束颈,溜肩,鼓腹下曲收,饼形足。颈部饰凸棱,肩部粘贴对称双系,并刻画水波纹与弦纹,腹部饰凹弦纹。口径9.9厘米、腹径24.1厘米、底径13.5厘米、高22.8厘米(图一七;彩版五,3、4)。

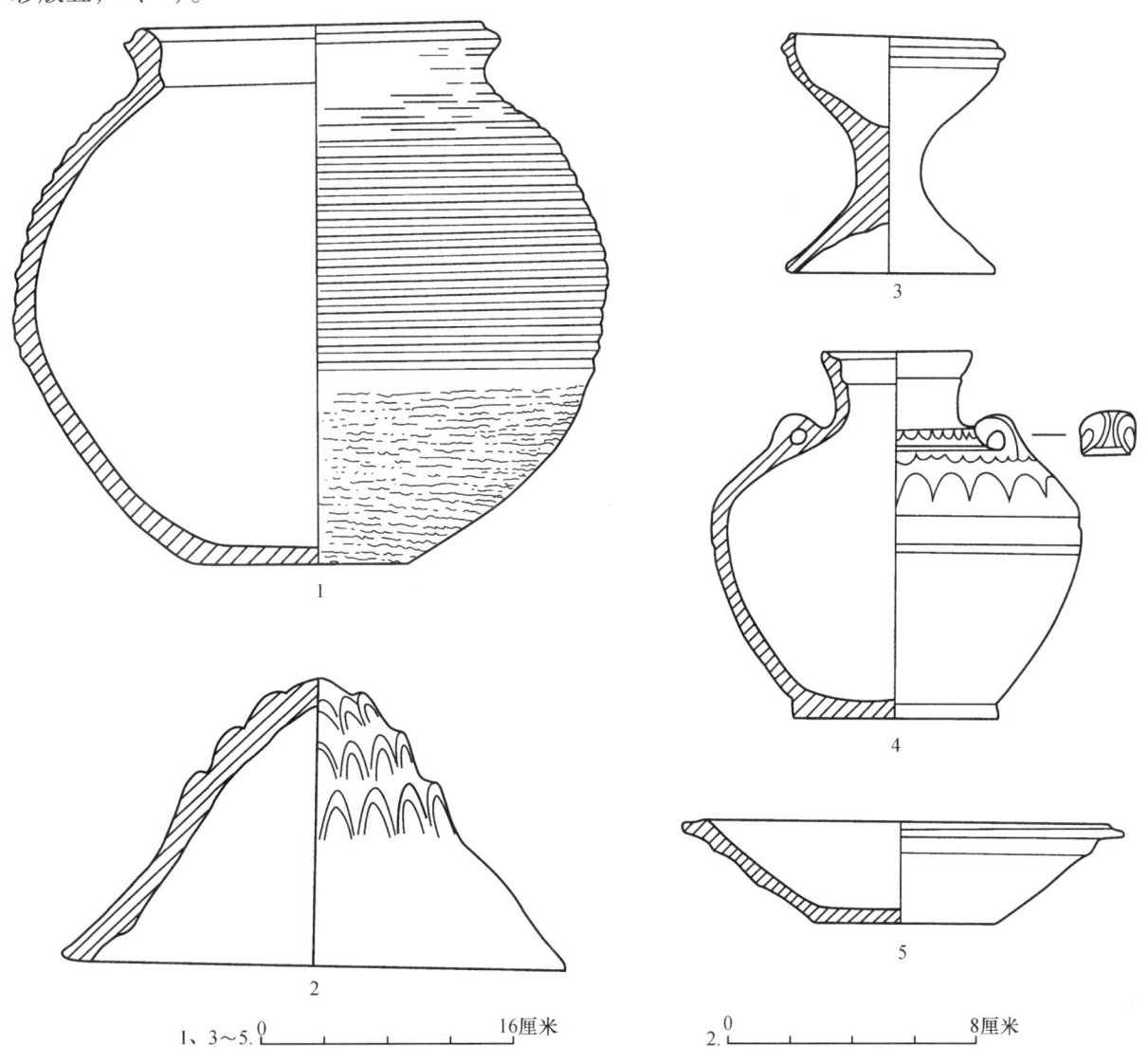

图一七 M6出土器物
1. 陶瓮(M6:2) 2. 陶器盖(M6:3) 3. 陶灯(M6:4) 4. 双系陶壶(M6:5同M6:6) 5. 陶盘(M6:7)

陶灯座 1件。M6:4，泥质灰陶，手轮兼制，火候高。敞口，尖圆唇，口外饰凸棱，短柄，底呈喇叭状。口径14.4厘米、底径13.7厘米、高14.5~15厘米（图一七；彩版七，5）。

陶盘 1件。M6:7，泥质灰陶，手、轮兼制，火候高。侈口，折沿，方圆唇，浅腹，上腹微折，下腹曲收，平底。口径28.7厘米、底径11.4厘米、高6.3厘米（图一七；彩版七，6）。

昭明铜镜 1件。M6:1，铜质，胎略薄，器表锈蚀较轻，模制。圆形，镜面略鼓，镜背下凹。圆纽穿孔，外绕连弧纹，两圈栉齿纹夹一圈铭文。铭文是"内清制以昭明日月"，字与字之间用"而"字相隔。面径8.65厘米、厚1.9~3.1厘米（图一八；彩版六，3）。

铜钱 2枚。M6:8-1，方穿圆钱，钱体规整，正面穿左右篆书"五铢"二字修长秀丽，对读。"五"字两股交笔缓曲，上下横笔交接处略内收。"铢"字"金"旁头呈三角形，下方形四点较短；"朱"旁上垂方折，下垂圆折，头和尾与"金"字头平齐。正面穿上有一横画。外郭略窄较深，经过磨鑢加工，钱背内郭规整，四角略外凸。钱径2.42厘米、穿径1厘米、郭厚0.11厘米（图一九）。M6:8-2，方穿圆钱，钱体规整，正面穿左右篆书"五铢"二字修长秀丽，对读。"五"字两股交笔缓曲，上下横笔交接处略内收。"铢"字"金"旁头呈三角形，下方形四点较短；"朱"旁上垂方折，下垂圆折，头和尾与"金"字头平齐。正面穿下有半星。外郭略窄较深，经过磨鑢加工，钱背内郭规整，四角略外凸。钱径2.49厘米、穿径1.06厘米、郭厚0.11厘米（图一九）。

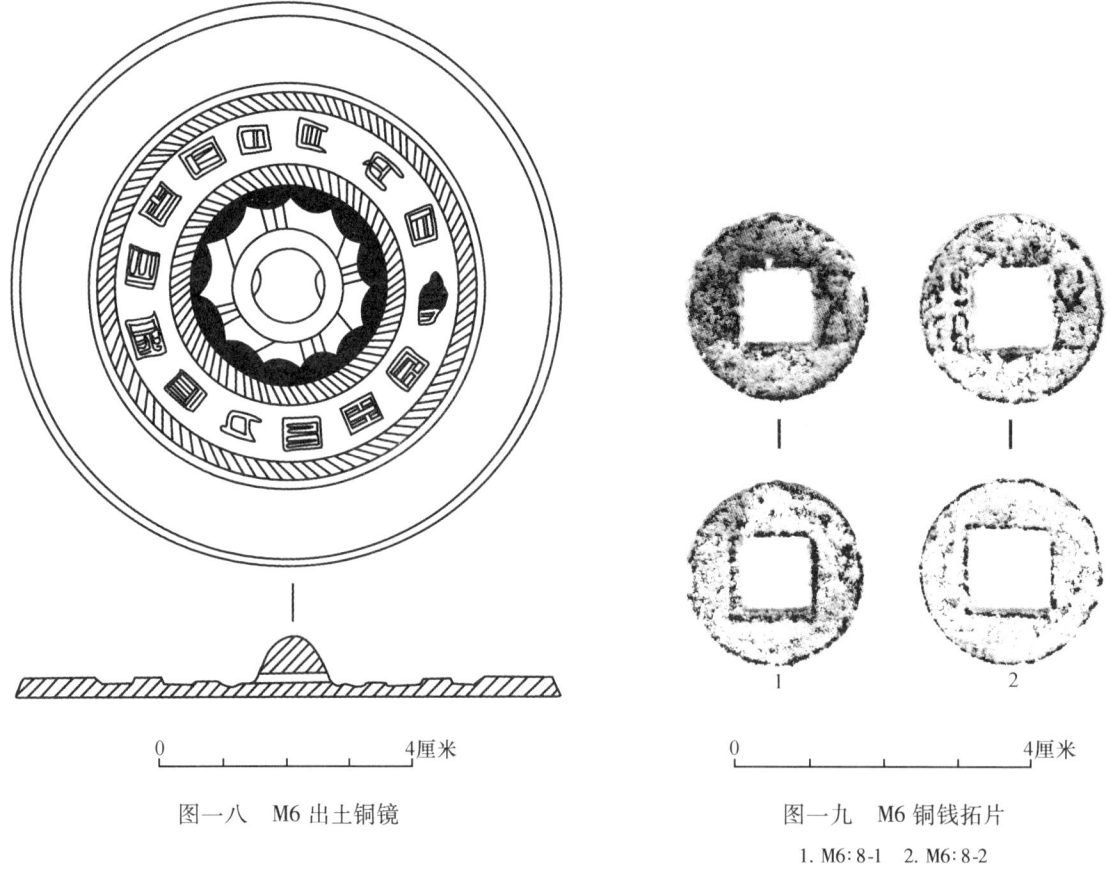

图一八 M6出土铜镜

图一九 M6铜钱拓片
1. M6:8-1　2. M6:8-2

三、10YZM7

1. 墓葬形制

位于X10发掘区的北部，东邻M6，开口于④层下，墓口距地表深2.15米。坐东朝西，方向270°。平面呈"刀"形竖穴土圹砖券单室墓，由墓道、墓门和墓室三部分组成。土圹总长9.6米，宽2.8米（图二〇；彩版八，1）。

墓道　位于墓门西端，平面呈长方形，东西长4.34米，南北宽1.1~1.31米。墓壁笔直整齐，底部呈斜坡状，深0.6~1.8米，坡长4.06米，坡度17°。内填红褐色花土，土质疏松。

墓门　位于墓道与墓室之间。平面呈长方形，面宽1.2米，进深0.28米，残高1.32米。顶部残缺，墓壁残留部分用青砖叠压错缝平砌；内用青砖侧立砌制成人字形封堵。用砖规格0.28米×0.14米×0.04米。

墓室　位于墓门的东部，平面呈长方形，土圹东西长5.2~5.7米，东西宽2.86米。券顶已残缺，其结构不详，而且墓壁部分坍塌挤压变形，残留部分用青砖叠压错缝平砌，墙宽不一。另外东、南、北三壁外围各叠压侧立砌制一排，以达到加固墓室的作用。室长4.5米，宽1.86米，残高1.32米。墓底用青砖并列纵向墁地，中部略高于两端。室内骨架凌零乱，头向西，面向、性别及年龄不详。用砖规格0.28米×0.14米×0.04米（彩版八，2）。

2. 随葬品

随葬器物6件，有陶壶、陶罐、铜钱等，均放置于墓室内的东部（彩版八，3）。

陶壶　4件。M7:1，泥质灰陶，手、轮兼制，火候高。敞口，束颈，圆鼓腹下弧收，高圈足。口、肩、足部各饰一周凸弦纹；中腹饰压印箅点纹；下腹饰粗绳纹，口内壁及足口里墙饰弦纹。博山式器盖，盖顶呈圆珠状，围顶刻饰两周浮雕，余下饰弦纹。口径18厘米、腹径25.8厘米、底径17.2厘米、盖径17.6厘米、通盖高50.8厘米（图二一；彩版九，1）。M7:2，泥质灰陶，手、轮兼制，火候高。敞口，尖唇，短束颈，圆鼓腹下弧收，高圈足。唇下、肩、腹处各饰一周凸弦纹，下腹饰压印箅点纹及粗绳纹，足表饰凹弦纹。博山式器盖，盖顶呈圆珠状，围顶刻饰两周突起浮雕盖身内曲，盖口外展。口径20.4厘米、腹径28.6厘米、底径20.1厘米、盖径20.4厘米，通盖高57厘米（图二一；彩版九，2）。M7:3，泥质灰陶，手、轮兼制，火候高。敞口，尖圆唇，短束颈，圆鼓腹下弧收，高圈足，尖足唇略上翘。唇下、肩、腹、足处饰凸弦纹，下腹饰粗绳纹。博山式器盖，盖顶呈圆珠状，围顶刻饰两周突起浮雕，盖身略内曲。口径22.4厘米、腹径28.8厘米、底径16厘米、盖径16.8厘米、通盖高56.9厘米（图二一；彩版九，3）。M7:4，泥质灰陶，手、轮兼制，火候高。敞口，束颈，圆鼓腹下弧收，高圈足。口、腹、足处饰凸弦纹，下腹饰细绳纹；颈内壁饰凹弦纹。博山式器盖，盖顶呈圆珠状，围顶刻饰两周突起浮雕，余饰凹弦纹。口径20.4厘米、腹径26.8厘米、底径18.1厘米、盖径19.6厘米、通盖高51.2厘米（图二一；彩版九，4）。

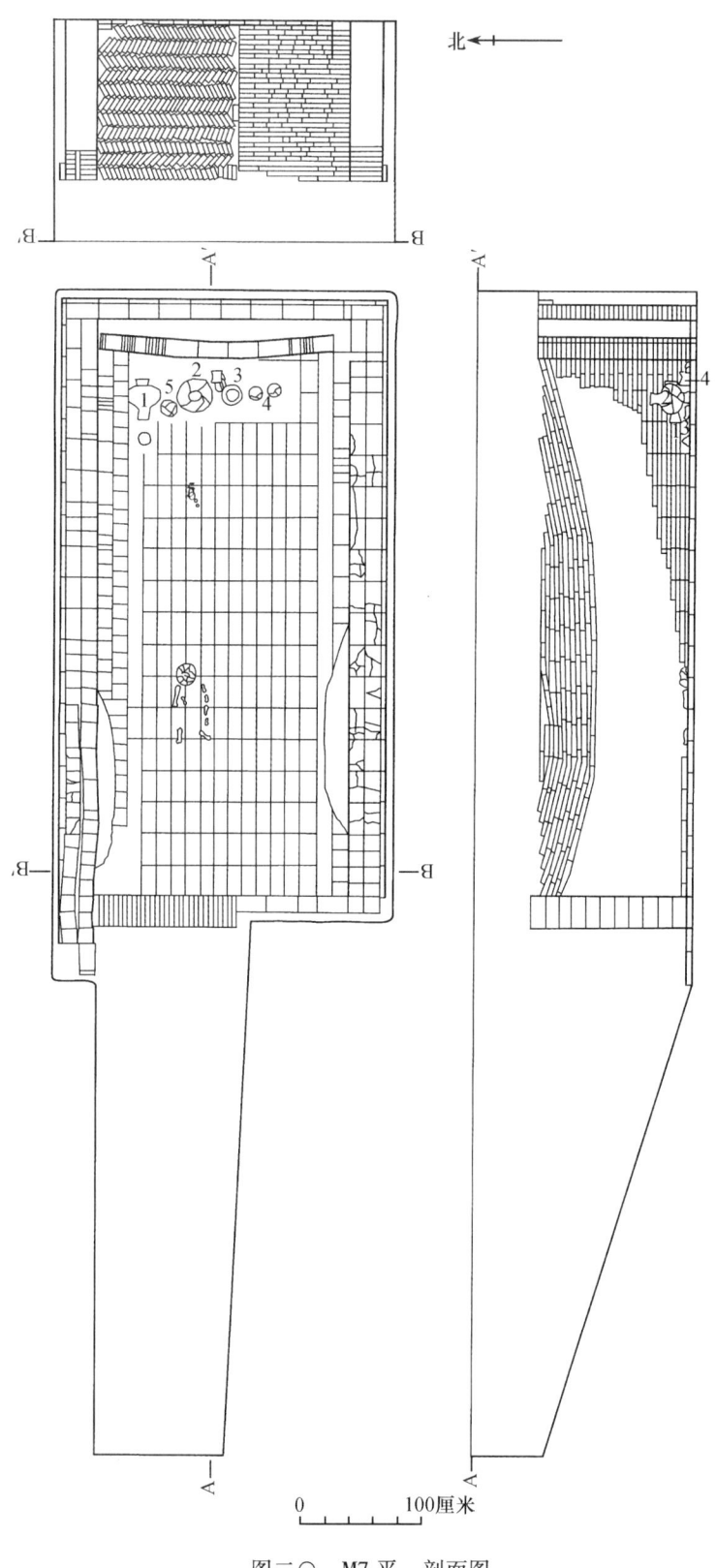

图二〇　M7 平、剖面图
1~4. 陶壶　5. 陶罐　6. 铜钱

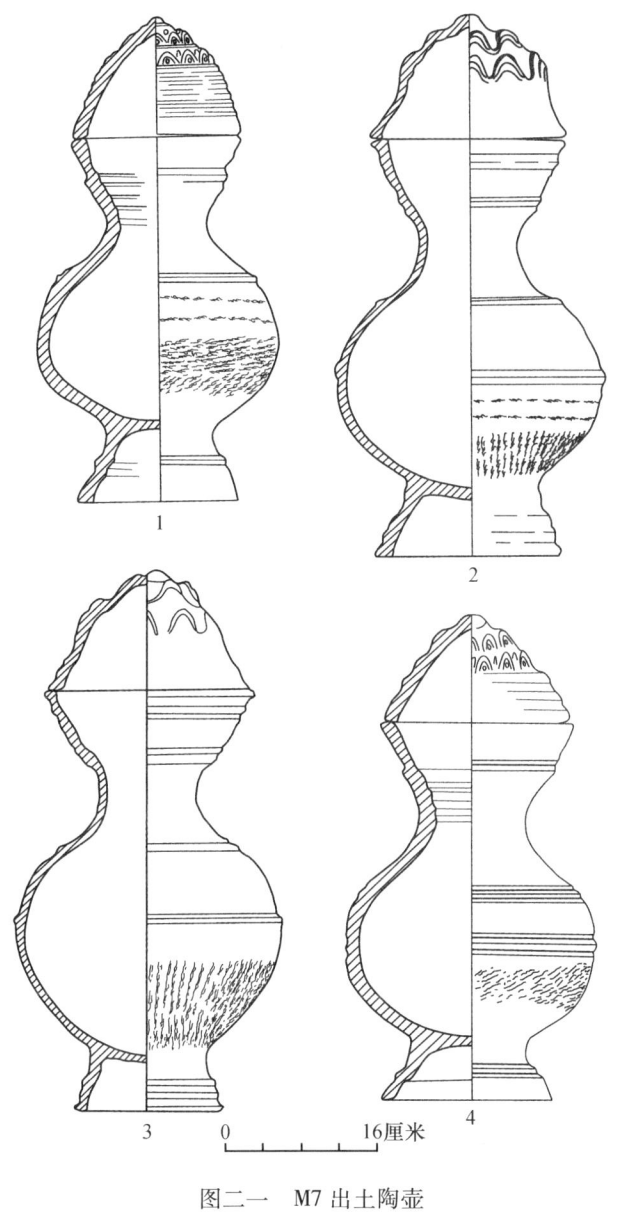

图二一　M7 出土陶壶
1. M7:1　2. M7:2　3. M7:3　4. M7:4

陶罐　1件。M7:5，泥质灰陶，手、轮兼制，火候高。敛口，圆唇，短颈，鼓腹下弧收，上腹饰菱形纹，下腹饰粗绳纹。口径17.6厘米、腹径33.8厘米、底径14厘米、高28.4厘米（图二二）。

铜钱　2枚。M7:6（宣帝），方穿圆钱，正面穿左右篆书"五铢"二字，对读。钱文笔画清晰，"五"字交股弯曲甚大，上下横笔出头。"铢"字"金"头较小，低于"朱"旁，呈箭镞形等腰三角形，下方形四点；"朱"头方折，中笔细长，下垂圆折。钱背内外有郭，正背郭缘略窄，向内形成斜面。钱径2.42厘米、穿径1～1.1厘米、郭厚0.16厘米（图二三）。

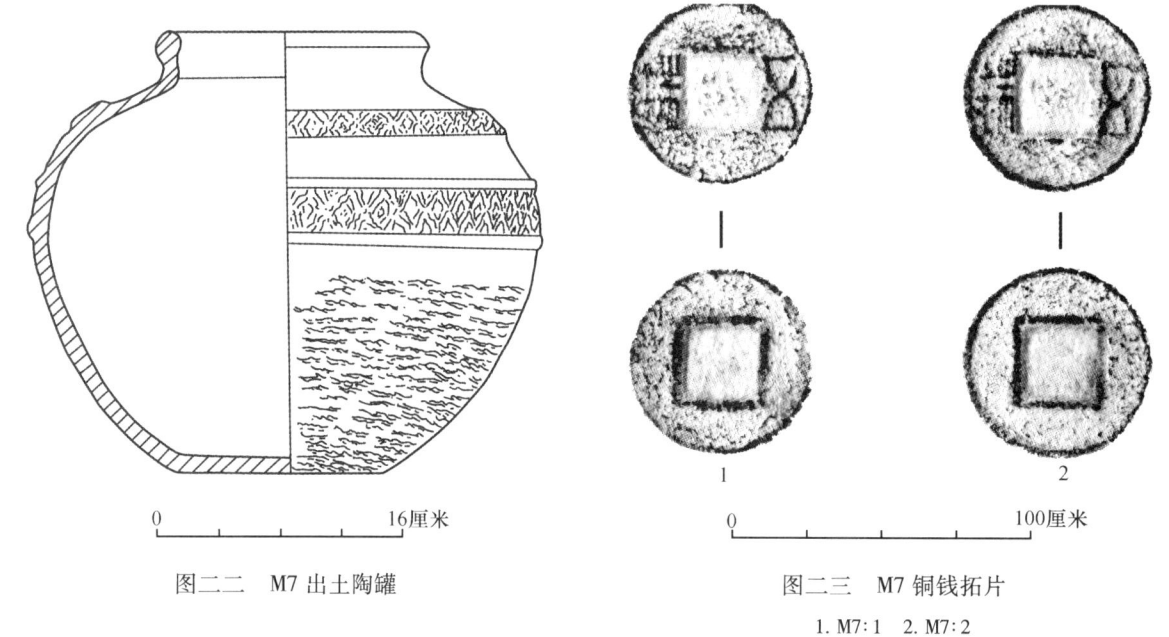

图二二 M7 出土陶罐

图二三 M7 铜钱拓片
1. M7∶1　2. M7∶2

四、10YZM8

1. 墓葬形制

位于 X11 发掘区的中部，西邻 M9，开口于④层下，墓口距地表深 2.15 米。坐北朝南，方向 170°。平面呈长方形，竖穴土圹砖券多室墓，南北总长 11.6 米，东西宽 5.7～7.8 米。墓室由于破坏严重仅残留下部，从残存部分可看出大概轮廓，由墓道、甬道、前室、耳室、双后室甬道及左右后室组成（图二四；彩版一〇，1、2）。

墓道　位于甬道南端，平面呈长方形，南北长 1.96 米，东西宽 0.79～0.89 米。墓壁整齐，底呈斜坡状，墓口距底 0.92～1.2 米，坡长 1.96 米，坡度 8°。内填红褐色胶泥花土，含有少量的残砖块。

甬道　位于墓道与前室之间，平面呈长方形，南北长 1.9 米，东西宽 1.4～1.98 米。顶及两壁砌砖已荡然无存，底部残留铺地砖，用青砖呈人字形平铺。用砖规格 0.32 米×0.16 米×0.06 米。

前厅　位于甬道的北部、后室的南部、耳室的西部。平面呈近方形，东西长 3.3 米，南北宽 3.1 米。仅残留底部铺地砖，用青砖呈人字形平铺。用砖规格为 0.32 米×0.16 米×0.06 米。

耳室　位于甬道、前厅的东侧，平面呈方形，东西长 1.6 米，南北宽 1.36 米。顶及四壁荡然无存，仅残留底部一层砌砖，同时墓底比前室高 0.2 米。用砖规格为 0.32 米×0.16 米×0.06 米。

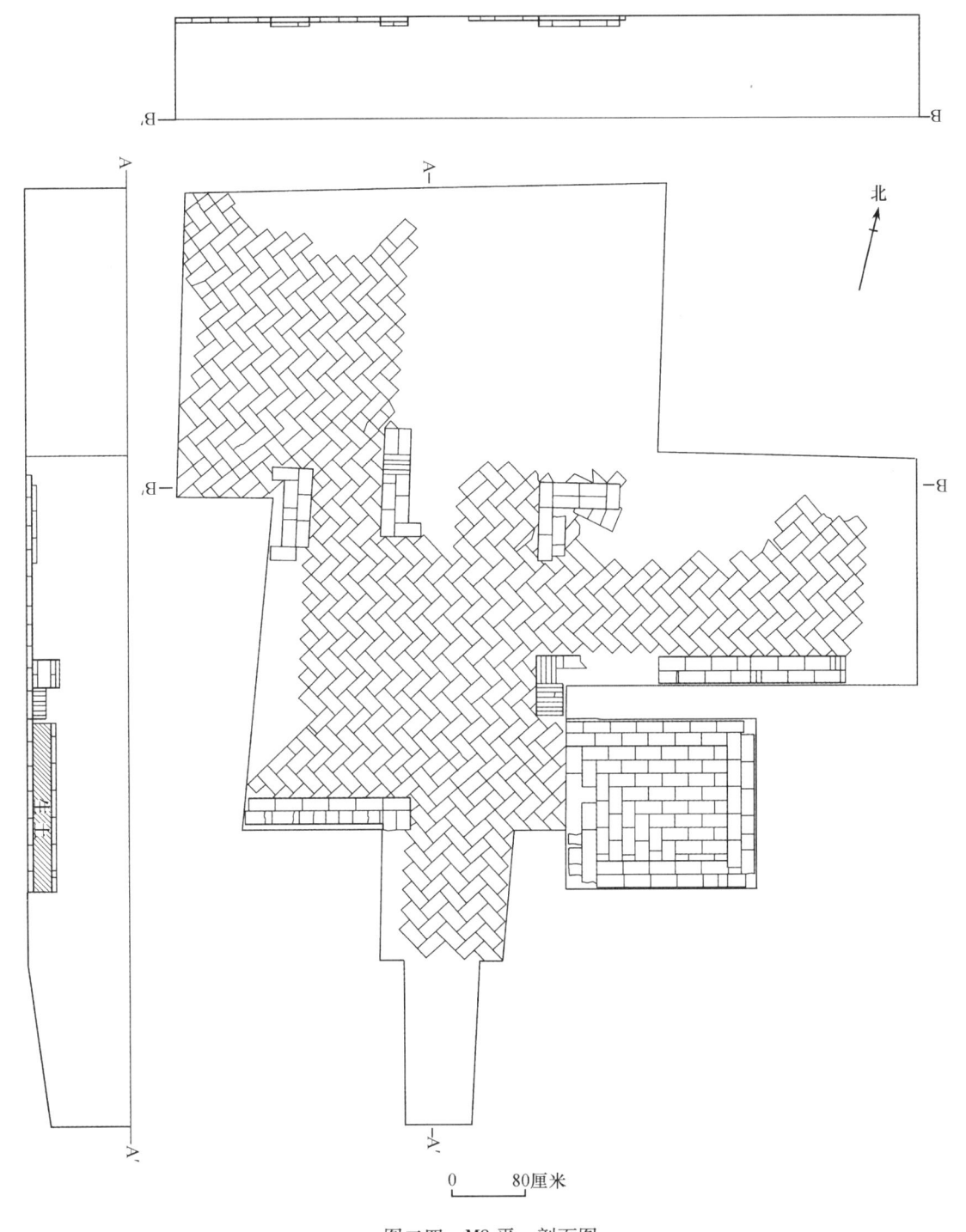

图二四 M8 平、剖面图

侧室 位于耳室的北侧、前室的东北侧，平面呈长方形，东西长 4.5 米，南北宽 2.76 米。顶部坍塌，四壁残缺，四壁残留部分用青砖二顺一丁叠压砌制，残高 0.12~0.4 米。墓底用青砖呈人字形平铺，局部残缺。用砖规格为 0.32 米×0.16 米×0.06 米。

右甬道　位于前厅的北端，北接右后室，平面呈长方形，东西长5.6米，南北宽3.3米。顶部已被破坏，两壁砌砖仅残留底部一层。底部用青砖呈人字形平铺，局部残缺。用砖规格0.32米×0.16米×0.06米。

右后室　位于右甬道的北端，平面呈长方形，顶、四壁及铺地砖已被破坏，荡然无存。土圹南北长3.48米、东西宽2.9米。左甬道位于前室的西北端，北接左侧后室，平面呈长方形，面宽0.84米、进深0.92米。顶部已被破坏，东西两壁仅残留底部一层砌砖，墓底用青砖呈人字形平铺。

左后室　位于左甬道的北端，平面呈长方形，顶、四壁已被破坏，券制不详，墓底用青砖呈人字形平铺，局部残缺。土圹南北长3.26米、东西宽2.44米。

2. 随葬品

该墓未出土随葬品。

五、10YZM9

1. 墓葬形制

位于X11发掘区的北部偏西，东邻Y3，开口于④层下，墓口距地表深2.15米。南北向，方向186°。因该墓被现代护坡所压，顶部已坍塌，仅发掘清理出墓室南壁和东壁，形状无法判断。残存墓壁用规格为0.3米×0.15米×0.06米、0.28米×0.14米×0.05米的青砖一顺一丁叠压砌制（图二六），墓底用青砖纵横平铺。残长2.9米，残宽0.3~1.2米，高0.15~0.44米，土圹墓口距底1.1米（图二五；彩版一一，1）。

2. 随葬品

随葬器物5件，有陶盆、陶灶、陶狗、陶鸡、铜钱等。

陶盆　1件。M9:1，泥质灰陶，手、轮兼制，火候高。敞口，折沿，圆唇，深腹，平底，底口有捏制痕迹。腹部饰凹弦纹。口径16.3厘米、底径12.4厘米、高9厘米（图二七；彩版一一，2）。

陶灶　1件。M9:2，泥质灰陶，手、轮兼制，火候高。平面呈梯形，前宽后窄，正面修制长方形灶门，门顶设置防火墙；灶面中部三釜锅成品字形与灶体衔接，后端设置方形实心烟囱。长19厘米、宽12.2~15.4厘米、高8.8厘米（图二七；彩版一一，3）。

陶狗　1件。M9:3，泥质灰陶，捏制，火候高。体瘦，面部不清，两耳耸立，短尾上扬，四肢做站立状。通长7.8厘米、高3.8~4.4厘米（图二七；彩版一一，4）。

陶鸡　1件。M9:4，泥质灰陶，捏制，火候高。啄已残缺，冠及羽翼不清，尾翼上翘（已残），圆形底座做站立状。通长4.9厘米、高4.4厘米（图二七；彩版一一，5）。

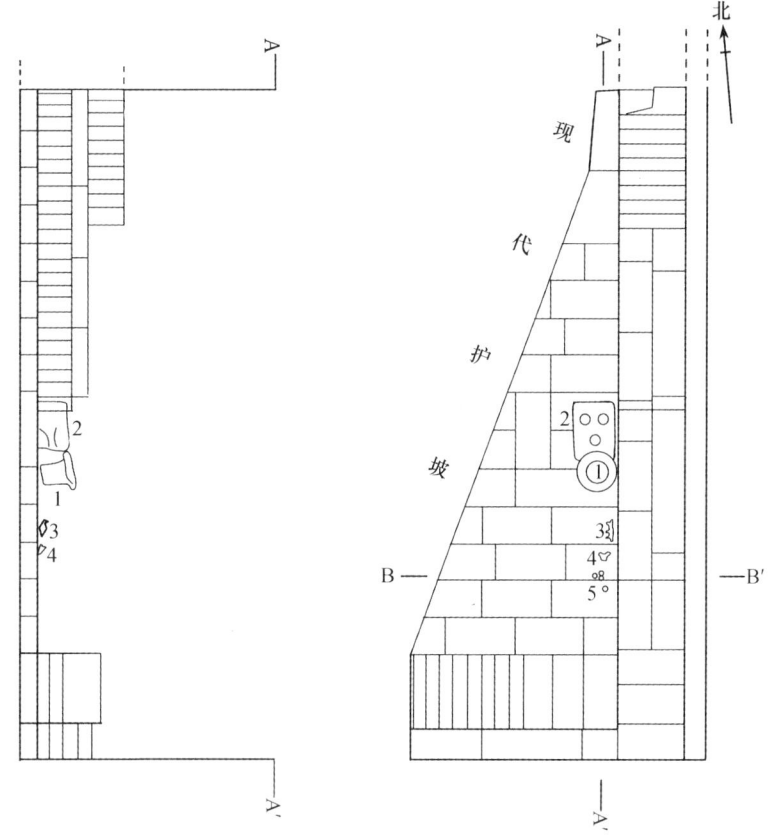

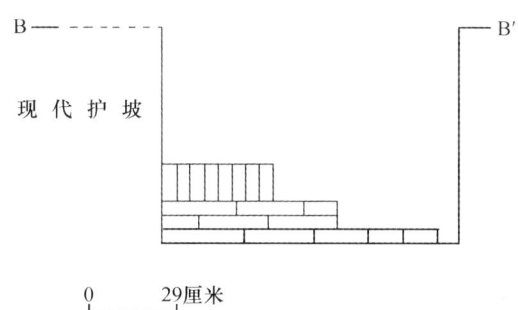

图二五　M9 平、剖面图

1. 陶井　2. 陶灶　3. 陶狗　4. 陶鸡　5. 铜钱

图二六 M9 墓砖拓片

铜钱 25枚（图二八）。M9：5-1（昭帝），1枚。方穿圆钱，钱体略厚稍重，正面穿左右篆书"五铢"二字，对读。"五"字略瘦长，两股交笔弯曲，上下横笔不出头。"铢"字"金"旁三角形略低于"朱"字，下四点细长；"朱"字上部方折，中笔粗短，下垂圆折。钱背内外有郭，正背郭缘略窄。钱径2.59厘米、穿径0.98～1厘米、郭厚1.7厘米。M9：5-2（宣帝），1枚。方穿圆钱，钱体略薄较轻，正面穿左右篆书"五铢"二字，对读。"五"字交股弯曲甚大，上下横笔不出头。"铢"字"金"旁头成等腰三角形，略低于"朱"字，下四点呈长方形略细；"朱"字上部方折，中笔细长，下垂圆折。钱背内外有郭，正背郭缘较窄，向内侧形成小斜面。钱径2.54厘米、穿径0.99厘米、郭厚1.5厘米。M9：5-3，2枚。方穿圆钱，体形略下，正面穿左右篆书"货泉"二字，对读。钱文书写工整，字体纤细。"泉"字中竖中断，正背内外有郭，郭缘略窄高于内郭。钱径2.2厘米、穿径0.68厘米、郭厚0.1厘米。M9：5-4（东汉），21枚。方穿圆钱，正面穿左右篆书"五铢"二字，对读。"五"字两股交笔弯曲，上下横笔不出头。"朱"字"金"旁头呈三角形，下四点较长；"朱"字上垂圆折，横笔细长，下垂圆折，中间直笔较长。钱背内外有郭，外郭略窄。钱径2.58厘米、穿径0.95厘米、郭厚0.12厘米。

六、10YZM11

1. 墓葬形制

位于X11发掘区的北中部，西邻为M12，开口于④层下，墓口距地表深2.15米。南北向，方向5°。平面呈长方形，竖穴土圹砖券单室墓，土圹长3.94米、宽0.74～0.84米、高1.05米。顶部残缺，券制不详，四壁用砖规格为0.28米×0.14米×0.05米的青砖叠压错缝平砌，墓底用青砖纵横平铺，室长3.9米、宽0.7～0.8米、残高0.4～0.5米。内葬置单棺（已朽），棺内骨架仅存下肢骨，由下肢骨摆放的情况初步推断为仰身直肢，年龄及性别不详（图二九；彩版四五）。

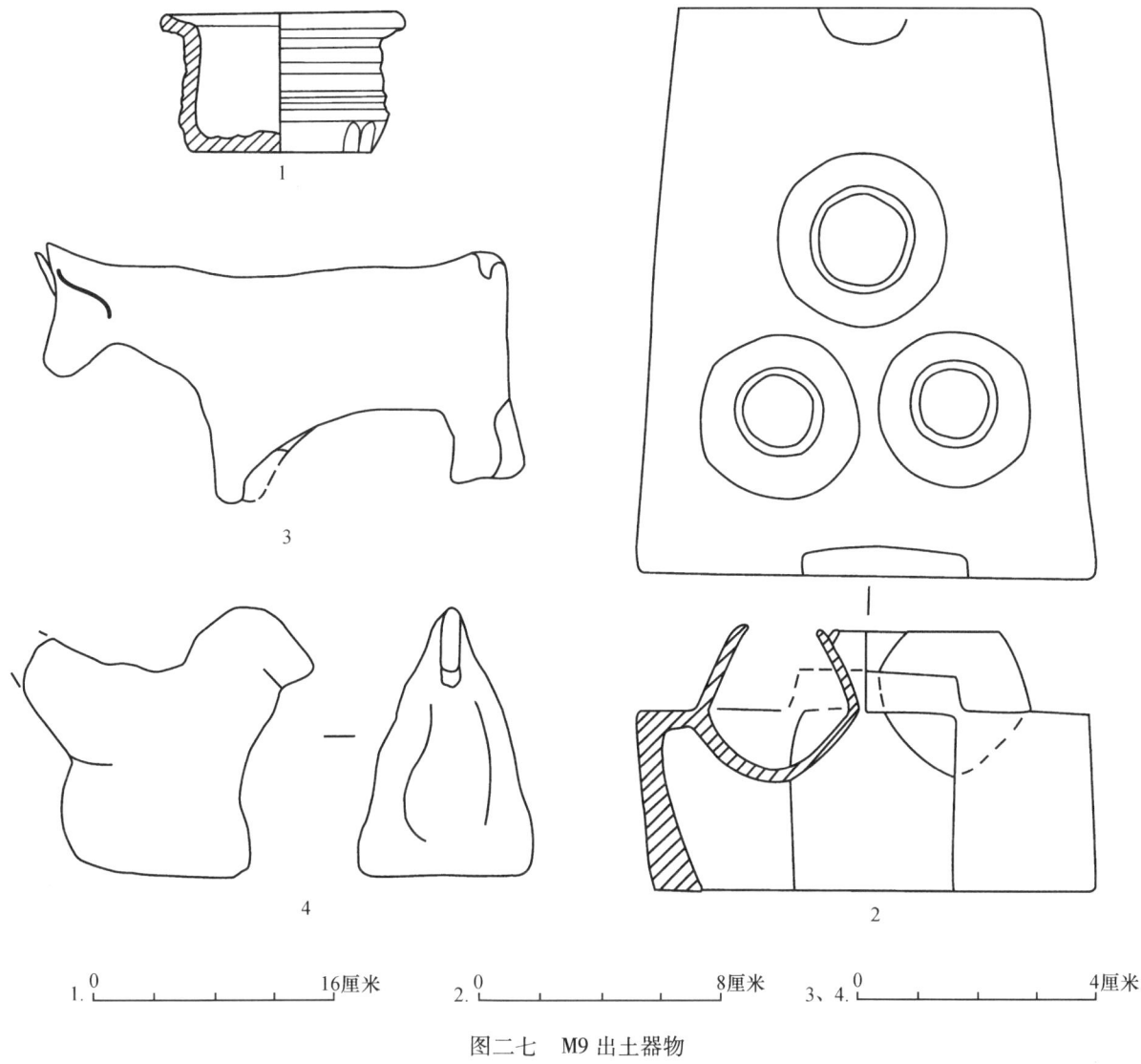

图二七 M9 出土器物
1. 陶盆（M9:1） 2. 陶灶（M9:2） 3. 陶狗（M9:3） 4. 陶鸡（M9:4）

2. 随葬品

随葬器物仅见铜钱，39 枚（图三〇）。M11:1-1（宣帝），1 枚。方穿圆钱，钱体规整，正面穿左右篆书"五铢"二字，对读。面文清晰，"五"字两股交笔弯曲，上下横笔外出接于内郭。"铢"字"金"旁头呈三角形，下四点长方形；"朱"旁上垂方折，下垂圆折，中部直笔较直重笔。外郭向内形成一小斜面，钱背内郭规整。钱径 2.56 厘米、穿径 0.89 厘米、郭厚 0.15 厘米。M11:1-2（宣帝），9 枚。方穿圆钱，钱体规整，正面穿左右篆书"五铢"二字，对读。面文清晰，"五"字两股交笔弯曲，上下横笔外出接于外郭。"铢"字"金"旁头呈三角

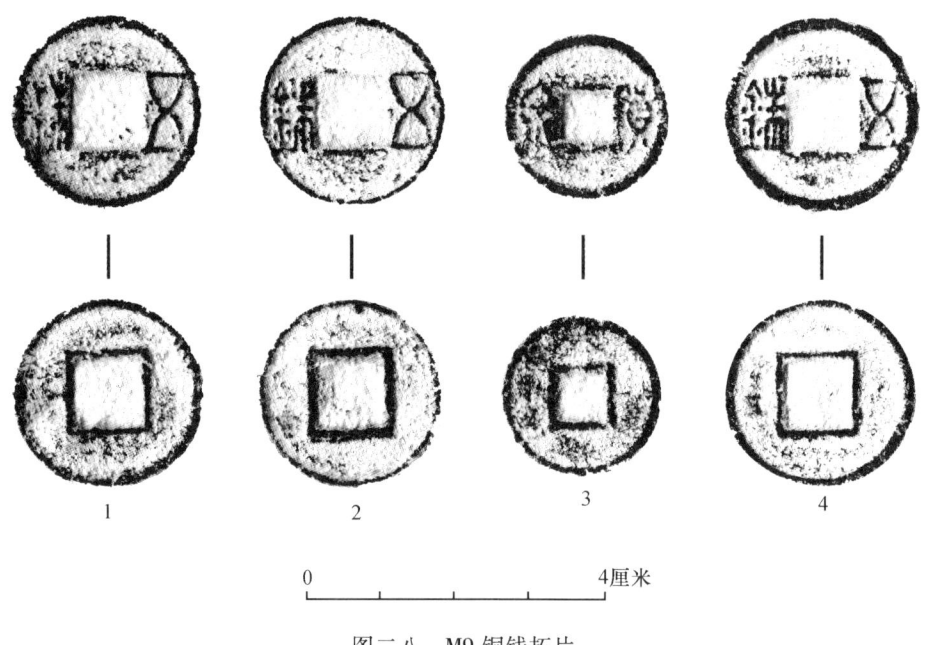

图二八　M9 铜钱拓片
1、2、4. 五铢（M9:5-1、M9:5-2、M9:5-4）　3. 货泉（M9:5-3）

形略低于"朱"旁，下方形四点；"朱"旁上垂方折，下垂圆折。外郭向内形成一小斜面，钱背内郭规整。钱径2.59厘米、穿径0.92厘米、郭厚0.15厘米。M11:1-3（宣帝），1枚。方穿圆钱，钱体规整，正面穿左右篆书"五铢"二字，对读。面文清晰，字体瘦长，"五"字两股交笔弯曲，上下横笔外出接于外郭。"铢"字"金"旁头呈等腰三角形，下四点长方形；"朱"旁上垂方折，下垂圆折，中部横笔细短。外郭较窄，向内形成一小斜面，钱背内郭规整。钱径2.58厘米、穿径1.1厘米、郭厚0.17厘米。M11:1-4（更始），4枚。方穿圆钱，钱体规整，正面穿左右篆书"五铢"二字，对读。面文清晰，"五"字两股交笔弯曲，上下横笔外出接于外郭。"铢"字"金"旁头呈三角形，下四点长方形；"朱"旁上下垂圆折，中部直笔细长。外郭缘狭阔不一，钱背内郭规整。钱径2.65厘米、穿径0.91厘米、郭厚0.17厘米。M11:1-5（东汉），1枚。方穿圆钱，钱体规整，略轻，正面穿左右篆书"五铢"二字，对读。面纹清晰，字体肥大，"五"字两股交笔弯曲，两竖笔皆重笔，上下横笔与两竖笔齐平。"铢"字"金"旁头呈三角形，下四点长方形；"朱"旁上下垂圆折，中部直笔较长，两端细弱。外郭缘狭阔不一，钱背内郭规整。钱径2.59厘米、穿径0.92厘米、郭厚0.13厘米。M11:1-6（东汉），19枚。方穿圆钱，钱体规整，略轻。正面穿左右篆书"五铢"二字，对读。面文清晰，字体肥大，"五"字两股交笔弯曲，上下横笔与两竖笔齐平。"铢"字"金"旁头呈三角形，下四点长方形，中部直笔较长，两端细弱；"朱"旁上下垂圆折。外郭缘狭阔不一，钱背内郭规整。钱径2.55厘米、穿径0.96厘米、郭厚0.18厘米。

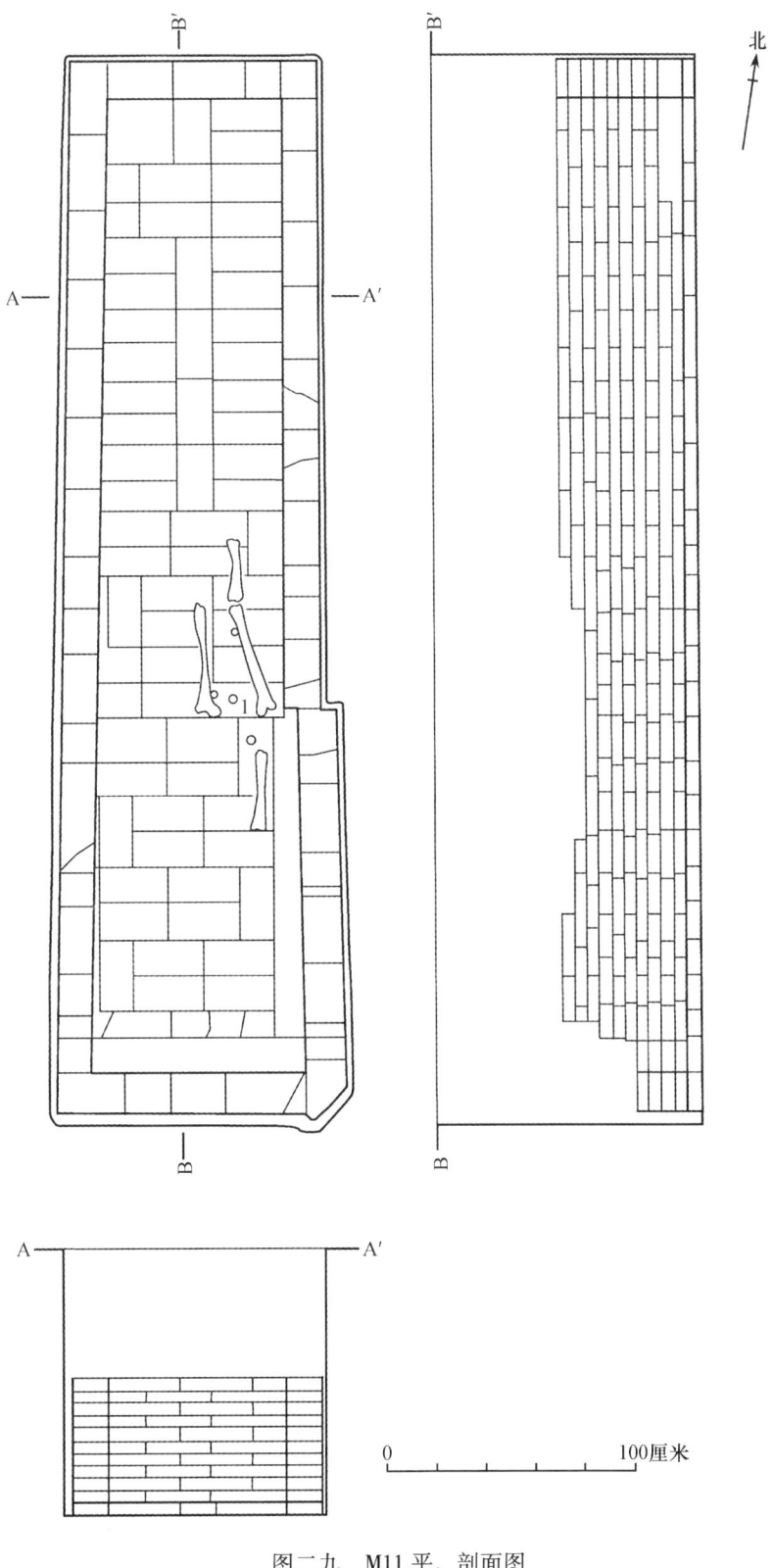

图二九 M11 平、剖面图

1. 铜钱

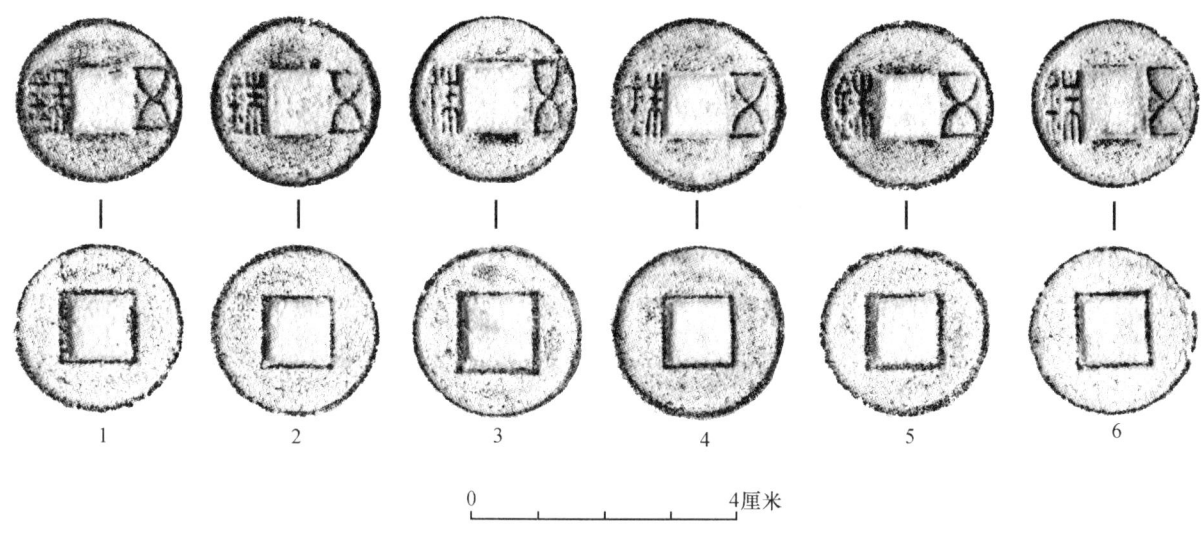

图三〇　M11 铜钱拓片

1. M11:1-1　2. M11:1-2　3. M11:1-3　4. M11:1-4　5. M11:1-5　6. M11:1-6

七、10YZM12

1. 墓葬形制

位于 X11 发掘区的北中部，东邻 M11，开口于④层下，墓口距地表深 2.15 米。坐南朝北，方向 350°。由于破坏严重，顶部已荡然无存，仅残留墓底部分墁地砖及四壁局部券砖（规格：0.28 米×0.14 米×0.05 米），从残存部分可看出，平面呈凸字形竖穴土圹砖券单室墓，土圹南北总长 8.7 米，东西宽 1.06～4 米，深 0.65～1.2 米。由墓道、墓门、墓室三部分组成，而且墓室土圹口大底小呈覆斗状（图三一；彩版一二，2）。

墓道　位于墓门的南端，平面呈长方形，墓壁整齐，墓底呈斜坡状。南北长 3.4 米，东西宽 1.06～1.33 米，深 0.65～1.2 米，坡长 3.34 米，坡度 10°。内填花土，土质疏松，土内夹杂有少量残砖。

墓门　位于墓道的北端、墓室的南部偏中。平面呈长方形，面宽 0.8 米，进深 0.28 米。顶部坍塌，券制不详，两壁残留部分用青砖叠压错缝平砌，残高 0.06～0.6 米。

墓室　位于墓道的北端，平面呈长方形，南北长 5.4 米，东西宽 4 米。顶部坍塌，券制不详，四壁残留部分用青砖顺丁叠压而砌，残高 0～0.14 米。墓底残留部分用青砖纵横平铺墁地。

2. 随葬品

随葬器物仅有陶盂、陶盖两件。

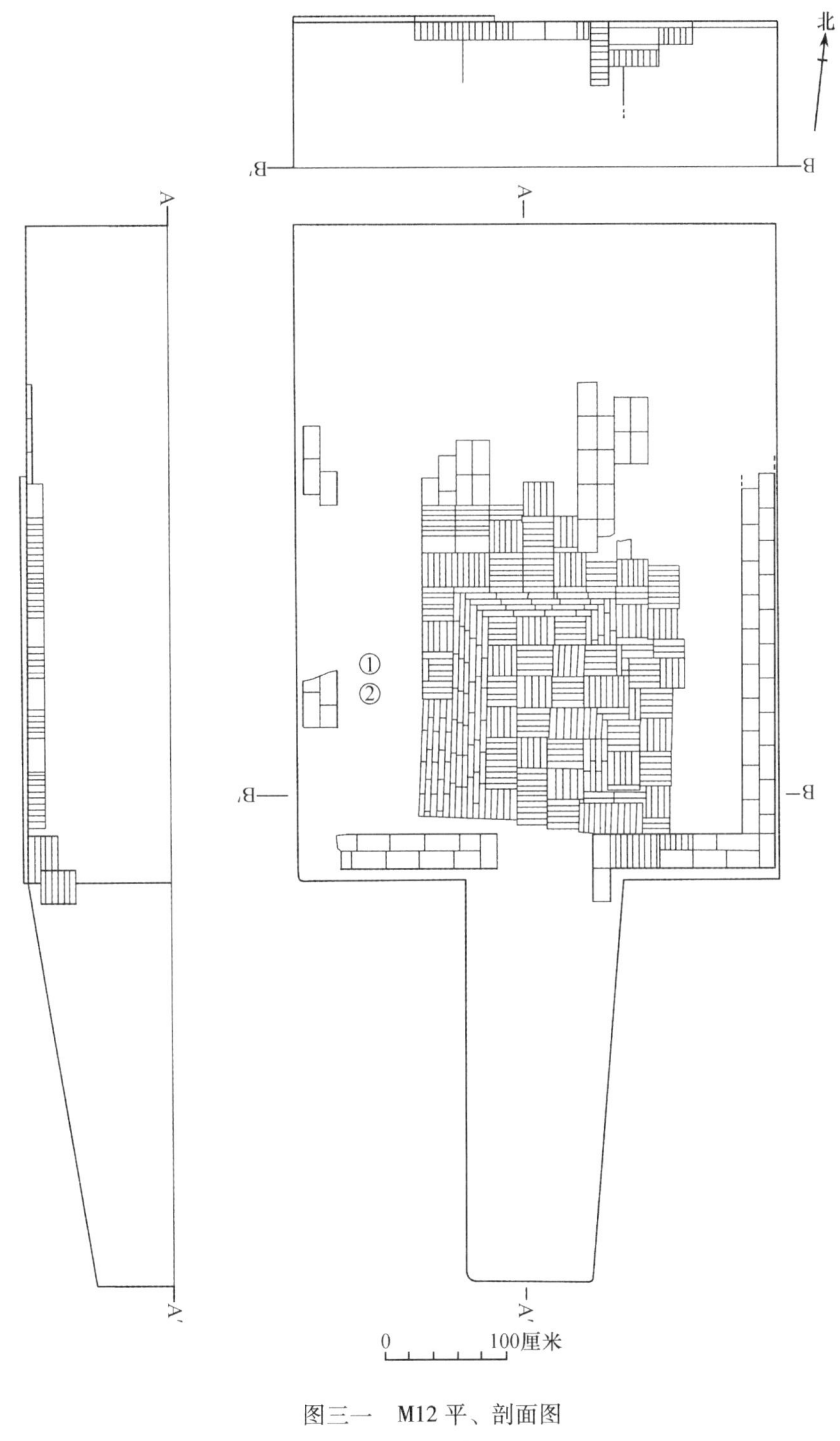

图三一 M12 平、剖面图
1. 陶井　2. 陶器盖

陶盂　1件。M12:1，泥质灰陶，轮制，火候高。敞口，折沿，方唇，唇部略下垂，束腰，底口直折，平底。沿下饰一周凸线纹，内壁饰凹弦纹。口径16.5厘米、底径16.3厘米、高13.3厘米（图三二；彩版一二，3）。

陶器盖　1件。M12∶2，泥质灰陶，手、轮兼制，火候高。博山式器盖，盖顶呈圆珠状，围顶刻饰突起纹饰，盖口外敞。盖径12.9厘米、高5.6厘米（图三二；彩版一二，4）。

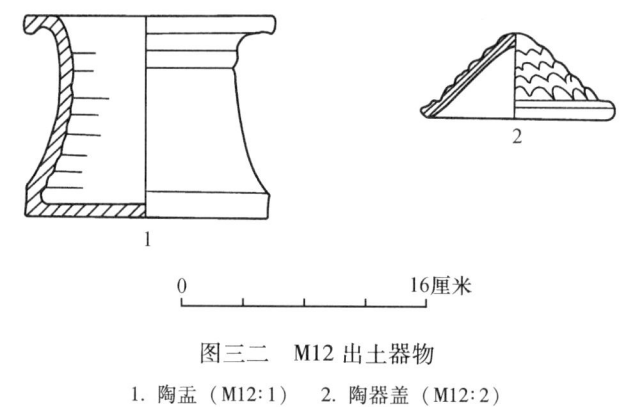

图三二　M12出土器物
1. 陶盂（M12∶1）　2. 陶器盖（M12∶2）

八、10YZM13

1. 墓葬形制

位于X11发掘区的南部，东邻M14，开口于④层下，墓口距地表深2.15米。坐北朝南，方向180°。平面呈凸字形竖穴土圹砖（规格：0.3米×0.15米×0.05米）券单室墓，土圹总长6.86米，宽1~3.46米，墓底距墓口深0.54~1.48米。由墓道、墓门和墓室三部分组成（图三三；彩版一三，1、2）。

墓道　位于墓室的南端，平面呈长方形，长1.96米，宽1米，深0.54~1.48米。墓壁整齐，底部南端修筑一步台阶，余为斜坡状。台阶进深0.34米，高0.4米；坡长2.46米、坡度11°。内填红褐色胶泥花土，土质稍硬。

墓门　位于墓道与墓室之间，平面呈长方形，面宽0.96米，进深0.86米，残高0.9~1米。顶部券顶已坍塌，券制不详，两壁残留部分用青砖二顺一丁叠压砌制，砌至0.8米处用青砖叠压平砌。墓门内底部用青砖一顺一丁叠压砌制，砌至0.4米时用青砖叠压平砌封堵。

墓室　位于墓道的北端，平面呈长方形，南北长2.8米，东西宽3.06~3.1米。顶部坍塌，券制不详，四壁残留部分用青砖二顺一丁叠压砌制，残高0.75~1.4米。墓底用青砖纵横平铺墁地。

2. 随葬品

随葬器物仅发现陶壶、陶瓮、铜钱等。陶壶放置于墓门内，陶瓮为碎片复原，铜钱放置于墓室内中部。

陶壶　2件。M13∶3（残），泥质灰陶，手、轮兼制，火候高。口部已残，长束颈，鼓腹下弧收，平底，底口旋刮。上腹用红彩描绘出彩绘线条图案。腹径24.6厘米、底径14.8厘米、

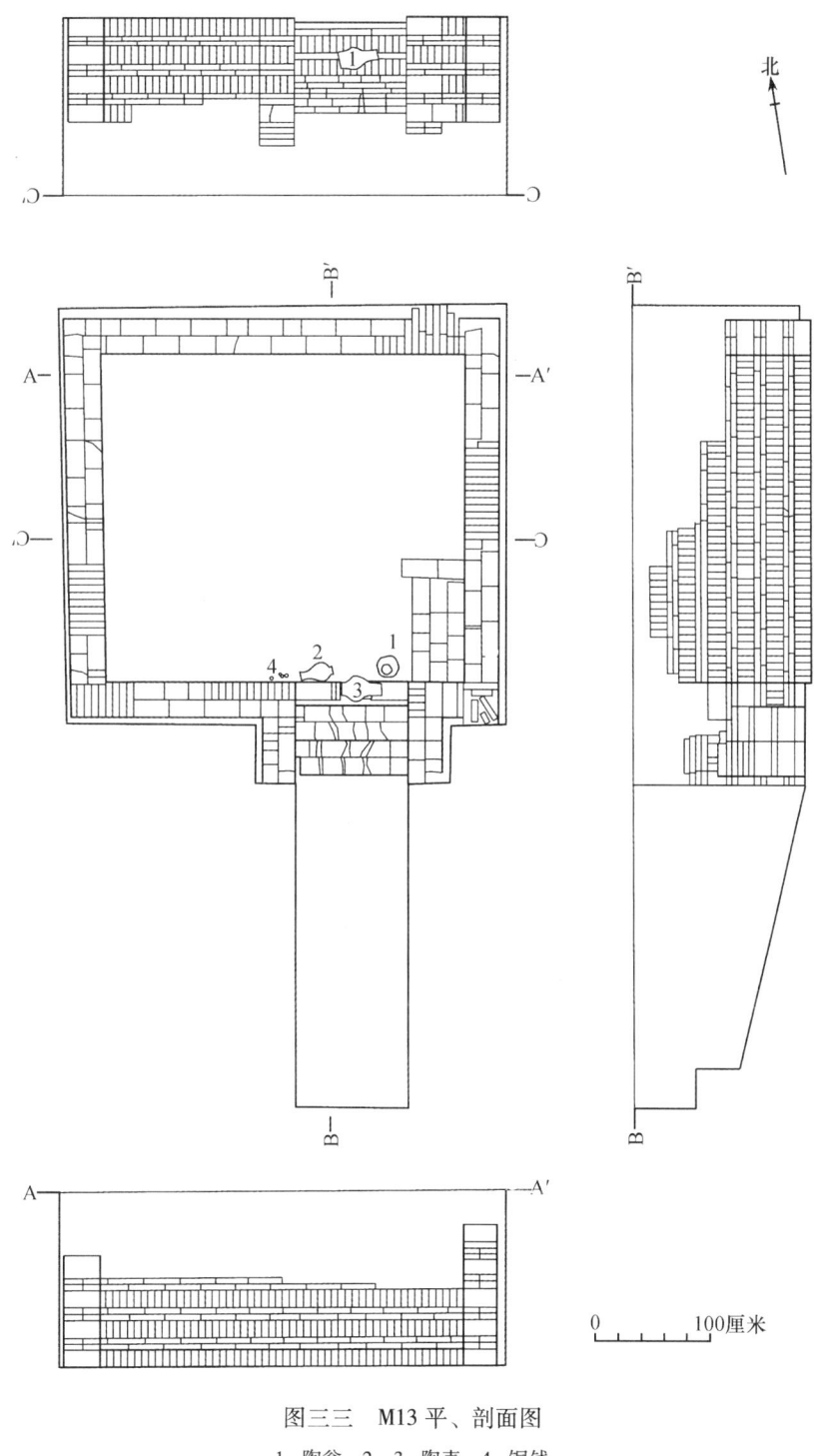

图三三 M13 平、剖面图
1. 陶瓮 2、3. 陶壶 4. 铜钱

残高37厘米（图三四；彩版一四，2）。M13:2（复原），泥质灰陶，手、轮兼制，火候高。敞口，尖圆唇，长束颈，鼓腹下弧收，平底，底口旋刮。中腹饰压印篦点纹，下腹与颈部内壁饰凹弦纹。口径15.7厘米、腹径24.8厘米、底径13.8厘米、高34.8厘米（图三四；彩版一四，1）。

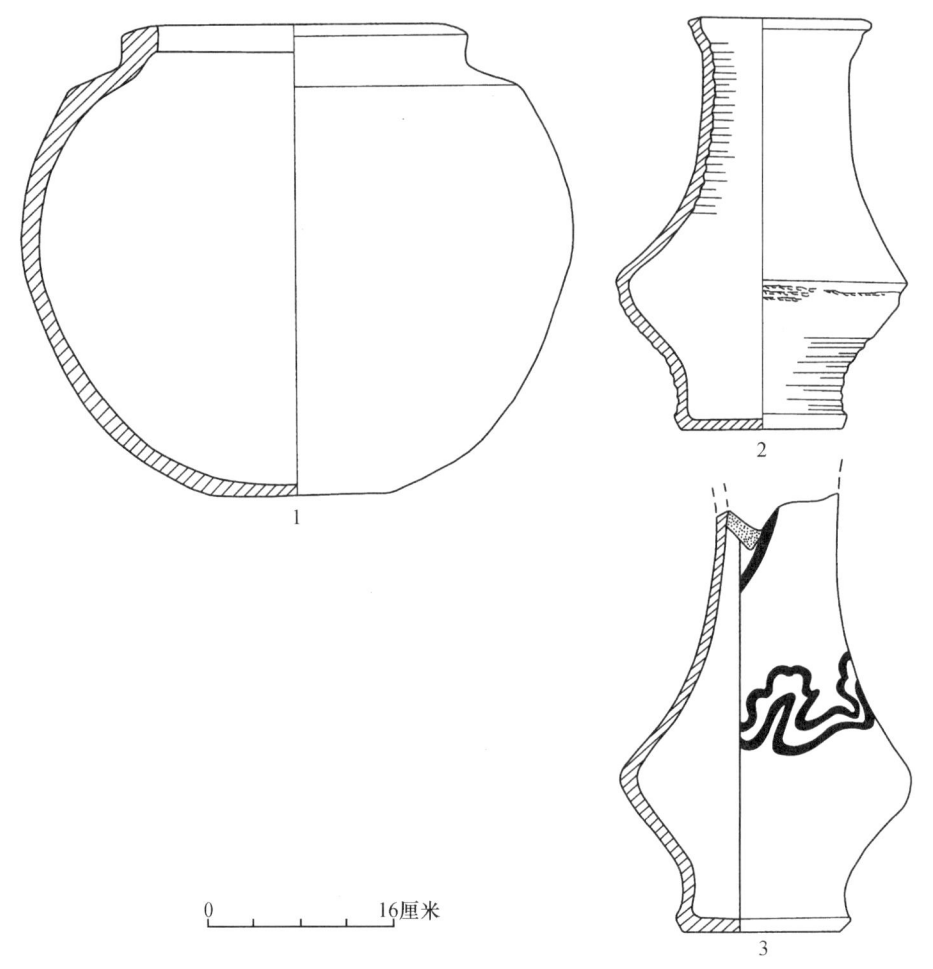

图三四　M13 出土器物
1. 陶瓮（M13:1）　2、3. 陶壶

陶瓮　1件。M13:1，泥质灰陶，轮制，火候高。直口。短颈上折肩，鼓腹弧收，平底。口径30厘米、腹径47.5厘米、底径15.2厘米、高40厘米（图三四；彩版一四，1）。

铜钱　8枚。M13:4-1（宣帝），2枚。方穿圆钱，正面穿左右篆书"五铢"二字，对读。"五"字两股交笔弯曲，上下横笔出头接于外郭。"铢"字"金"旁头呈三角形低于"朱"字，下四点较短；"朱"字上部方折，中部横笔细短，下垂圆折。面背内外有郭，正背郭缘略窄，郭缘向内侧形成小斜面。钱径2.56厘米、穿径0.97～0.99厘米、郭厚0.13厘米。M13:4-2（东汉），6枚。方穿圆钱，正面穿左右篆书"五铢"二字，对读。"五"字两股交笔弯曲，上下横笔不出头。"铢"字"金"旁头呈三角形，下四点细长；"朱"字上部圆折，中部横笔粗短，下垂圆折，上下竖笔较长。钱背内外有郭，正背郭缘狭阔不一。钱径2.56厘米、穿径0.9厘米、郭厚0.14厘米。

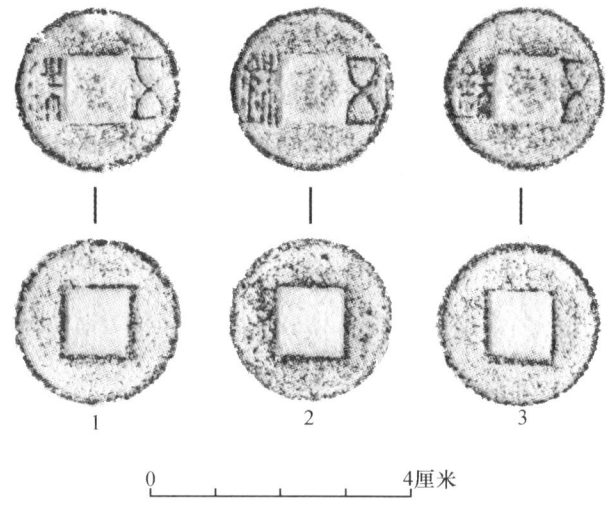

图三五 M13 铜钱拓片
1. M13:4-1 2. M13:4-2 3. M13:4-3

九、10YZM14

1. 墓葬形制

位于 X11 发掘区的南部，西邻 M13、东邻 M15，开口于④层下，墓口距地表深 2.15 米。坐北朝南，方向 183°。平面呈中字形，竖穴土圹墓（砖规格 0.3 米×0.16 米×0.06 米）（图三六）券双室墓，土圹总长 10.18 米，宽 0.78~3.54 米，墓口距底深 0.72~1.56 米。由墓道、墓门、前室、甬道和后室五部分组成（图三七；彩版一五，1）。

墓道　位于墓门的南端，平面呈长方形，长 2.54 米，宽 0.78 米，深 0.72~1.56 米。墓壁整齐，底部南端修筑一步台阶，进深 0.54 米，高 0.32 米。台阶下至墓门呈斜坡状，坡长 1.64 米，坡度 18°。内填红褐色胶泥花土，土质稍硬。

墓门　位于墓道与前室之间，平面呈长方形，面宽 0.78 米，进深 0.9 米。两壁用青砖二顺一丁叠压砌制，砌至 0.84 米处用双砖并列侧立叠压开始起券内收，呈拱形，顶部已残缺，残高 1.26 米。墓门内砌制双层封门，内侧用青砖一顺一丁叠压砌制，砌至 0.88 米时用青砖叠

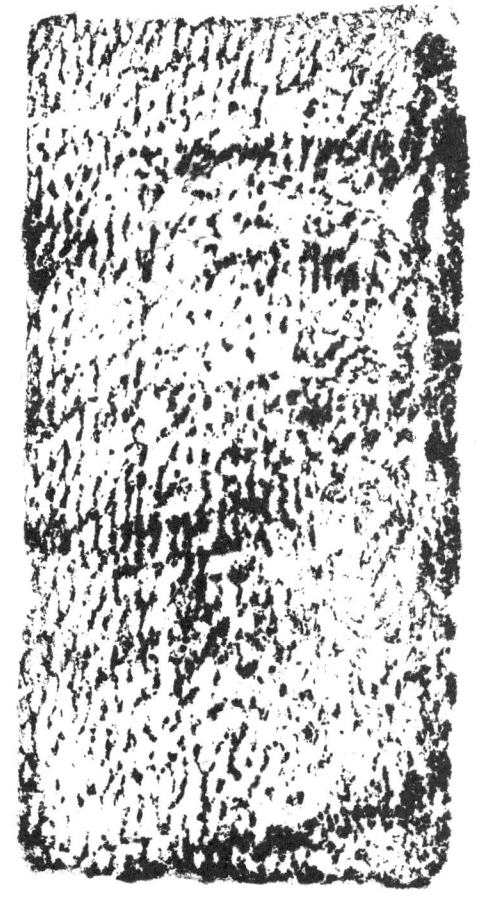

图三六 M14 出土墓砖拓片

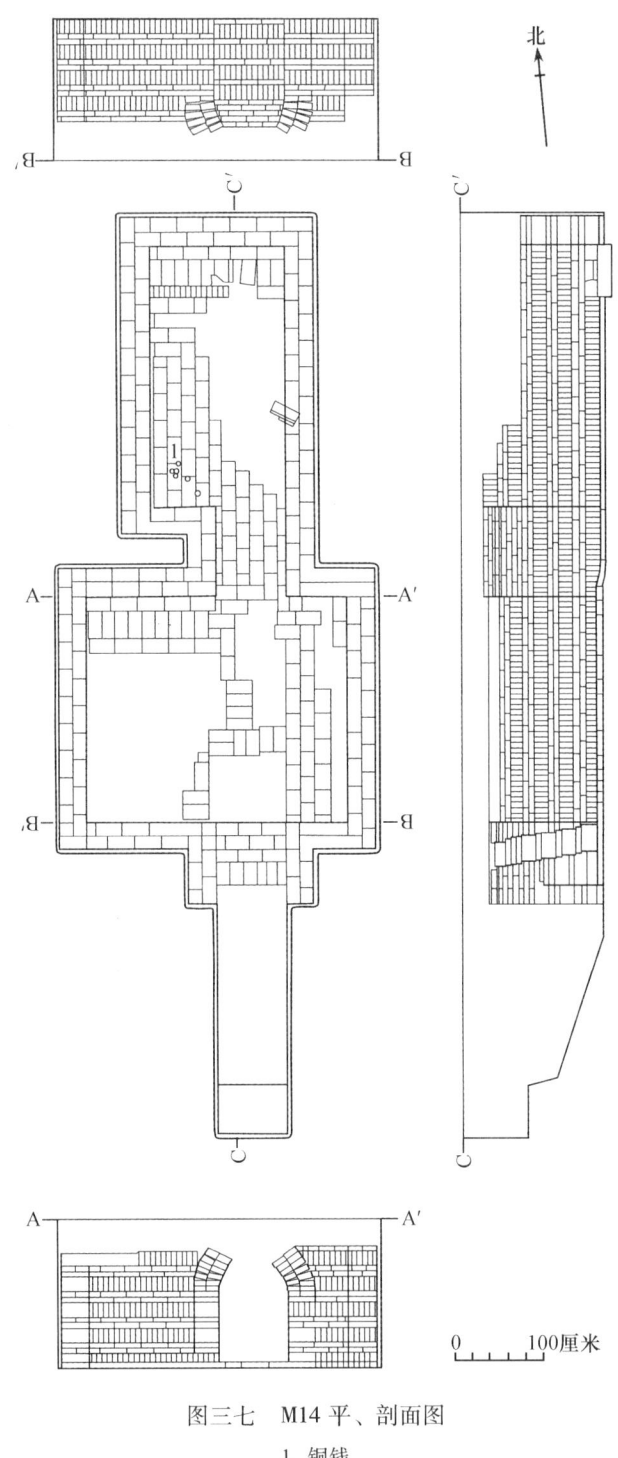

图三七 M14 平、剖面图
1. 铜钱

压平砌封堵，自下而上向外倾斜；外侧与内侧封门砌法相同，只是高低不同而已。

前室 位于墓门与甬道之间，平面呈长方形。南北长2.5米，东西宽2.9米。顶部残缺，券制不详；四壁用青砖二顺一丁叠压砌制，残高0.78~1.06米；底部用砖纵横平铺墁地（彩版一五，2）。

甬道　位于前室北部偏东，北与后室连接，面宽0.78米，进深1米。平面呈长方形，两壁用青砖二顺一丁叠压砌制3层，其上用砖叠压平砌，砌至0.94米处开始内收起券，为双层拱形券顶，顶部残缺，残高1.08～1.14米。

后室　位于甬道的北端，平面呈长方形，南北长2.94米，东西宽1.52米。顶部坍塌，其结构不详；四壁用青砖二顺一丁叠压砌制而成，残高0.86～1.28米；棺床位于墓室的北部，用青砖砌制，东西与室同宽，进深0.58米、高0.22米；墓底残留部分用青砖并列错缝纵铺墁地，墁地砖由甬道口自南向北略呈缓坡状，南北高差0.08米（彩版一六，2）。

2. 随葬品

该墓未见棺椁、骨架，随葬器物仅见陶壶、铜镜、铜钱。

陶壶　1件。M14:1（残），泥质灰陶，手、轮兼制，火候高。口部已残，深腹，下腹略鼓斜收，平底略上凹。上口残径9.5厘米、腹径17.8厘米、底径16.21厘米、残高14～20.6厘米（图三八；彩版一四，4）。

铜镜　1件（残）。M14:3，残缺，仅余局部，残留部分锈蚀严重，内外缘纹饰不清。残径4.8～11.6厘米、厚0.3厘米（图三九；彩版一六，1）。

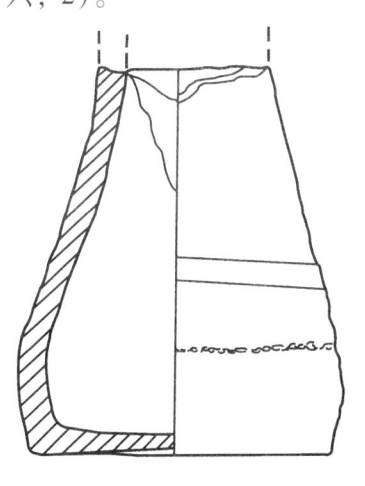

图三八　M14出土器物

铜钱　27枚。M14:2-1（宣帝），1枚。方穿圆钱，正面穿左右篆书"五铢"二字，对读。"五"字两股交笔弯曲甚大，上下横笔出头接于外郭。"铢"字"金"旁头呈三角形低于"朱"字，下方形四点；"朱"字上部方折，中部横笔细长，下垂圆折。钱背内外有郭，正背郭缘稍窄，向内侧形成小斜面。钱径2.55厘米、穿径0.92厘米、郭厚0.14厘米。M14:2-2（宣帝），1枚。方穿圆钱，正面穿左右篆书"五铢"二字，对读。"五"字两股交笔弯曲甚大，上下横笔不出头。"铢"字"金"旁头呈三角形低于"朱"字，下方形四点；"朱"字上部方折，中部横笔细长，下垂圆折。钱背内外有郭，正背郭缘稍窄，向内侧形成小斜面。钱径2.56厘米、穿径0.97～1厘米、郭厚0.12厘米。M14:2-3（新莽），1枚。方穿圆钱，正面穿左右篆书"货泉"二字，对读。钱文书写工整，线条纤细，钱体略小较轻，"泉"字中竖中断。钱背内外有郭，正背郭缘略窄。钱径2.09厘米、穿径0.67厘米、郭厚0.1厘米。M14:2-4（东汉），4枚。方穿圆钱，正面穿左右篆书"五铢"二字，对读。"五"字两股交笔弯曲甚大，上下横笔出头接于外郭。"铢"字"金"旁头呈三角形，下四点细长；"朱"字上部圆折，中部横笔细长，下垂圆折，中部竖笔较长。钱背内外有郭，正背郭缘狭阔不一。钱径2.53厘米、穿径0.92厘米、郭厚0.15厘米。M14:2-5（东汉），20枚。方穿圆钱，正面穿左右篆书"五铢"二字，对读。"五"字两股交笔弯曲甚大，上下横笔不出头。"铢"字"金"旁头呈三角形，下四点细长；"朱"字上部圆折，中部横笔细长，下垂圆折，中部竖笔细长。钱背内外有郭，正背郭缘狭阔不一。钱径2.58厘米、穿径0.96厘米、郭厚0.11厘米（图四〇）。

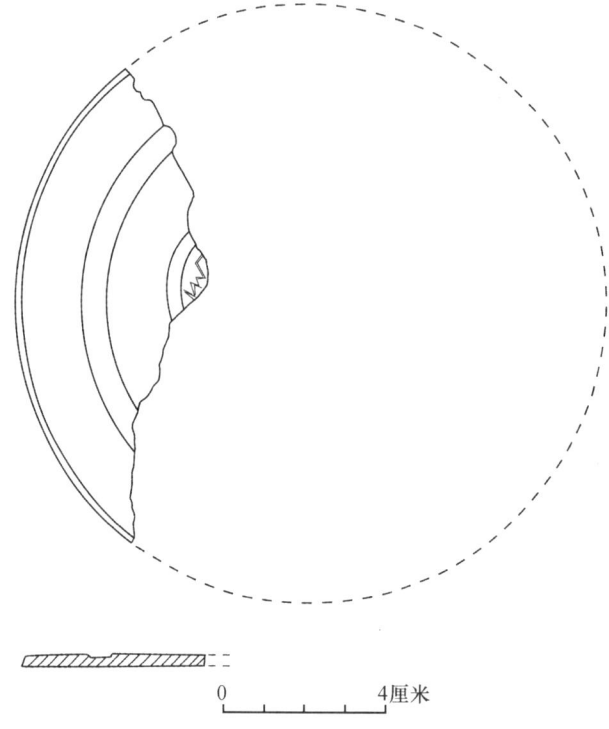

图三九　M14 出土铜镜

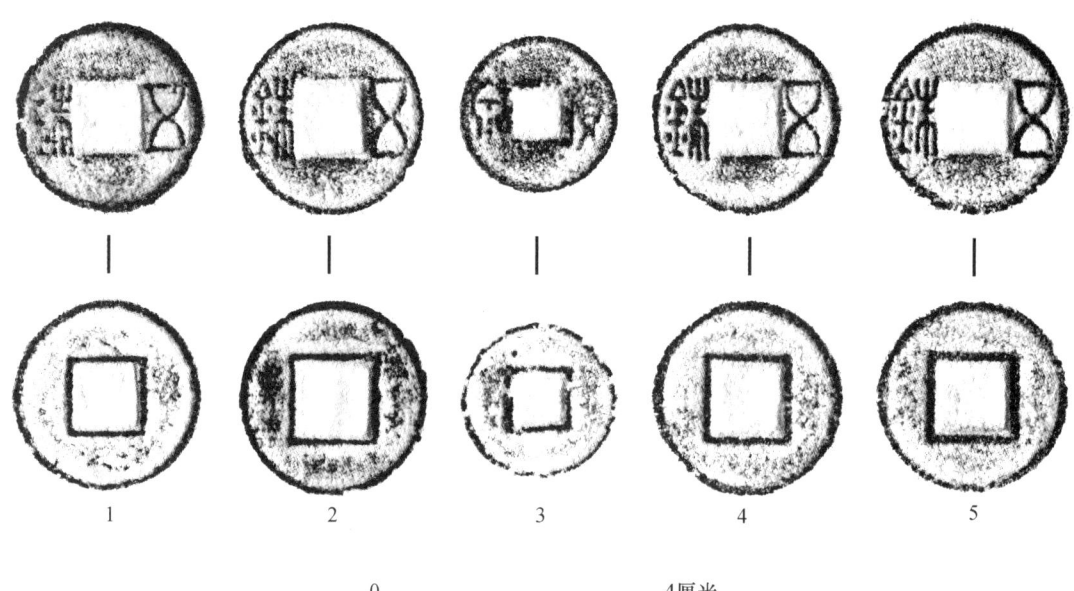

图四〇　M14 铜钱拓片

1、2、4、5. 五铢（M14:2-1、M14:2-2、M14:2-4、M14:2-5）　3. 货泉（M14:2-3）

一〇、10YZM15

1. 墓葬形制

位于 X11 发掘区的南部，西邻 M14，南邻 M16，开口于④层下，墓口距地表 2.15 米。坐北朝南，方向 178°。平面呈"刀"形竖穴土圹砖室墓（规格：0.3 米×0.15 米×0.05 米）券单室墓，土圹南北总长 6.32 米，宽 0.98~2.4 米，墓口距墓底 1.6 米。由墓道、墓门和墓室三部分组成（图四一；彩版一七，1）。

墓道　位于墓门的南端，平面呈长方形，南北长 1.14 米，东西宽 0.94 米，深 1.55~1.6 米。墓壁整齐，墓底略呈缓坡状，墓道南部被 M16 打破。内填红褐色胶泥花土，土质稍硬。

墓门　位于墓道的北部，北与墓室衔接。平面呈长方形，面宽 0.94 米，进深 0.6 米，残高 1.1~1.5 米。顶部坍塌，券制不详；东壁用青砖二顺一丁叠压砌制；西壁用青砖一顺一丁叠压砌制而成。墓门内用青砖叠压错峰平砌封堵，宽 0.3 米，残高 1~1.05 米。

墓室　位于墓道的北部，平面呈长方形，南北长 3.26 米，东西宽 1.8 米。顶部坍塌，结构不详；四壁用青砖二顺一丁叠压砌制，残高 0.76~1 米；在墓室内北部砌制棺床，平面呈长方形，床面用青砖纵横平铺，床壁用砖叠压错缝平砌包边，进深 0.7 米，高 0.15 米；墓底残存部分用砖纵横平铺墁地（彩版一七，2）。

2. 随葬品

该墓被严重盗扰，出土器物为铜钱，其他部分器物均为碎片，复原器形有陶锅、陶俑、瓦当、陶狗、陶奁等。

陶锅　1 件。M15:2，泥质灰陶，轮制，火候高。敞口，折沿、尖圆唇，浅曲腹，圜底。口径 7.4 厘米、高 2.8 厘米（图四二；彩版一八，1）。

陶俑　1 件。M15:3，泥质红陶，手、模兼制，火候高。面部不清，双手拢于胸前，长袍落地，袍角微上翘，袍底装饰一周凹形纹饰，通体施绿釉。通高 15.6 厘米（图四二；彩版一八，2）。

瓦当　2 件。M15:4（与 M15:5 相同），泥质灰陶，手制，火候高。瓦身呈半圆形，已残；圆形，当身正面作半球状圆心凸起，对出辐射线（每条四道），平分瓦面为四区，每区之间绕以卷云纹，于云纹之间加添圆形乳钉。直径 14.8 厘米、厚 1.7 厘米、残长 4 厘米（图四二；彩版一八，3、4）。

陶狗　1 件。M15:6，泥质灰陶，手制，火候高。体瘦，昂首，尖耳耸起，短尾上扬，四足做站立状。通长 10.5 厘米、高 7.8 厘米（图四二；彩版一九，1）。

陶奁　3 件。M15:7，泥质灰陶，轮制，火候高。直口微敛，圆唇，直腹壁，平底，底口旋刮略外展。口径 21 厘米、底径 21.4~22.6 厘米、高 12 厘米（图四二；彩版一九，2）。M15:8，泥质灰陶，轮制，火候高。敛口，深腹略外鼓，平底。口径 22.2 厘米、腹径 24.4 厘米、底径

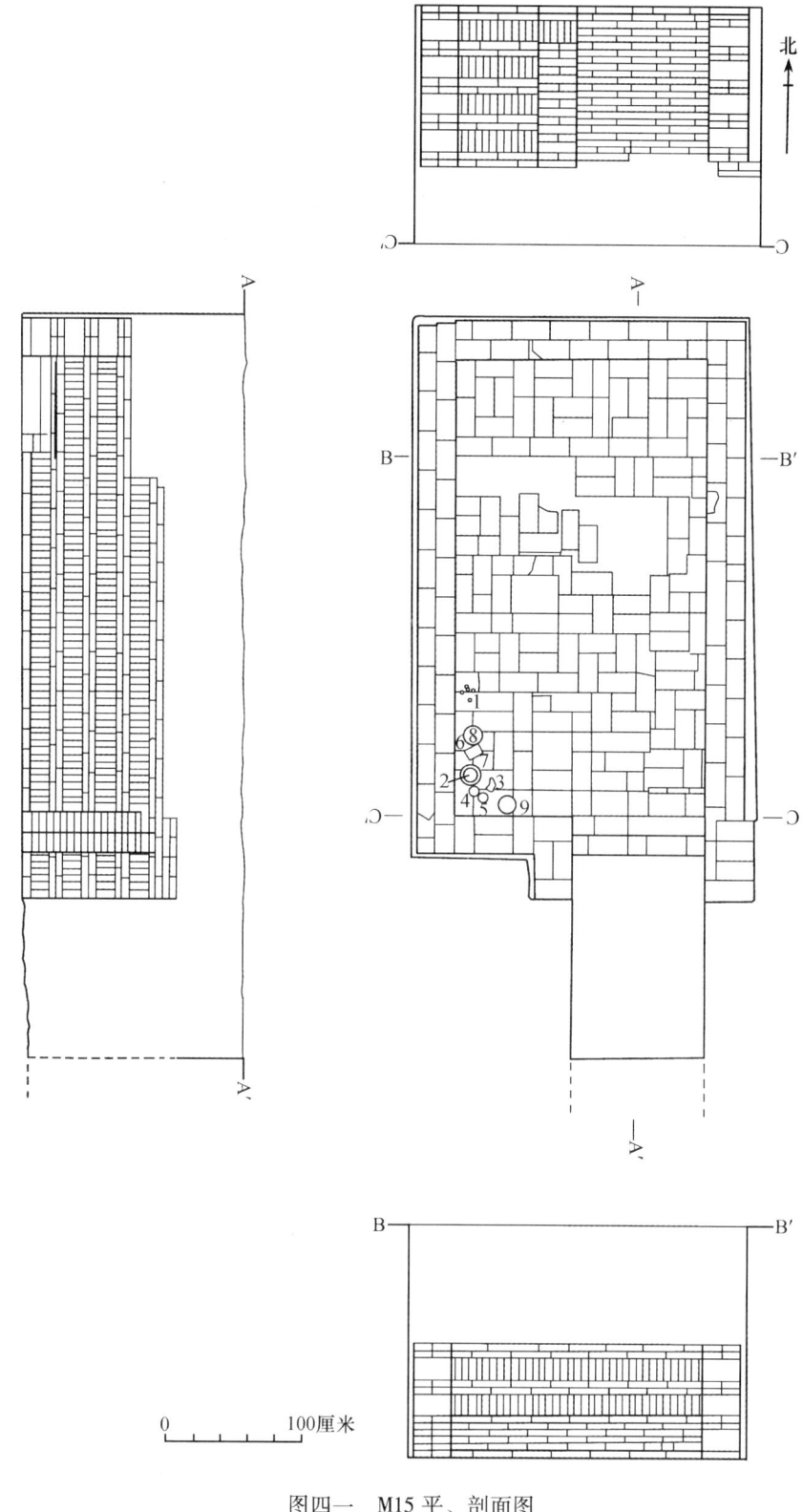

图四一 M15 平、剖面图
1. 铜钱 2. 陶锅 3. 陶俑 4、5. 瓦当 6. 陶狗 7~9. 陶仓

图四二 M15 出土器物

1、2. 陶瓦当（M15：4、M15：5）　3～5. 陶瓮（M15：7、M15：8、M15：9）　6. 陶锅（M15：2）
7. 陶俑（M15：3）　8. 陶狗（M15：6）

23.2厘米、高13.2厘米（图四二；彩版一九，3）。M15：9，泥质灰陶，轮制，火候高。直口（口部高低不一），圆唇，直腹壁，平底。口径24厘米、底径23.5厘米、高10.1～10.8厘米（图四二；彩版一九，4）。

铜钱 40枚。M15：1-1（宣帝），7枚。方穿圆钱，正面穿左右篆书"五铢"二字，对读。笔画清晰，"五"字交笔弯曲甚大，上下横笔出头接于郭。"铢"字"金"旁头三角形低于

"朱"字,下方形四点;"朱"字上部方折,中部横笔粗短,下垂圆折。钱背内外有郭,正背郭缘狭阔不一。钱径2.55厘米、穿径0.99厘米、郭厚0.12厘米。M15:1-2(宣帝),2枚。方穿圆钱,正面穿左右篆书"五铢"二字,对读。笔画清晰,"五"字交笔弯曲甚大,上下横笔不出头。"铢"字"金"旁头三角形低于"朱"字,下方形四点;"朱"字上部方折,中部横笔粗短,下垂圆折。钱背内外有郭,正背郭缘狭阔不一。钱径2.59厘米、穿径0.95厘米、郭厚0.12厘米。M15:1-3(货泉),2枚。方穿圆钱,钱体较小,正面穿左右篆书"货泉"二字,对读。笔画清晰,线条纤细,正背内外有郭,"泉"字中竖中断。钱径2.26厘米、穿径0.67厘米、郭厚0.12厘米。M15:1-4(宣帝),29枚。方穿圆钱,正面穿左右篆书"五铢"二字,对读。笔画清晰,"五"字交笔弯曲,上下横笔与竖笔齐平。"铢"字"金"旁头小三角形,下四点长方形排列整齐;"朱"字上部圆折,中部横笔细长,下垂圆折。钱背内外有郭,正背郭缘狭阔不一。钱径2.58厘米、穿径0.92~0.99厘米、郭厚0.14厘米(图四三)。

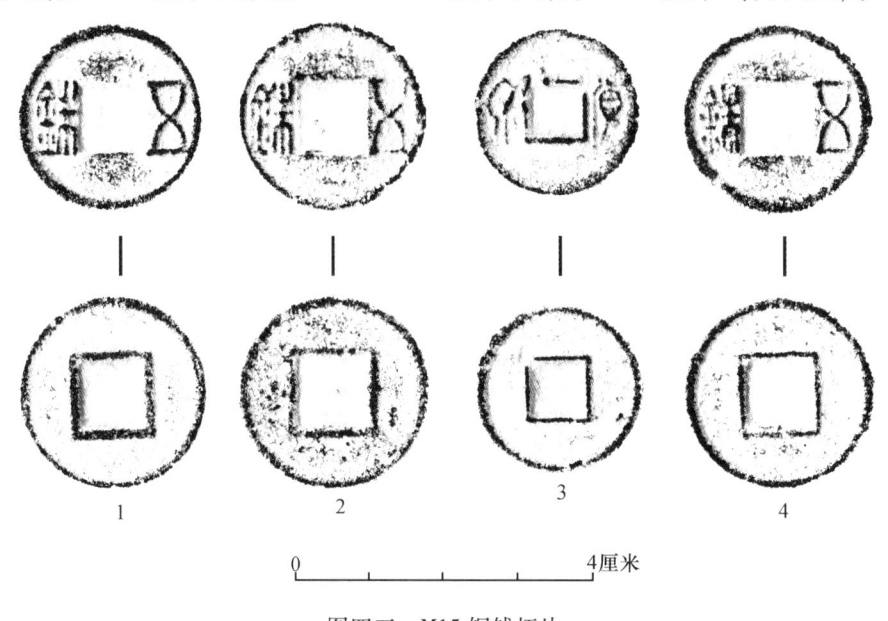

图四三 M15铜钱拓片
1、2、4. 五铢(M15:1-1、M15:1-2、M15:1-4) 3. 货泉(M15:1-3)

一一、10YZM16

1. 墓葬形制

位于X11发掘区的中部,东邻M17,开口于④层下,墓口距地表2.15米。坐北朝南,方向180°。平面呈品字形,竖穴土圹砖室墓券多室墓(规格:0.28米×0.14米×0.05米),土圹残长9.4米,东西宽1.4~3.32米。由墓道、墓门、前室、耳室、双甬道、双后室等部分组成。墓道南部被一现代坑打破,该墓同时打破M15(图四四;彩版二〇,1)。

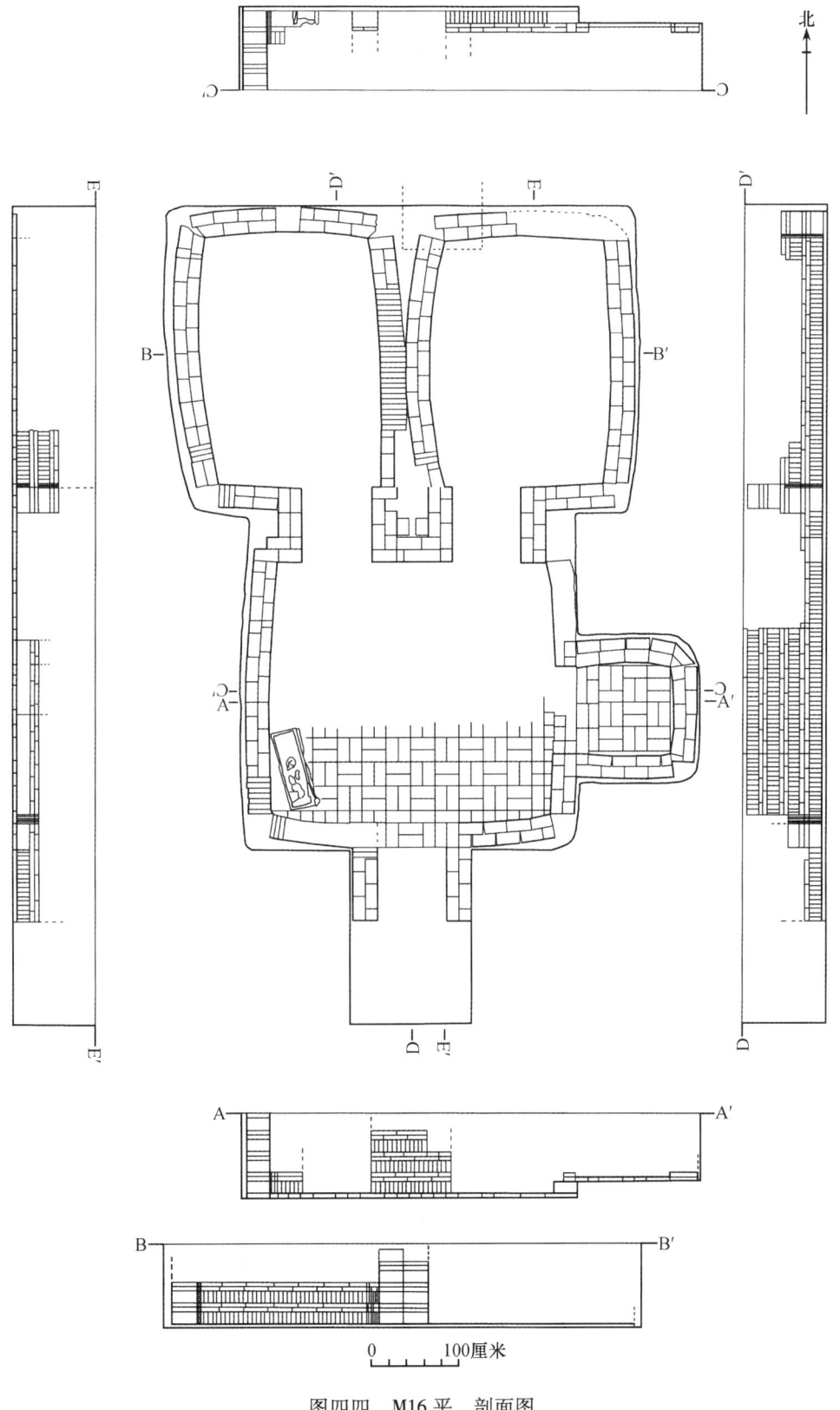

图四四　M16 平、剖面图

墓道　位于墓门的南端，平面呈长方形，南北残长1.18米，东西宽1.4米，深1.46米。东、西两壁较直，底部较平。内填红褐色胶泥花土，土内夹杂有残砖块，土质较硬。

墓门　位于墓道的北部，北与前室连接。平面呈长方形，面宽0.8米，进深1.12米。顶部及东、西壁上部已残缺，两壁残留部分用细绳纹青砖二顺一丁叠压砌制，残高0.2米；底部较平。

前室　位于墓门的北端，平面呈方形，四壁略呈弧状。上口东西长3.9米，南北宽3.85米，下部长3.15~3.3米，宽3米，残高0.92米。顶部残缺，四壁残留部分用青砖二顺一丁叠压砌制；底部用青砖纵横平铺墁地。在西南部放置一陶棺，残长0.9米，残宽0.3米，高0.25米，棺内骨架保存较差。

耳室　位于前室东壁中部，上部南北长1.7米，东西宽1.4米，平面呈正方形。顶、壁残缺，仅残留底部一层砌砖，底部用青砖纵横平铺墁地，而且底部要高于前室0.19米。面宽0.9米，进深1.2米，残高0.05米（彩版二〇，2）。

右侧后室甬道　位于前室的东北部，面宽0.8米，进深0.86米，残高0.25~0.94米。由于坍塌严重仅残留底部，东、西两壁残留部分用素面青砖二顺一丁叠压砌制；底部用砖纵横平铺墁地。

右侧后室　位于左侧甬道的北端，平面呈长方形，室长2.8~2.9米，宽1.86~2.1米，顶部残缺，四壁略呈弧状，残留部分用素面青砖二顺一丁叠压砌制，残高0.25米；底部用青砖纵横平铺墁地（彩版二一，1）。

左侧后室甬道　位于前室的西北部，平面呈长方形，东西宽0.8米，进深0.86米。由于坍塌严重仅残留底部，东、西两壁残留部分用素面青砖二顺一丁叠压砌制，残高0.48米；底部用青砖纵横平铺墁地。

右侧后室　位于右侧甬道的北端，平面呈长方形，长2.8~2.9米，宽1.9~2.1米。顶部及部分墙壁残缺，四壁残留部分用素面青砖二顺一丁叠压砌制，残高0.25米；底部用青砖纵横平铺（彩版二一，2、3）。

2. 随葬品

随葬器物有陶灶、陶俑、陶猪、陶狗、陶棺、铜钱等。

陶灶　1件。M16:1，泥质灰陶，手、轮兼制，火候高。平面呈梯形，前宽后窄，灶体正面有长方形灶门，灶门上部设置挡火墙；灶面三釜锅呈品字形摆放。长22厘米、宽15.4~18.4厘米、高10.6厘米（图四五；彩版二二，1）。

陶俑　1件。M16:2，泥质灰陶，手制，火候高。五官清晰，头戴圆帽，长袍落地，双手附于腿上，两腿蜷曲作盘坐状。通高8.6厘米（图四五；彩版二二，2）。

陶猪　1件。M16:3，泥质灰陶，手制，火候高。体肥，嘴长、上下合拢，尾巴下垂，四肢做站立状。长12.3厘米、高7.5厘米（图四五；彩版二二，3）。

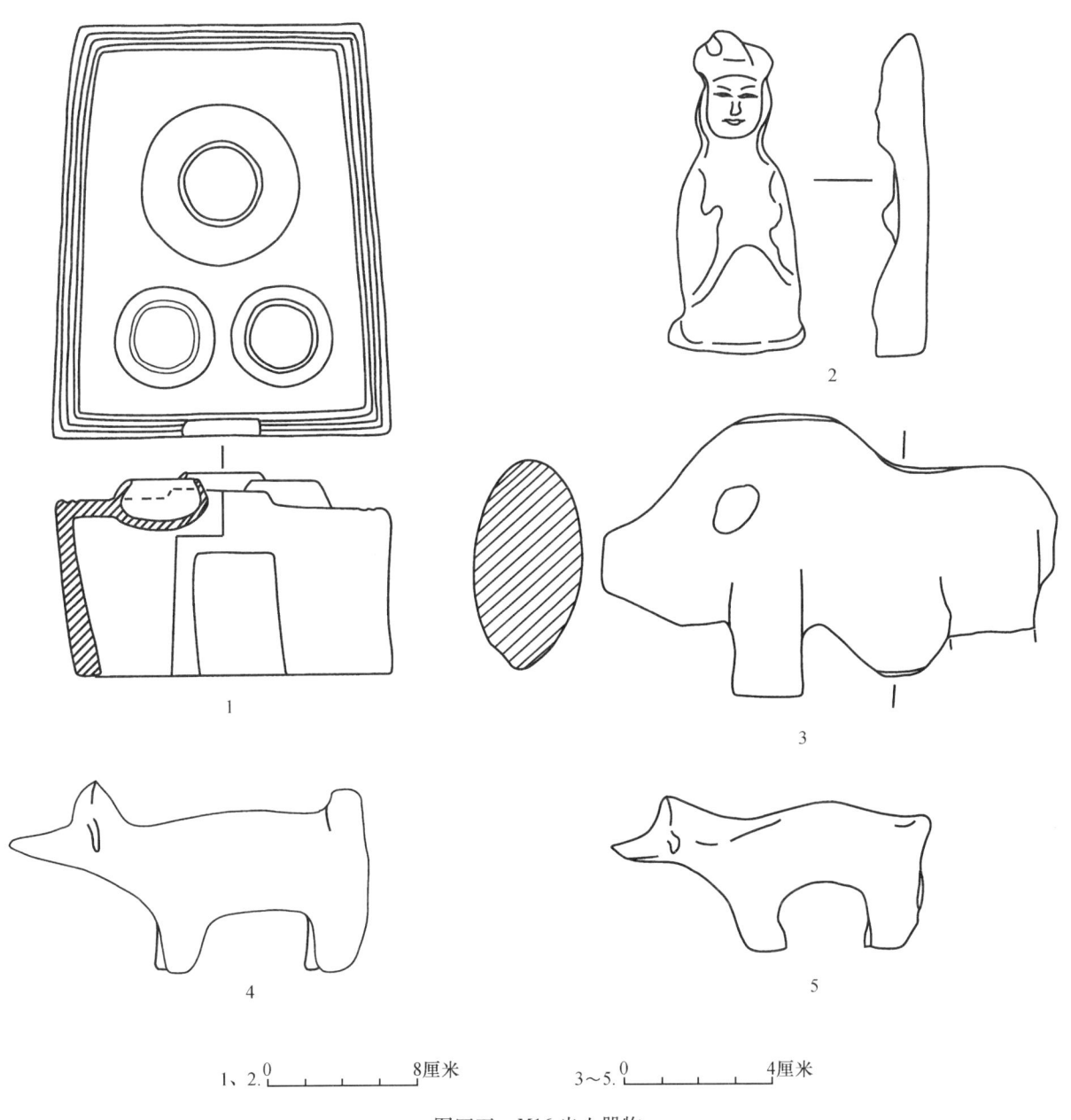

图四五 M16 出土器物
1. 陶灶（M16:1） 2. 陶俑（M16:2） 3. 陶猪（M16:3） 4、5. 陶狗（M16:4、M16:5）

陶狗 2件。M16:4，体瘦，尖嘴，双耳耸立，短尾上翘，四肢做站立状。长9.7厘米、通高5.1厘米（图版七七）。M16:5，泥质灰陶，手制，火候高。体瘦，头微扬，嘴巴合拢，双耳下垂，短尾，四肢做站立状。通长8.7厘米、高4.2厘米（图四五；彩版二二，4）。

陶棺 1件（残）。M16:6，泥质灰陶，手、模兼制，火候高。平面呈梯形，前宽后窄。直口，圆唇，腹壁略斜，平底，器表与内底饰蓝纹。长129厘米、宽28~49厘米、壁厚3~3.9厘米、高23~26厘米（图四六；彩版二二，6）。

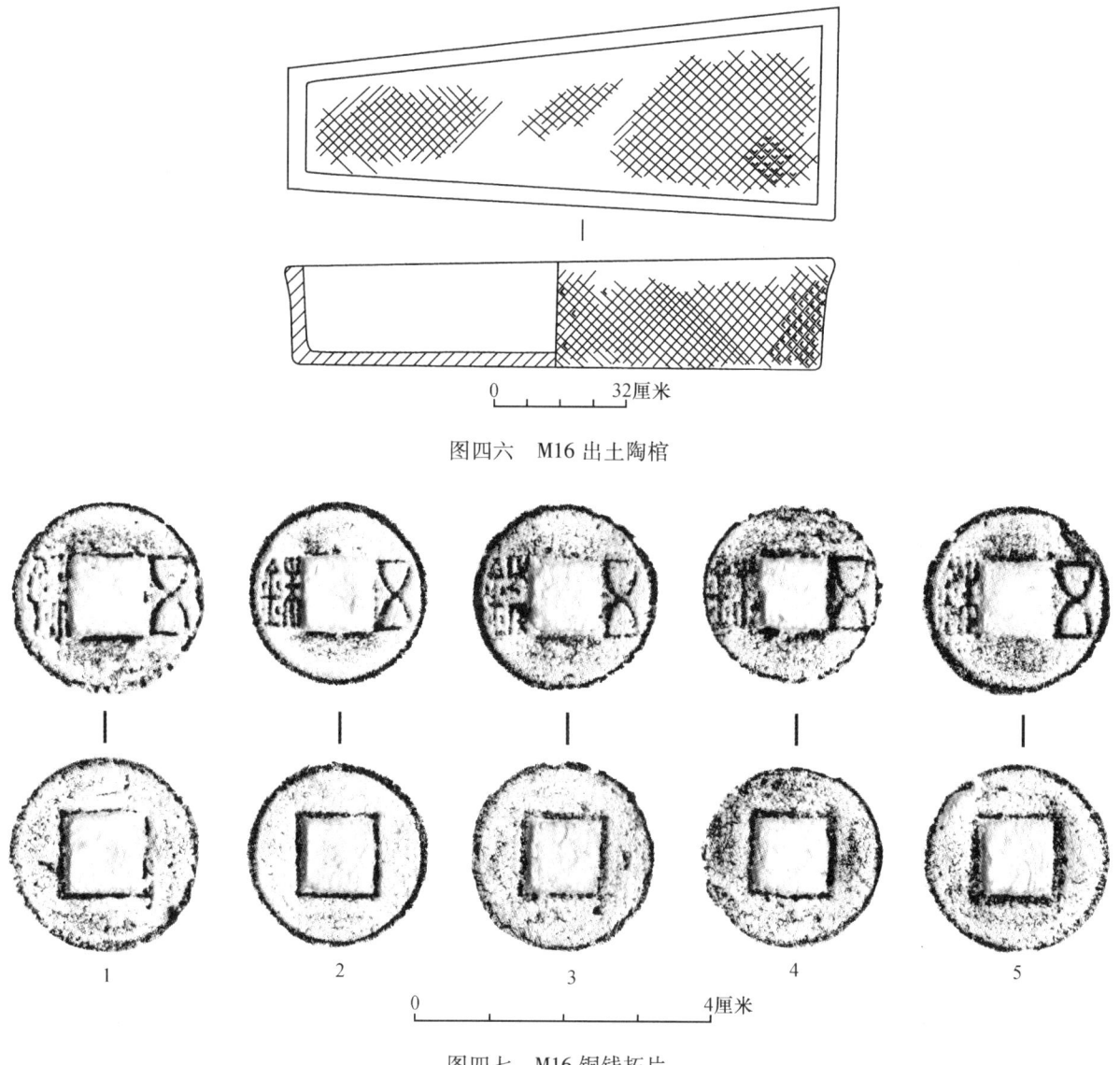

图四六 M16 出土陶棺

图四七 M16 铜钱拓片
1. M16:7-1　2. M16:7-2　3. M16:7-3　4. M16:7-4　5. M16:7-5

铜钱　33 枚。M16:7-1（郡国），1 枚。方穿圆钱，钱体略轻。正面篆书"五铢"二字，字体宽肥，对读。"五"字两股交笔缓曲。"铢"字"金"旁头呈三角形，下方形四点；"朱"旁上垂方折，下垂圆折。外郭较窄，钱背好郭四角略圆。钱径 2.59 厘米、穿径 1.3 厘米、郭厚 0.1 厘米。M16:7-2（昭帝），7 枚。方穿圆钱，钱体规整，字形略瘦长。正面穿左右篆书"五铢"二字，对读。"五"字两股交笔弯曲，末端有明显收分，上下横笔较长而接于外郭。"铢"字"金"头呈三角形，下四点长方形；"朱"旁上部方折，下垂圆折。面文外郭较高而略窄，面背有好郭。钱径 2.49 厘米、穿径 0.98 厘米、郭厚 0.11 厘米。M16:7-3（宣帝），7 枚。方穿圆钱，钱体规整，笔画清晰。正面穿左右篆书"五铢"二字，对读。"五"字两股交笔弯曲甚大，上下横笔外出接于郭。"铢"字"金"旁头呈等腰三角形，略低于"朱"旁，下四点细长；"朱"头上部方折，中部横笔细长，下垂圆折。正面外郭向内形成小斜面，钱背内郭、外郭高于钱肉。钱径2.57厘米、穿径0.95厘米、郭厚1.7厘米。M16:7-4（剪轮五铢），5枚。方穿圆钱，钱体较轻。正面穿左右篆书"五铢"二字，对读。"五"字上下横笔出头接于内外郭，两股交笔弯曲甚大。"铢"字"金"旁头呈三角形，下方形四点；"朱"旁上垂方折，下垂圆折。外郭经过磨镰加工，钱背有内郭。钱径2.39厘米、穿径0.99厘米、郭厚0.11厘米。M16:7-5（东汉），14枚。方穿圆钱，正面穿左右篆书"五铢"二字，对读。钱体轻薄，字体圆润肥大。"五"字上下横笔齐平，两股交笔弯曲。"铢"旁"金"头呈三角形，下四点略长；"朱"旁上下垂圆折对应，中部横笔细长，竖笔较长两头细弱。钱背内外有郭，正背郭缘狭阔不一。钱径2.51厘米、穿径0.96厘米、郭厚0.1厘米。

一二、10YZM17

1. 墓葬形制

位于X11发掘区的中部，东邻Y5，开口于④层下，墓口距地表深2.15米。南北向，方向185°。平面呈中字形，竖穴土圹砖室墓（规格为：0.3米×0.15米×0.05米、0.3米×0.15米×0.06米）（图四八）券双室墓，南北总长10.7米，东西宽0.7~4.18米。由墓道、墓门、前室、甬道和后室五部分组成（图四九；彩版二三，1）。

墓道　位于墓门的南部，平面呈长方形，南北长2.6米，东西宽0.7~0.9米，墓壁整齐，底呈斜坡状，墓底距墓口0.8~1.82米，底坡长2.78米，坡度22°。内填红褐色胶泥花土，土质较硬土，内夹杂有残砖块。

墓门　位于墓道的北端，北接前室，平面呈长方形，宽0.86米，进深1.2米。顶部残缺，残留部分为双层拱形券顶；两壁用青砖二顺一丁叠压砌制，残存高1.1~1.25米，底部用青砖纵横错缝平铺墁地。

前室　位于墓门的北端，平面呈长方形，长3.35米，宽2.3米。顶部残缺，四壁用青砖二顺一丁叠压砌制，残高0.72~1米底部用青砖纵横错缝平铺墁地两层（彩版二三，2）。

甬道　位于前室与后室之间，平面呈长方形，面宽0.96米，进深1.06米。顶部残缺，残留部分为双层拱形券顶；东、西两壁用素面青砖二顺一丁叠压砌制，残高1.14米；底部用青砖纵横错缝平铺墁地。

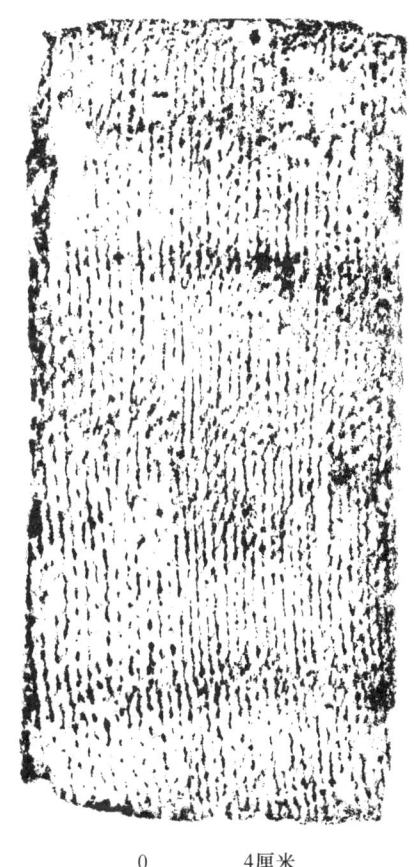

图四八　M17墓砖拓片

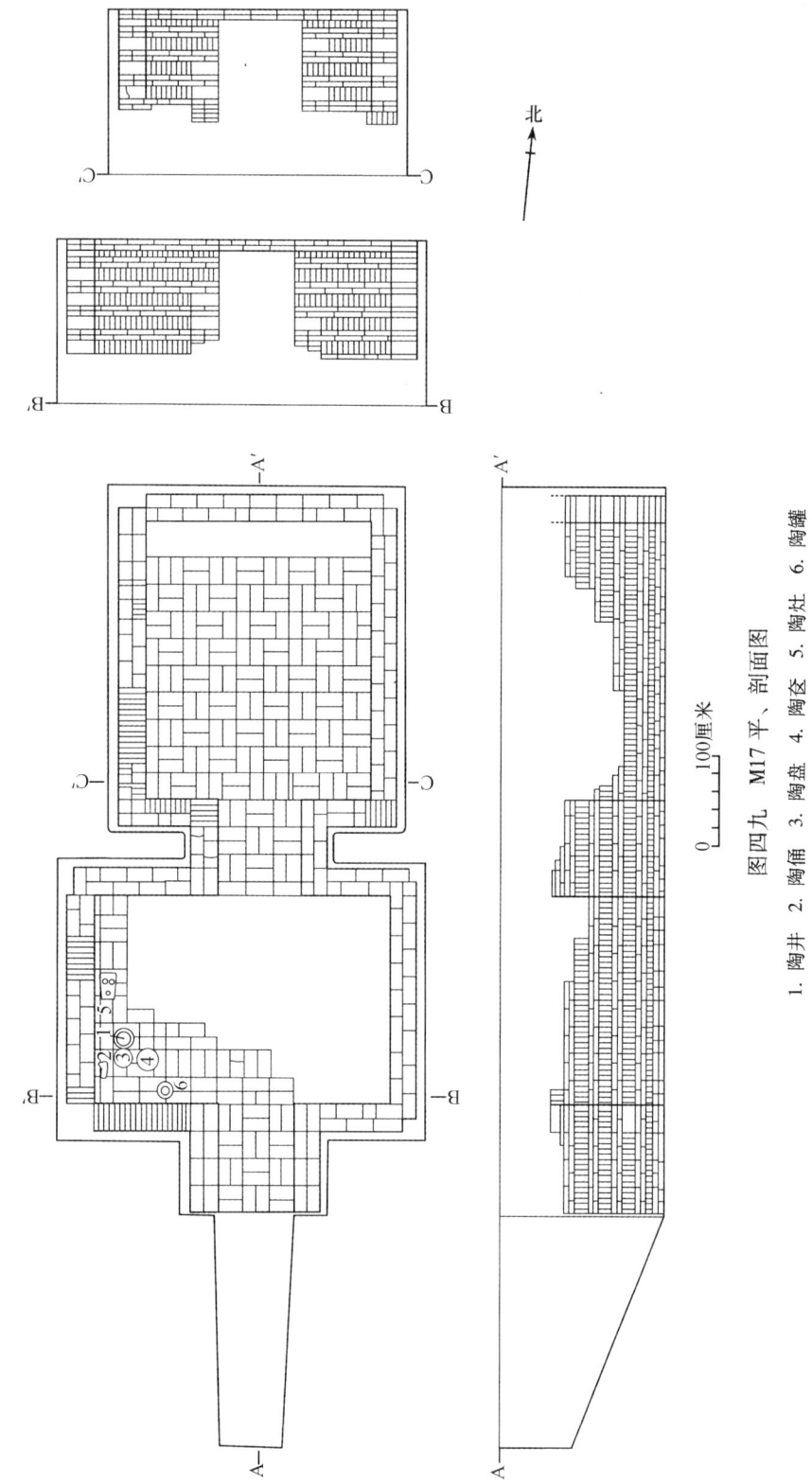

图四九 M17 平、剖面图

1. 陶井 2. 陶俑 3. 陶盘 4. 陶盆 5. 陶灶 6. 陶罐

后室　位于甬道的北端，平面呈长方形，长3.1米，宽2.56米。顶部残缺，四壁用青砖二顺一丁叠压砌制，残高0.34~1米；底部用青砖二顺二丁相互错缝平铺而成（彩版二三，1）。

2. 随葬品

因该墓被破坏，随葬器物残片分布于整个墓室内，复原器物有陶盂、陶俑、陶盘、陶奁、陶灶、陶罐等。

陶盂　1件。M17:1，泥质灰陶，轮制、火候高。敞口、折沿、方唇、束腰，平底外展，底口旋刮。沿下及口内壁饰弦纹。口径13厘米、底径11.8厘米、高10.3厘米（图五〇；彩版二四，2）。

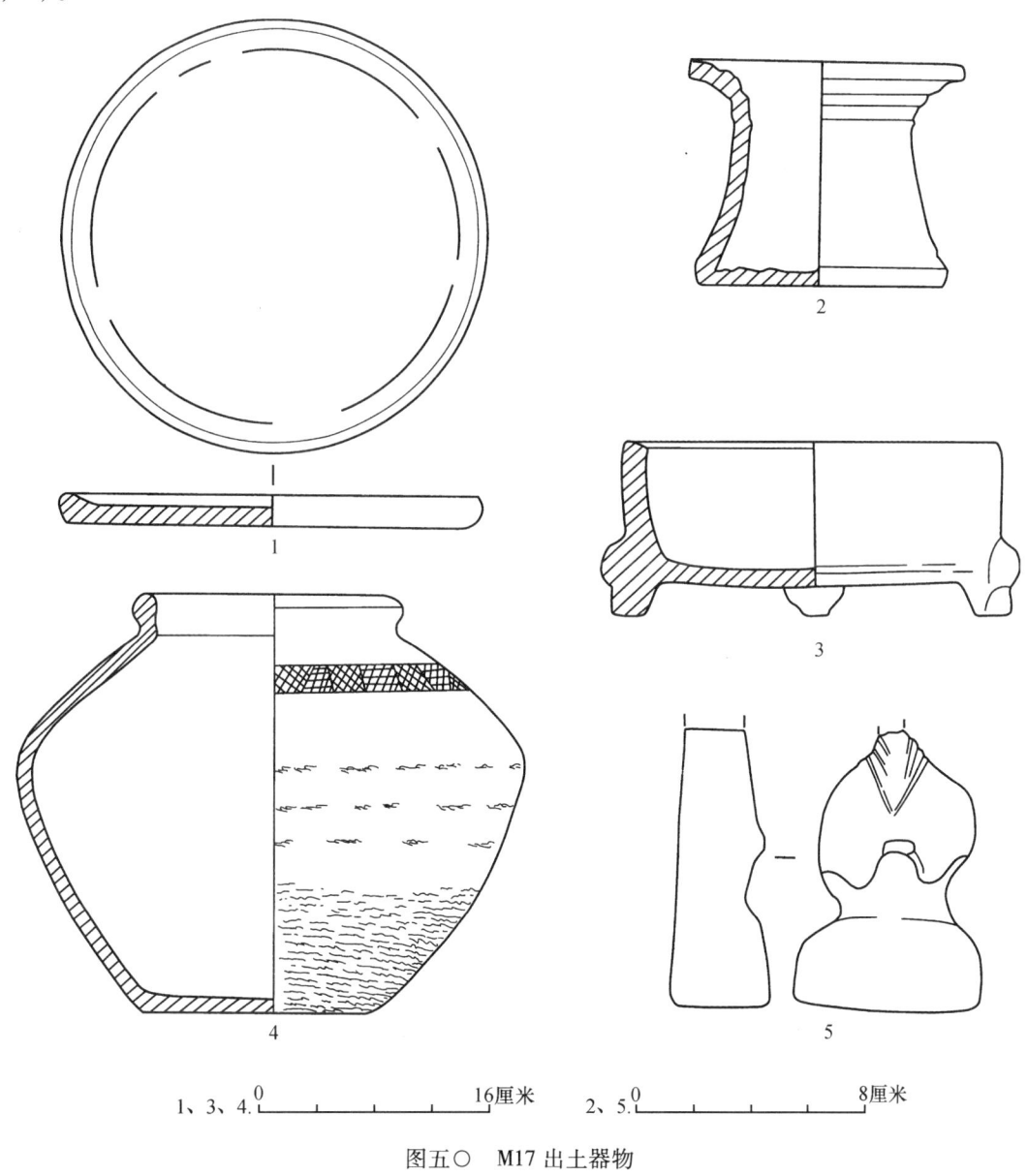

图五〇　M17出土器物

1. 陶盘（M17:3）　2. 陶盂（M17:1）　3. 陶奁（M17:4）　4. 陶罐（M17:10）　5. 陶俑（M17:2）

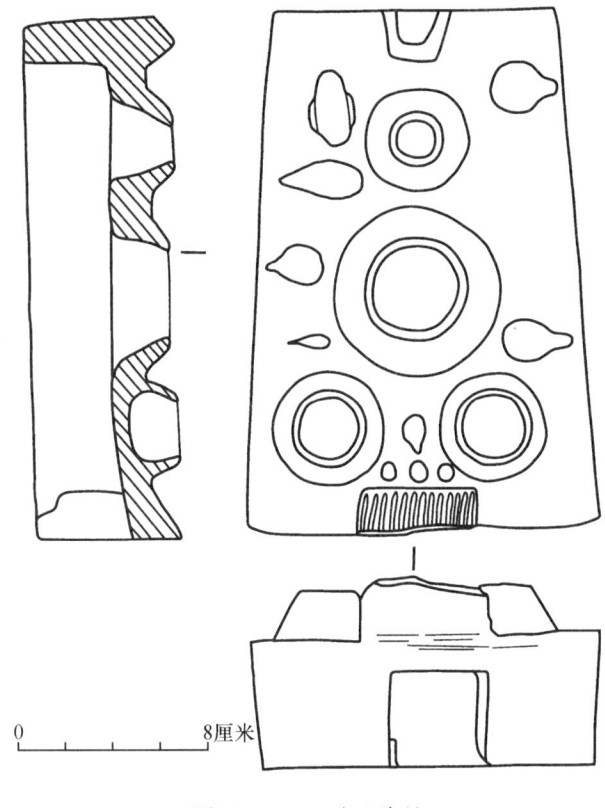

图五一 M17 出土陶灶

陶俑　1件。M17:2，泥质灰陶，手、轮兼制，火候高。头部残缺，身穿长袍，双手拢于胸前，两腿呈盘坐状。残高9.6厘米（图五〇；彩版二四，3）。

陶盘　1件，M17:3，泥质灰陶，轮制，火候高。圆形，口微敞，内坦底，浅腹，大平底。口径30厘米、高2厘米（图五〇；彩版二五，1）。

陶瓮　1件。M17:4，泥质灰陶，手、轮兼制，火候高。敛口，直腹，平底略圜，底部粘贴三兽形足。口径26.8厘米、底径26.6厘米、通高12厘米（图五〇；彩版二五，2）。

陶灶　1件。M17:5，泥质灰陶，手、轮兼制，火候高。平面略呈梯形，前宽后窄。灶体正面修饰长方形火门，其上饰挡火墙；灶面四釜锅呈品字形摆放，釜锅周围装饰食物形状；灶面后部修饰烟囱。长22厘米、宽12.4~15.2厘米、高7.4厘米（图五一；彩版二五，3）。

陶罐　1件。M17:6，泥质灰陶，手、轮兼制，火候高。直口微敛，尖圆唇，短束颈，鼓腹曲收，平底。器表饰网格、压印篦点及细绳纹。口径18.4厘米、腹径35.8厘米、底径16.8厘米、高29厘米（图五〇；彩版二五，4）。

一三、10YZM18

1. 墓葬形制

位于X11发掘区的中部，东邻Y6，开口于④层下，墓口距地表深2.15米。南北向，方向180°。平面呈"凸"字形，竖穴土圹砖室墓（规格：0.28米×0.14米×0.05米）券单室墓，土圹长5.9米，宽0.8~3.66米。由于东西两壁分别被Y5、Y6打破，此墓破坏严重仅残存后壁砌砖及底部少量墁地砖。从残留的痕迹可看出该墓由墓道、墓门和墓室三部分组成（图五二；彩版二六，1）。

墓道　位于墓门的南端，平面呈长方形，南北长2.2米，东西宽0.8~0.9米，墓壁整齐，底呈斜坡状，深0.5~1.26米、坡长2.26米、坡度18°。内填红褐色胶泥花土，土质疏松，含有残砖等。

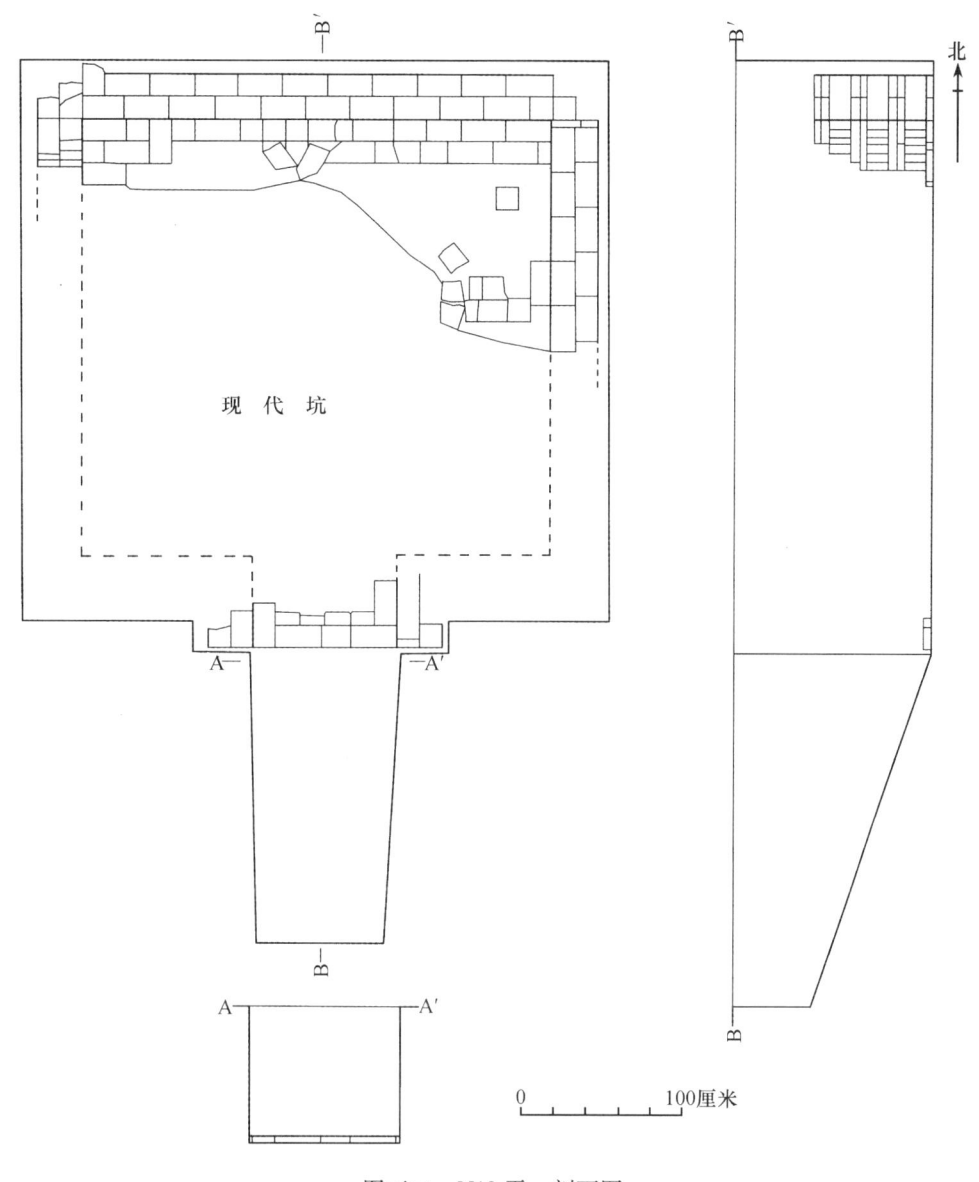

图五二 M18 平、剖面图

墓门 位于墓道的北端，北接墓室，由于破坏严重，残存底部一层砌砖。墓门东西宽 0.9 米，进深 0.28~0.48 米，残高 0.05 米。

墓室 位于墓门的北端，平面呈长方形，土圹东西长 3.68 米，南北宽 3.5 米；室长 3.12 米，宽 2.92 米。破坏较严重，顶部及部分墙壁残缺，仅残存北壁及西壁的局部，残存部分用青砖二顺一丁叠压砌制，残存高 0.36~0.76 米；底部残存部分用青砖并列错缝横铺墁地。

2. 随葬品

该墓未见随葬器物。

一四、10YZM19

1. 墓葬形制

位于X11发掘区的东部，东北邻M20，开口于④层下，墓口距地表深2.15米。南北向，方向180°。平面呈"中"字形竖穴土圹砖（规格：0.28米×0.14米×0.05米）（图五三）券双室墓，土圹长8.84米，宽0.92~4.4米。由墓道、墓门、前室、甬道和后室五部分组成（图五四；彩版二六，2）。

墓道 位于墓门的南端，平面呈长方形，南北长2.64米，东西宽0.92~1米。墓壁较直，底部略呈缓坡状，深1.2~1.33米，底坡长2.7米，坡度3°。内填花土，土质较松，含有少量的陶片、残砖等。

墓门 位于墓道的北端、北接前室。平面呈长方形，面宽0.8米，进深0.28米。顶部残缺，两壁残留部分用青砖叠压错缝平砌而成。墓门内底部用青砖一顺一丁砌制，其上用青砖侧立叠压砌制封堵，残高0.53米。墓门及封门砖用砖规格为0.28米×0.14米×0.05米。

前室 位于墓门的北端，平面呈长方形，土圹东西长4.4米，南北宽2.8米，底部长3.65米，宽2~2.08米。顶部残缺，四壁残存部分用青砖一顺一丁叠压砌筑，残高0.73米。棺床位于墓室内西部，平面呈长方形，长2.02~2.08米，宽0.7米，高0.24米。床面用青砖并列纵铺，床壁用青砖一顺一丁叠压砌筑包边。墓底用青砖纵横平铺墁地。

甬道 位于前室与后室之间，平面呈长方形，面宽0.9米，进深0.6米。顶部残缺，东、西两壁残留部分用青砖一顺一丁叠压砌筑，残高0.33米。底部较平，未见铺地砖。

后室 位于甬道的北端，平面呈长方形，长2.8米，宽1.6米，顶部残缺，四壁残留部分用青砖一顺一丁叠压砌筑，残高0.73米。底部较平，未见铺地砖。

后室与前室相比，底部略低于前室0.1米，由此推断该室的铺地砖有可能被早期破坏。

图五三　M19出土墓砖拓片

2. 随葬品

随葬器物有陶房、陶耳杯、陶锅、铜钱等，均放置于前室的西部，棺床的东侧。

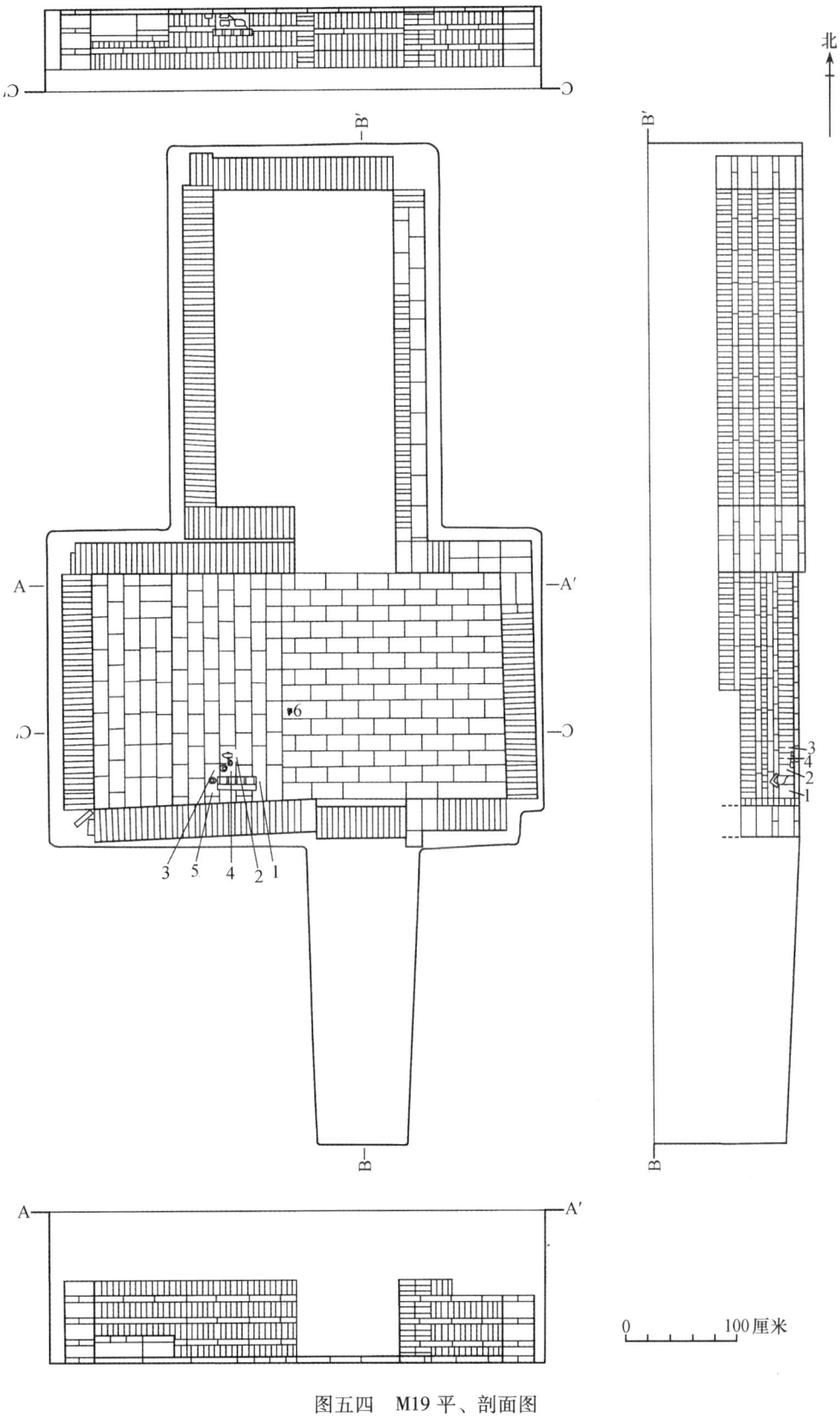

图五四　M19 平、剖面图
1. 陶房　2. 陶耳杯　3~5. 陶锅　6. 铜钱

陶房　1件。M19:1，泥质灰陶，手制，火候高。悬山式，面阔 30~38 厘米，深 13.2~20.1 厘米，通高 24.6 厘米。正脊两端翘起，中部凸起呈山子状鸱尾，正面饰彩绘；前坡面盖筒瓦、板瓦，瓦檐粘贴圆形瓦当；后坡面无装饰。檐下正面开高 6.8 厘米、宽 9.6 厘米的大门，大门两侧各开两个长方形窗户。两端鸱尾下山墙上各有一长 8 厘米、高 2.8 厘米的对开窗口。房间底部开设置两个圆孔（图五五；彩版二七，1、2）。

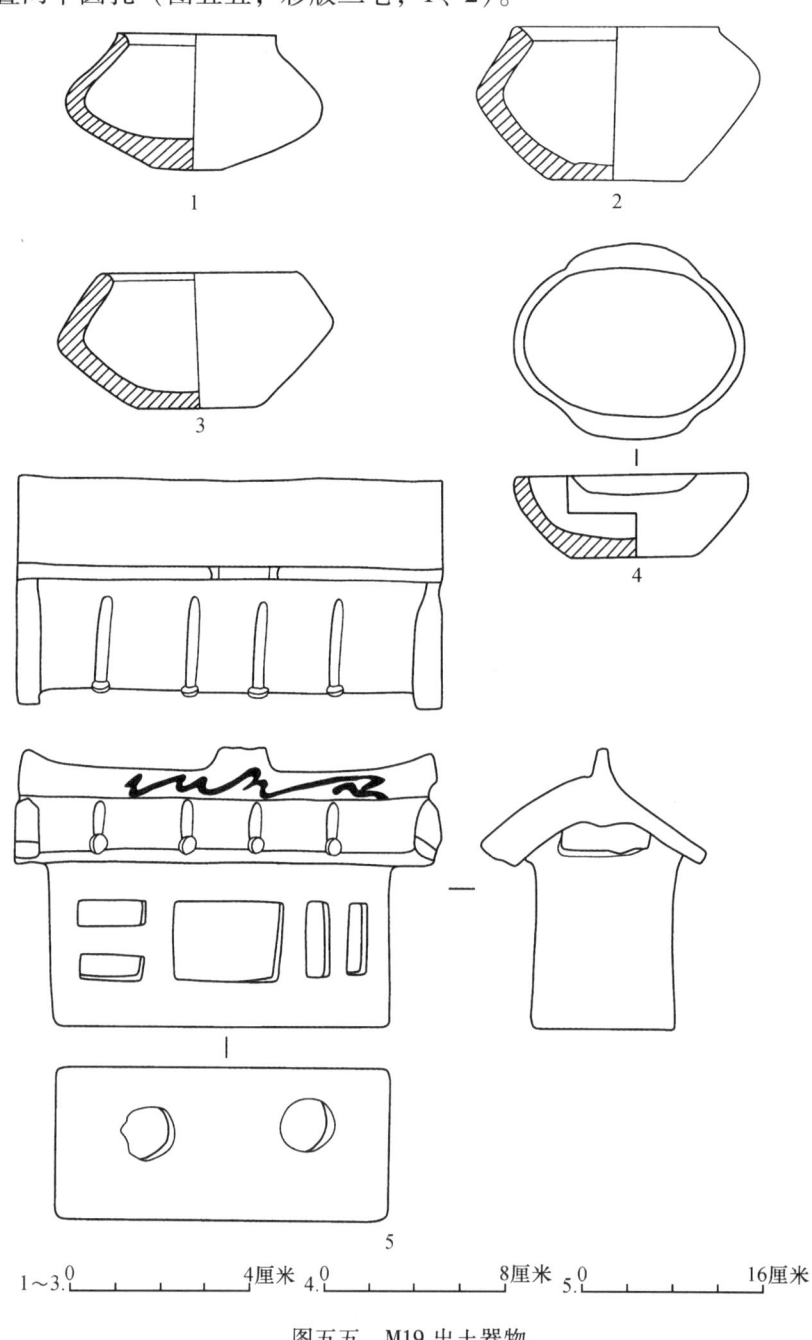

图五五　M19 出土器物

1~3. 陶锅（M19:3、M19:4、M19:5）　4. 陶耳杯（M19:2）　5. 陶房（M19:1）

陶耳杯　1件。M19:2，泥质灰陶，手、轮兼制，火候高。平面呈椭圆形，口部黏贴对称双耳，浅曲腹，椭圆形小平底。口径8.4~10.2厘米、底径3.7~5.4厘米、高3.4厘米（图五五；彩版二七，3）。

陶锅　3件。M19:3，泥质灰陶，轮制，火候高。敛口，鼓腹曲收，小平底。口径3.5厘米、腹径5.8厘米、底径1.5厘米、高3厘米。M19:4，泥质灰陶，轮制，火候高。敛口，鼓腹斜收，平底。口径4.6厘米、腹径6.2厘米、底径3.1厘米、高3.2厘米。M19:5，泥质灰陶，轮制，火候高。敛口，鼓腹斜收，平底。口径4.5厘米、腹径6.2厘米、底径2.6厘米、高2.9厘米（图五五；彩版二七，4）。

铜钱　7枚。M19:6-1（宣帝），3枚。方穿圆钱，钱体规整，字迹清晰。正面穿左右篆书"五铢"二字，对读。"五"字两股交笔弯曲，上下横笔外出接于郭。"铢"字"金"旁头呈等腰三角形，略低于"朱"旁，下四点长方形；"朱"旁上部方折，下垂圆折。正面郭向内形成小斜面，钱背内、外郭略高于钱肉。钱径2.62厘米、穿径0.97厘米、郭厚0.13厘米。M19:6-2（东汉），方穿圆钱，钱体较轻。正面穿左右篆书"五铢"二字，对读。"五"字两股交笔弯曲，上下横笔齐平。"铢"字"金"旁头呈三角形，略高于"朱"旁，下方形四点。"朱"字上下垂均圆折，中部竖笔较长，两端细弱。正背郭缘狭阔不一，钱背好郭规整。钱径2.65厘米、穿径0.98厘米、郭厚0.09厘米（图五六）。

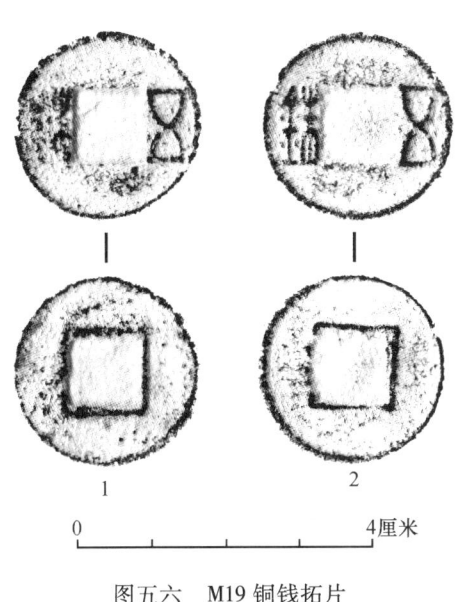

图五六　M19铜钱拓片
1. M19:6-1　2. M19:6-2

一五、10YZM20

1. 墓葬形制

位于X11发掘区的东部，西南邻M19，开口于④层下，墓口距地表深2.15米。南北向，方向183°。平面呈中字形，竖穴土圹砖券单室墓，土圹南北长13.9米，东西宽1~5.1米。由墓道、墓门、前室、甬道和后室五部分组成（图五七；彩版二八，1）。

墓道　位于墓门的南端，平面呈长方形，南北长3.2米，东西宽1~1.16米；壁整齐笔直，底呈斜坡状，墓口距底深1.2~1.88米，坡长3.28米，坡度12°。内填花土，土质疏松。

墓门　位于墓道的北端，北接前室。墓门已破坏，仅存底部铺地砖，用青砖错缝交替平铺。东西残宽0.9米，进深1米，高度不详。

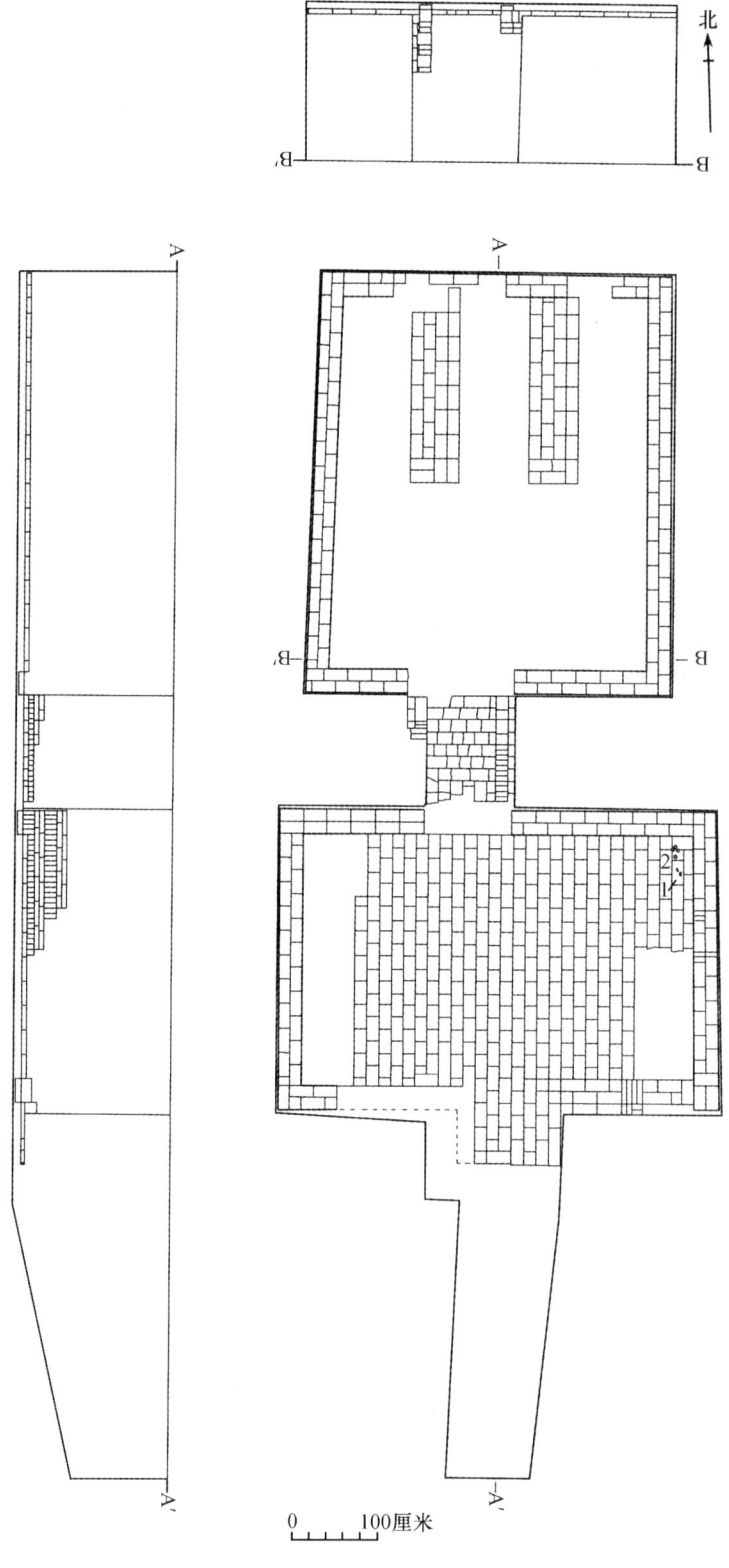

图五七　M20 平、剖面图
1. 泡钉　2. 铜钱

前室 位于墓门北端，平面呈长方形，土圹东西长5.1米，南北宽3.5~3.6米；室长4.54米，宽2.9米。顶部残缺，四壁也仅存部分壁砖，残存部分用规格为0.28米×0.14米×0.06米（图五八）的青砖二顺一丁砌制，残高0.1~0.62米。墓底用青砖并列错缝纵铺墁地（彩版二八，2）。

甬道 位于前室与后室之间。平面呈长方形，面宽0.8米，进深1.6米。顶部及东、西两壁已破坏，仅存少量壁砖，残留部分用青砖二顺一丁砌制，残存高0.08~0.6米。底部用青砖并列错缝横铺墁地。

后室 位于甬道的北端，平面呈长方形，土圹南北长4.92米，东西宽4.25米；室长4.3米，宽3.54~3.66米。根据其结构又可以分为前厅和三个小后室。前厅长3.6米、宽2.14米；三小后室形制结构相同，南北长2.14米，东西宽0.8米。整个后室的顶及四壁已被破坏，仅残存底部一层壁砖（彩版二九，1）。

2. 随葬品

出土随葬品有铜泡钉、铜钱。

铜泡钉 1件（残）。M20:1，铜质，胎体较薄，模制，采用焊接技术。帽形，帽檐平折；钉呈扁平状，已残。帽径2.67厘米、残高1.29厘米（图五九；彩版二九，2、3）。

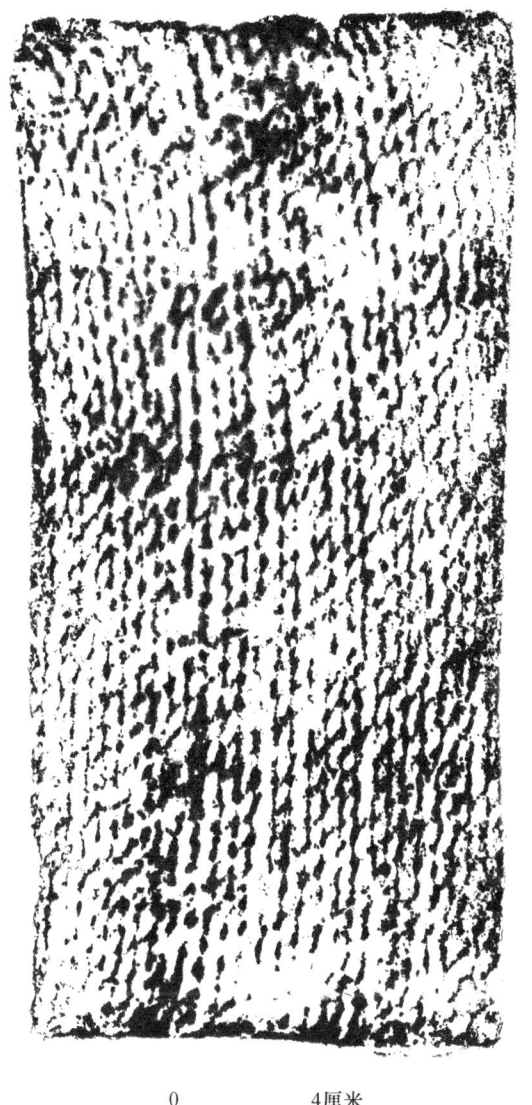

图五八 M20出土墓砖拓片

图五九 M20出土器物

铜钱 13枚。M20:2-1（郡国），2枚。方穿圆钱，正面穿左右篆书"五铢"二字，钱文清晰规整，对读。"五"字短小，两股交笔弯曲略大。"铢"字"金"旁头呈三角形，下方形四点；"朱"字上垂方折，下垂圆折。钱背有好郭，外郭缘略窄。钱径2.57厘米、穿径0.91厘米、郭厚0.13厘米。M20:2-2（宣帝），1枚。方穿圆钱，钱体较重、钱形整齐。正面穿左右篆书"五铢"二字，钱文清晰，字体规整，对读。"五"两股交笔弯曲甚大，左右平行，上下横笔齐平。"铢"字"金"旁头呈箭镞镞形等腰三角形，下四点略细长；"朱"旁头上垂方折，中部横笔细长，下垂圆折。钱背内、外郭略高于钱肉，外郭向内略呈一小斜面。钱径 2.58 厘米、穿径 0.98 厘米、郭厚 0.17 厘米。M20:2-3（货泉），1 枚。方穿圆钱，钱体规整，正面穿左右篆书（悬针篆）"货泉"二字，书写工整，周郭文字线条纤细，劲挺有神，对读。钱正、背内外有郭，外高内低。2.4 厘米、穿径 0.71 厘米、郭厚 0.11 厘米。M20:2-4（更始），1 枚。方穿圆钱，正面穿左右篆书"五铢"二字，对读。钱文"五"字两股交笔弯曲，上下横笔与两竖笔齐。"铢"字"金"旁上部三角形，下四点排列整齐；"朱"字上下横笔圆折。钱背好郭规整，四角较尖，外郭缘狭阔不一。钱径 2.56 厘米、穿径 0.93～0.99 厘米。M20:2-5（东汉），8 枚。方穿圆钱，钱体略轻。正面穿左右篆书"五铢"二字，字体肥大，对读。"五"字两股交笔弯曲，上下横笔齐平。"铢"字"金"旁头呈三角形，下四点细长。"朱"字上下垂圆折。外郭狭阔不一，面背好郭规整。钱径 2.57 厘米、穿径 0.96 厘米、郭厚 0.13 厘米（图六〇）。

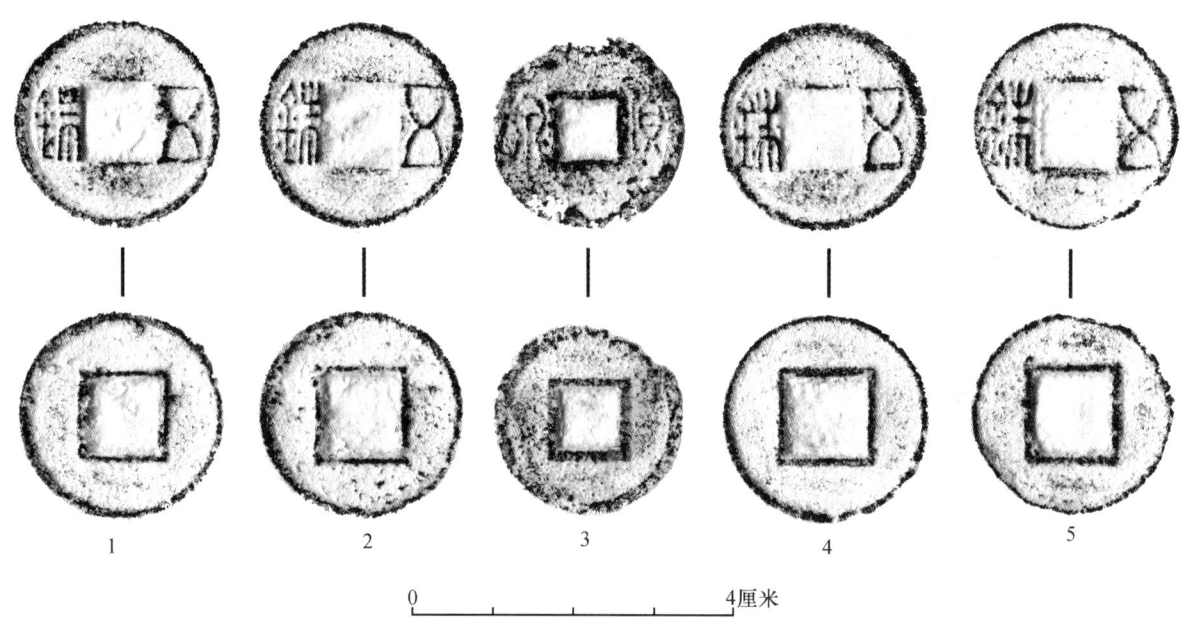

图六〇 M20 铜钱拓片

1、2、4、5. 五铢（M20:2-1、M20:2-2、M20:2-4、M20:2-5） 3. 货泉（M20:2-3）

一六、10YZM21

1. 墓葬形制

位于 X11 发掘区的中东部，东邻 M22，开口于④层下，墓口距地表深 2.15 米。南北向，方向 160°。平面呈"刀"形，竖穴土圹砖券单室墓，土圹南北长 6.56 米，东西宽 2.5 米，由墓道、墓门和墓室三部分组成（图六一；彩版三〇，1）。

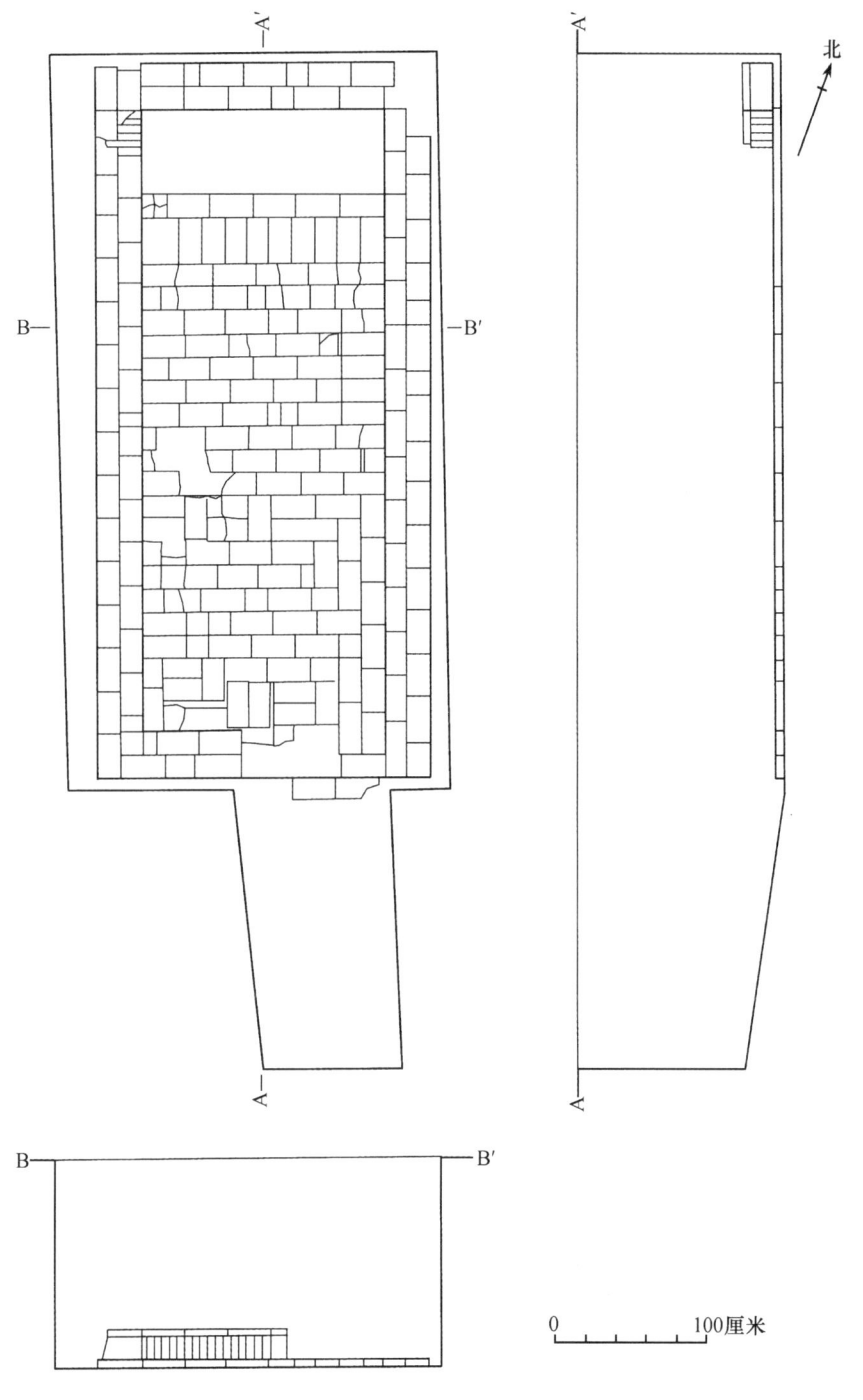

图六一 M21 平、剖面图

墓道 位于墓门的南部,平面呈长方形,南北长 1.8 米,宽 0.9~1 米。墓壁笔直整齐,底呈斜坡状,深 1.1~1.36 米,坡长 1.9 米,坡度 8°。内填红褐色胶泥土,土质稍硬。

墓门 位于墓道与墓室之间。由于破坏严重,形状不详,面宽 0.94 米,进深不清。

墓室 位于墓门的北端,平面呈长方形。南北长 4.62 米,东西宽 2.16 米。顶部及四壁残缺，四壁残留部分用砖规格为0.28米×0.13米×0.05米、0.29米×0.15米×0.05米的绳纹砖一顺一丁砌制，残高0.05~0.2米。墓底用砖纵横错缝平铺墁地，局部残缺。

2. 随葬品

该墓未出土随葬品。

一七、10YZM22

1. 墓葬形制

位于X11发掘区的中东部，东邻M21，开口于④层下，墓口距地表深2.15米。南北向，方向160°。平面呈"刀"形竖穴土圹砖券单室墓，土圹南北长7.4米，东西宽2.32米，由墓道、墓门和墓室三部分组成（图六二；彩版三〇，2）。

墓道 位于墓室的南端，平面呈长方形，南北长2.43米，东西宽1~1.2米，深0.56~1.05米；壁笔直整齐，底呈斜坡状，底坡长2.5米，坡度12°。内填红褐色胶泥花土，土质较硬。

墓门 位于墓室的南端，平面呈长方形，宽0.8米，进深0.58米。顶部残缺，东、西两壁残留部分用砖规格为0.27米×0.13米×0.045米、0.28米×0.14米×0.5米的青砖叠压平砌，残高0.68米。墓门内底部用青砖叠压平砌四层，其上用砖侧立叠压砌制呈人字形封堵。

墓室 位于墓门的北端，平面呈长方形，南北长4.05米，东西宽1.6米。顶部残缺，四壁残留部分用砖规格为0.27米×0.13米×0.05米、0.28米×0.13米×0.5米的青砖一顺一丁叠压砌制，残高0.1~0.72米。底部用砖纵横交错平铺墁地，局部不规则。

2. 随葬品

随葬器物 1件，陶俑。

陶俑 1件（残）。M22:1，泥质灰陶，手制，火候高。体态丰盈，做站立状。头部残缺，双手拢于胸前，腰部饰彩绘拟作要带，长袍落地。残高6.3厘米（图六三；彩版三〇，3）。

一八、10YZM23

1. 墓葬形制

位于X11发掘区的中东部，西邻M22，开口于④层下，墓口距地表深2.15米。南北向，方向160°。平面呈长方形竖穴土圹砖券单室墓，土圹南北长2.6米，东西宽1.2米，墓口距底深1米。顶及四壁已残缺，四壁残留部分仅残留底部一层砌砖，墓室南北长2.32米，东西宽1.1米，残高0.05米。用砖规格为0.26米×0.13米×0.05米、0.28米×0.14米×0.5米

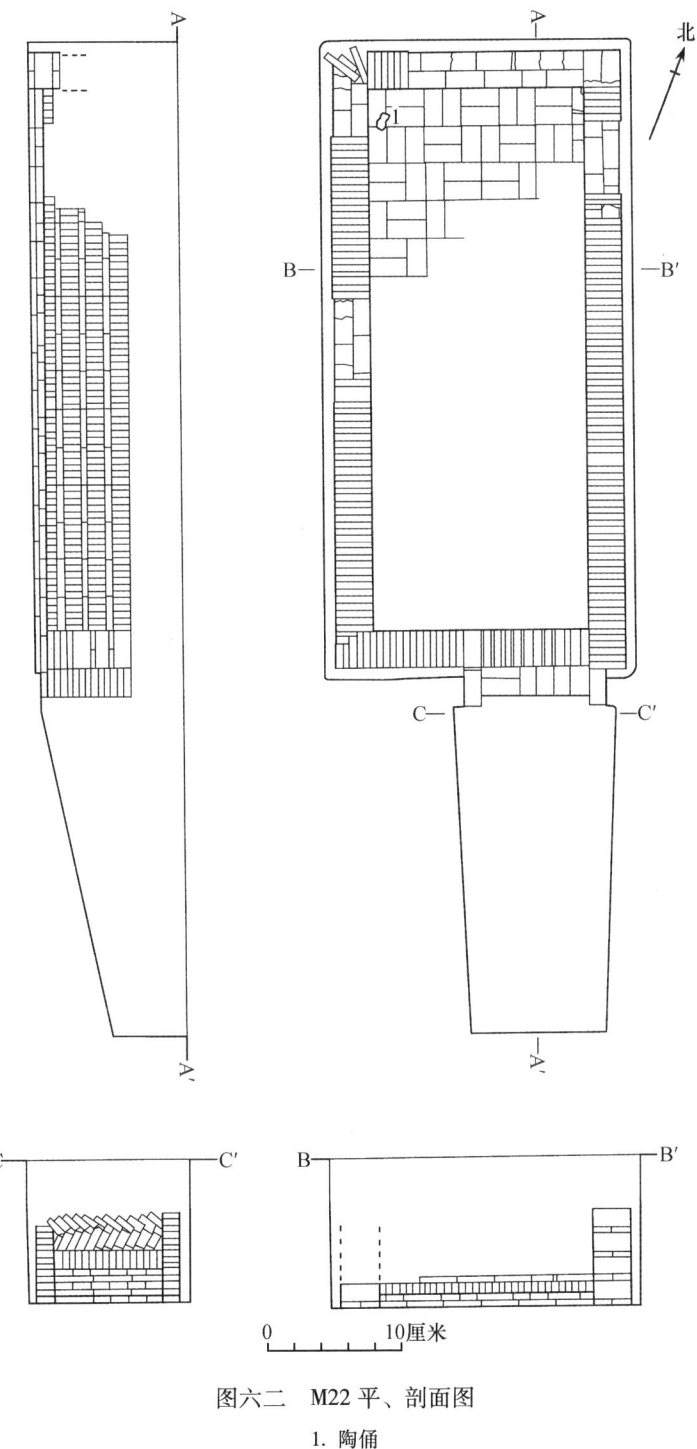

图六二 M22 平、剖面图
1. 陶俑

（图六五），单面饰绳纹（图六四；彩版三一，1）。

2. 随葬品

该墓未出土随葬品。

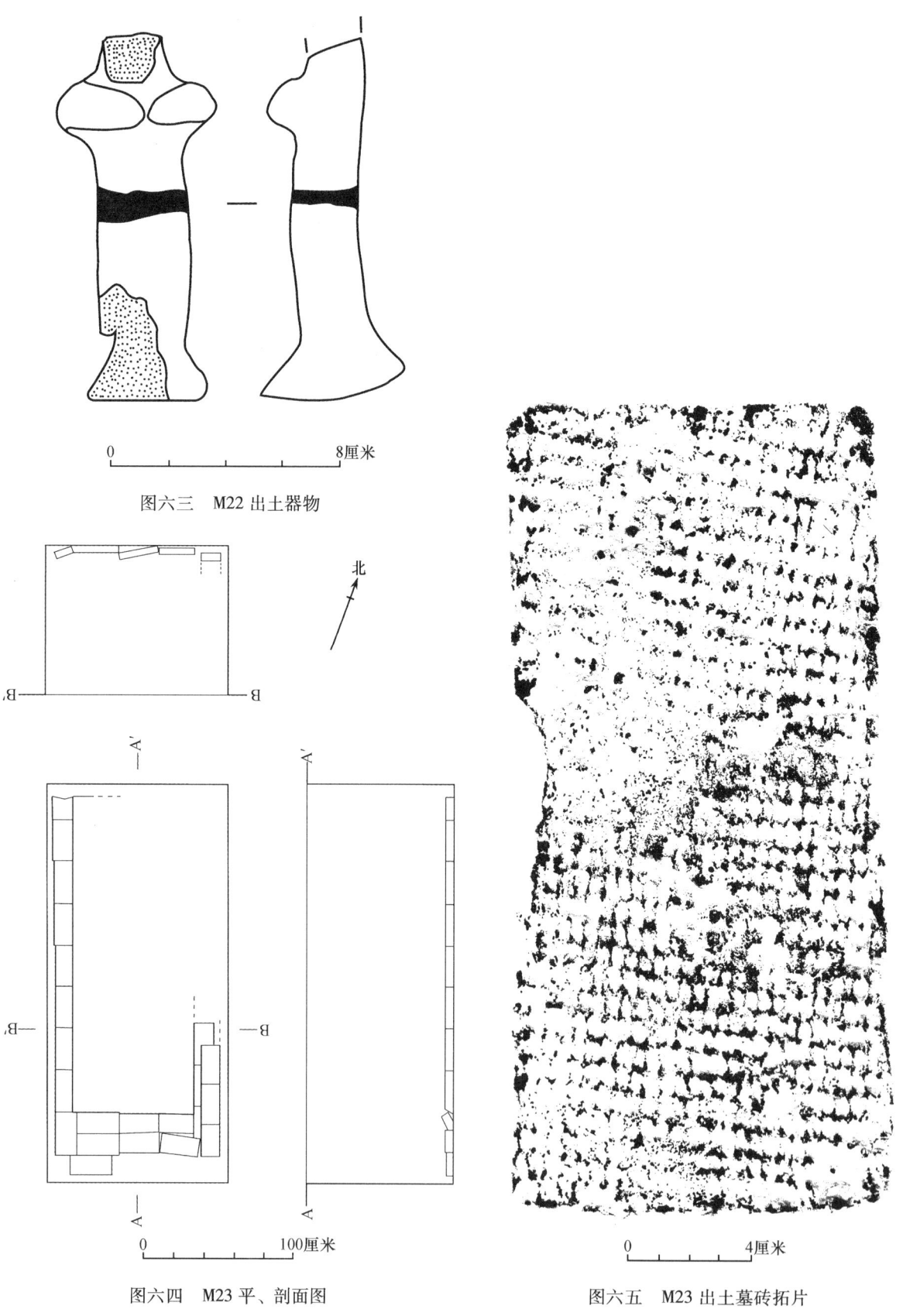

图六三　M22 出土器物

图六四　M23 平、剖面图

图六五　M23 出土墓砖拓片

一九、10YZM24

1. 墓葬形制

位于X11发掘区的中东部,西邻M25,开口于④层下,墓口距地表深2.15米。南北向,方向355°。平面呈长方形,竖穴土圹砖券单室墓(图六六),土圹南北残长2.6米,东西宽1.52米,墓口距底深1.1米;室残长2.18米,宽0.88米,顶及四壁已残缺,仅残留底部一层砌砖,残高0～0.12米。墓底用青砖纵横平铺墁地,局部残缺。用砖规格为0.26米×0.13米×0.04米、0.28米×0.14米×0.5米(图六七;彩版三一,2)。

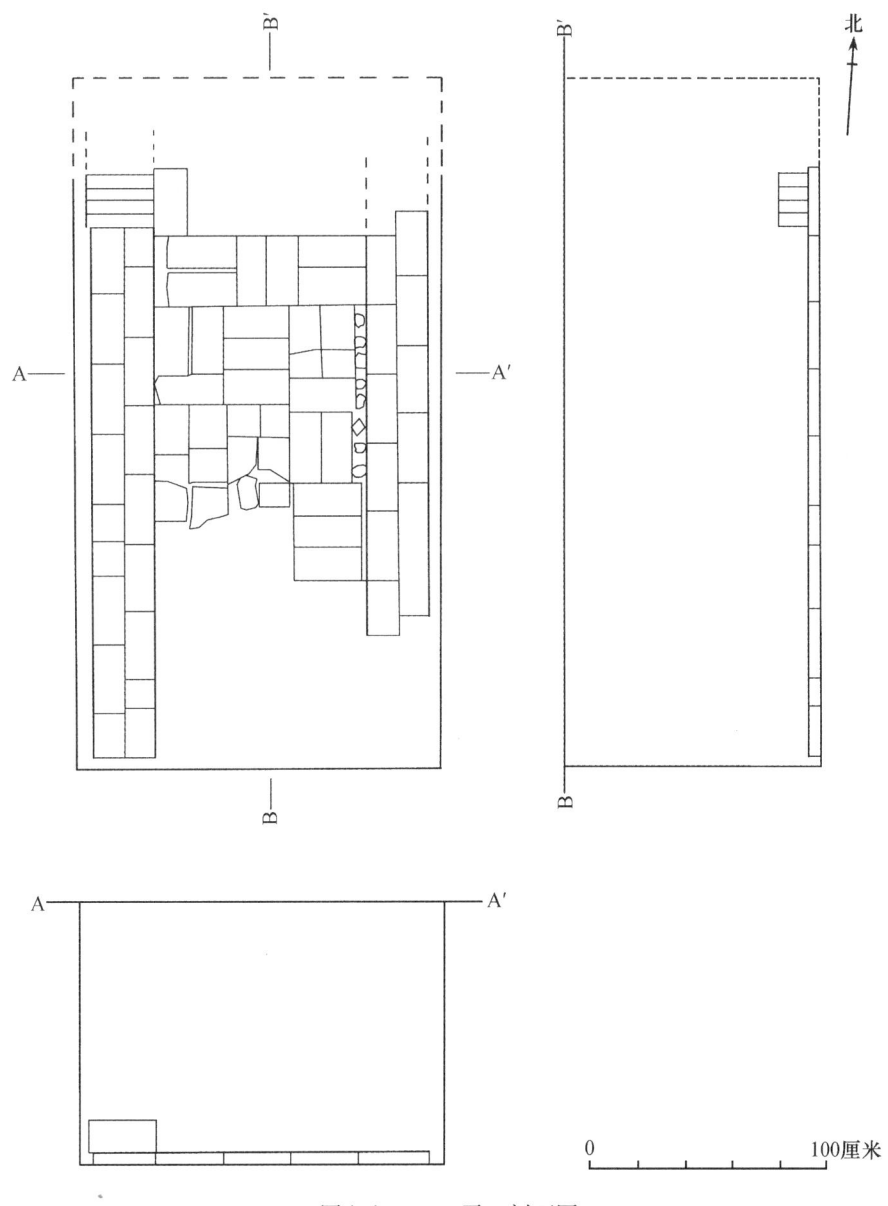

图六六 M24 平、剖面图

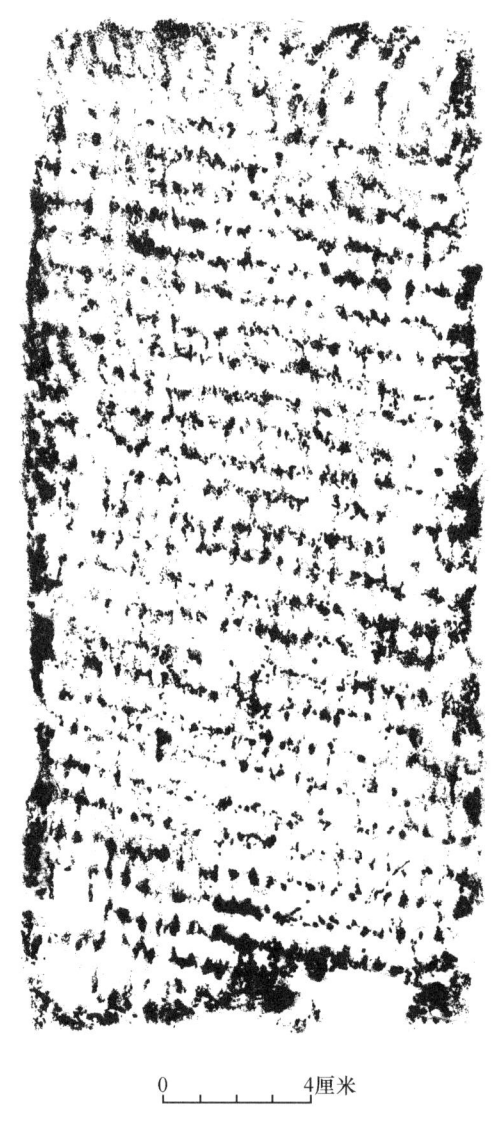

图六七　M24 出土墓砖拓片

2. 随葬品

该墓未出土随葬品。

二〇、10YZM25

1. 墓葬形制

位于 X11 发掘区的中东部，东邻 M24，开口于④层下，墓口距地表深 2.15 米。南北向，方向 160°。平面呈"刀"形竖穴土圹砖券单室墓，土圹南北长 5.6 米，东西宽 2.06 米，墓底距地表深 0.5~1.2 米，由墓道、墓门和墓室三部分组成（图六八；彩版三二，1）。

墓道　位于墓室的南端，平面呈长方形，南北长 1.54 米，东西宽 0.9 米。墓壁笔直整齐，底呈斜坡状，深 0.5~1.2 米，底坡长 2.44 米，坡度 17°。内填红褐色胶泥花土，土质较硬。

墓门　位于墓室的南部，由于破坏严重，券制不详，面宽 0.91 米。

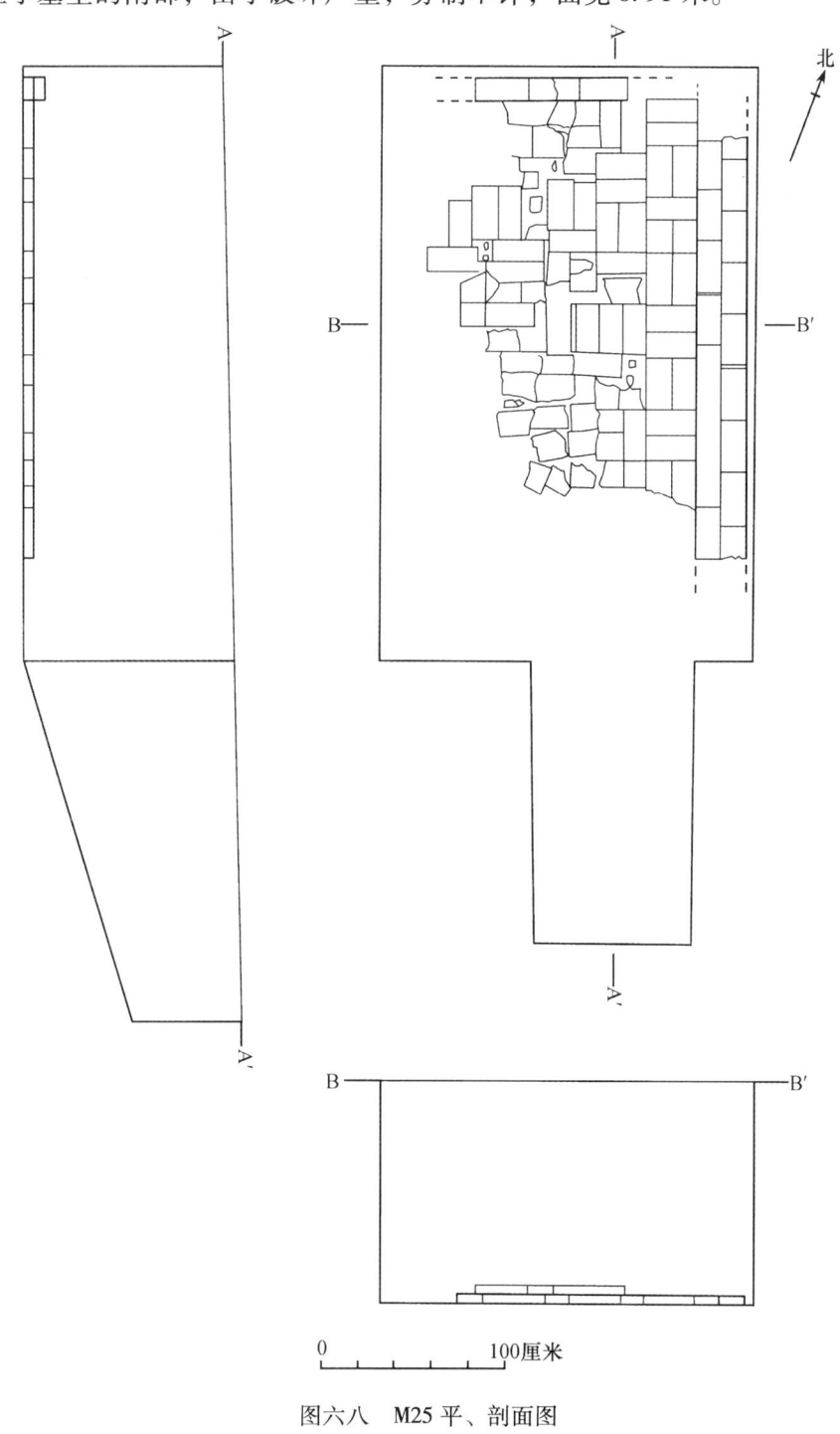

图六八　M25 平、剖面图

墓室　位于墓门的北部，平面呈长方形，南北长3.26米，东西宽2.06米。顶及四壁残缺，仅残留东、北两壁底部一层砌砖，残高0.05米。墓底用青砖纵横交替平铺墁地。用砖规格为0.27米×0.13米×0.05米、0.28米×0.13米×0.5米（图六九）。

2. 随葬品

该墓未出土随葬品。

二一、10YZM26

1. 墓葬形制

位于X11发掘区的中部偏东，东邻M25，开口于④层下，墓口距地表深2.15米。南北向。方向160°。平面呈"刀"形，竖穴土圹砖券单室墓，土圹南北长6.36米，东西宽2.28米，墓底距口0.8~1.4米，由墓道、墓门和墓室三部分组成（图七〇；彩版三二，2）。

墓道　位于墓门的南端，平面呈长方形，南北长2.2米，东西宽0.8~0.9米，墓壁整齐，底呈斜坡状，深0.7~1.4米，底坡长2.2米，坡度16°。内填红褐色胶泥花土，土质稍硬。

墓门　位于墓室的南端，平面呈长方形，门宽0.88米，进深0.3米。顶部残缺，东、西两壁已破坏至底，仅残留底部一层砌砖；底部用砖纵横平铺。用

图六九　M25出土墓砖拓片

砖规格：0.28米×0.15米×0.045米。

墓室　位于墓门的北端，平面呈长方形，南北长4.1米，东西宽2.12米。顶部残缺，四壁仅残留东、西、北三壁部分砌砖，残留部分用青砖一顺一丁叠压砌制，残高0.05~0.3米。棺床位于墓室内的北部，平面呈长方形，东西长1.48米，南北宽0.78米，床面平整，床壁用青砖一顺一丁砌制包边，高0.3米。墓底用青砖纵横交错平铺墁地。用砖规格为0.26米×0.13米×0.05米、0.28米×0.15米×0.5米。

2. 随葬品

该墓未出土随葬品。

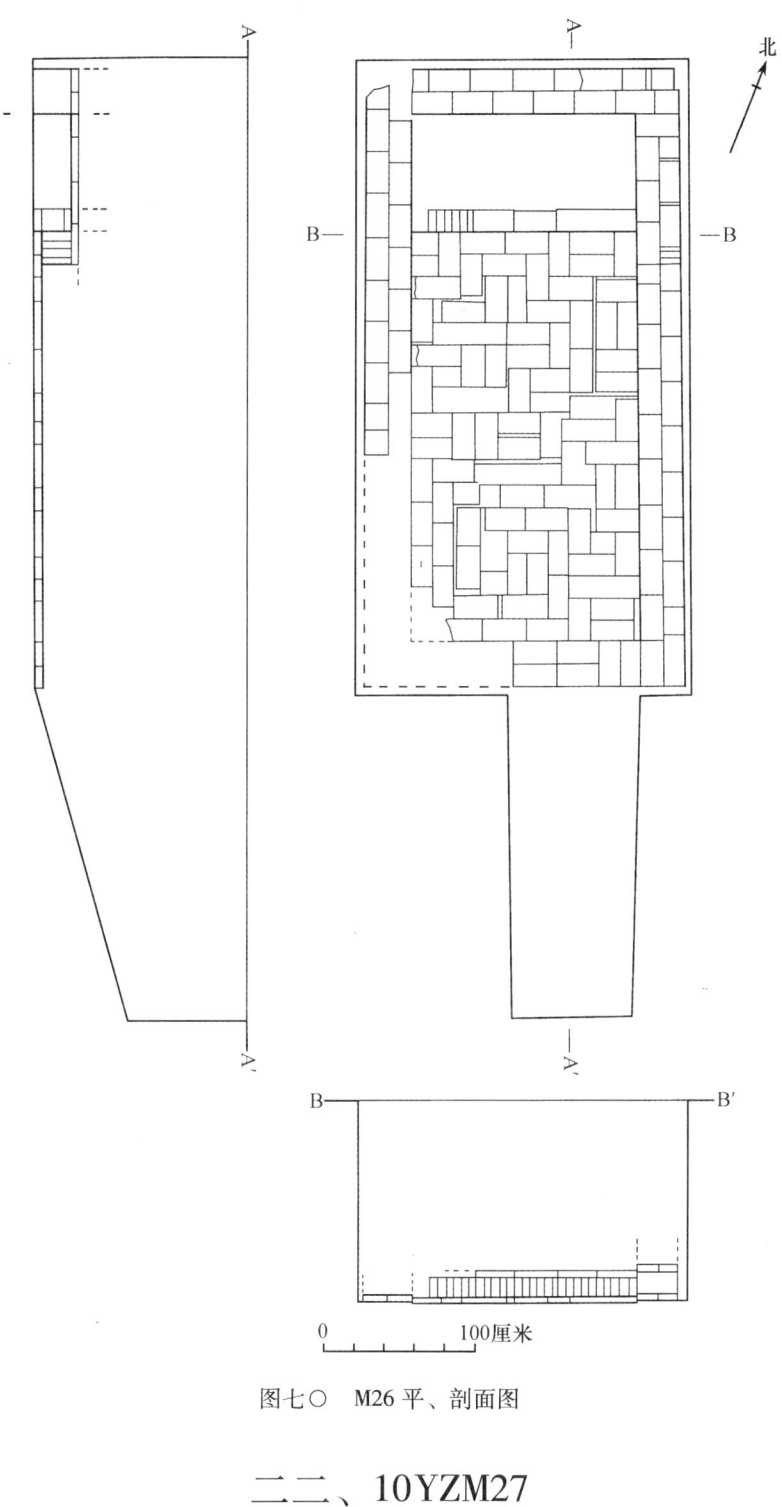

图七〇 M26 平、剖面图

二二、10YZM27

1. 墓葬形制

位于 X11 发掘区的北中部，东邻 M28，开口于④层下，墓口距地表深 2.15 米。南北向，方向170°。平面呈"刀"形竖穴土圹砖券单室墓，土圹南北长6.1米，东西宽2.05~2.2米，墓底距口深0.5~1.3米。由墓道、墓门和墓室三部分组成（图七一；彩版三三，1）。

墓道 位于墓室的南端，平面呈长方形，南北长2.43米，东西宽0.7~0.8米；墓壁整齐，底呈斜坡状，深0.5~1.22米，底坡长2.48米，坡度17°。内填褐红色胶泥花土，土质较硬。

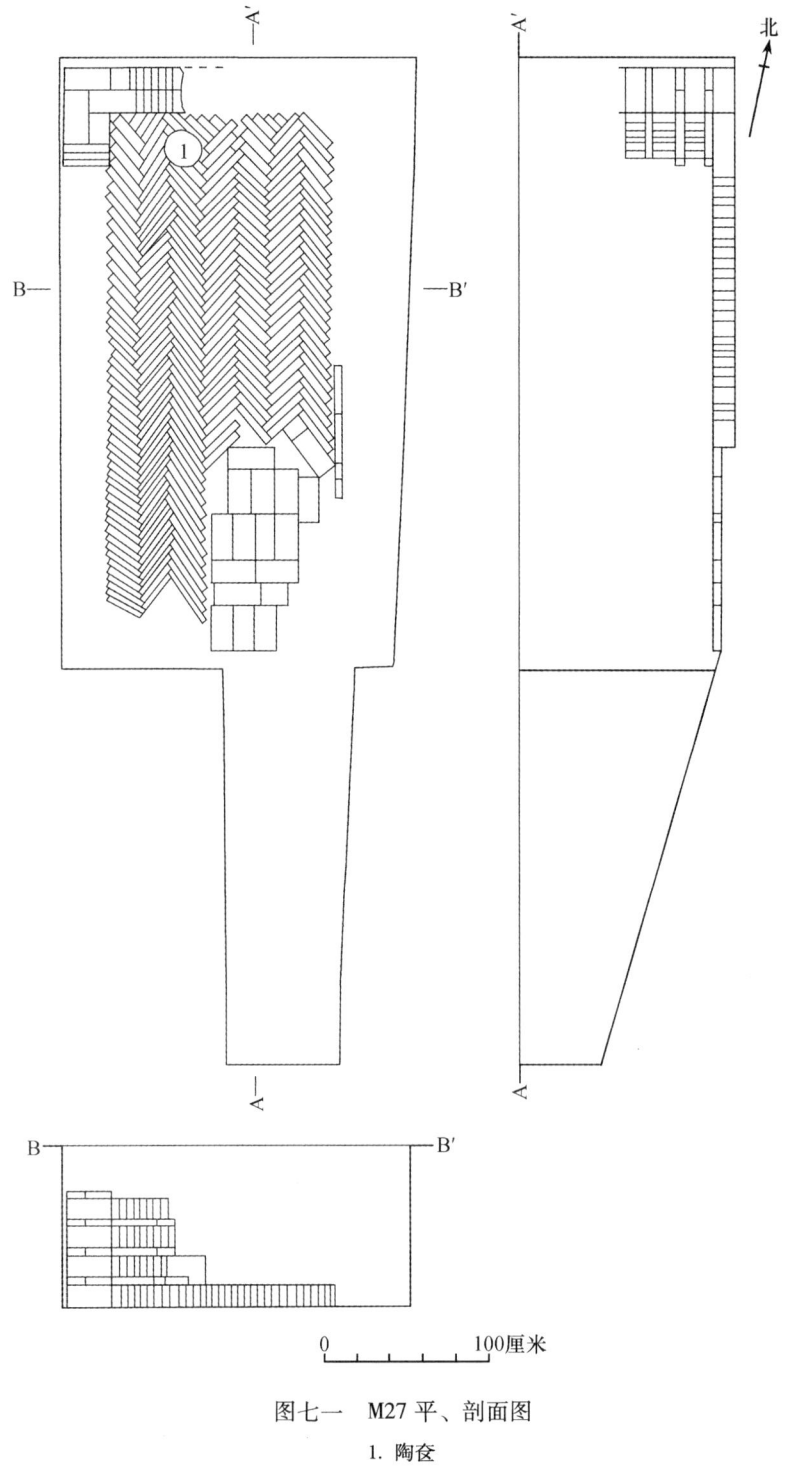

图七一 M27 平、剖面图
1. 陶瓷

墓门　位于墓室的南端，南街墓道，由于破坏，墓门已不存在，仅留土圹，宽0.8米，进深及券制不详。

墓室　位于墓门的北端，平面呈长方形，南北长3.7米，东西宽2.05~2.2米；顶部已被破坏，四壁残缺，残留部分用青砖一顺一丁叠压砌制，残高0.7米。墓底大部分用青砖侧立砌制呈人字形墁地，南端局部用砖纵横平铺墁地。用砖规格：0.25米×0.13米×0.04米、0.28米×0.14米×0.5米。

2. 随葬品

随葬器物1件，为陶器，放置于墓室内的北部偏西。

陶奁　1件。M27:1，泥质灰陶，轮制，火候高。直口微敛，深腹，圜平底略外展。器表饰凹弦纹，内底突起。口径22厘米、底径23厘米、高10.7~11.5厘米（图七二；彩版三三，2、3）。

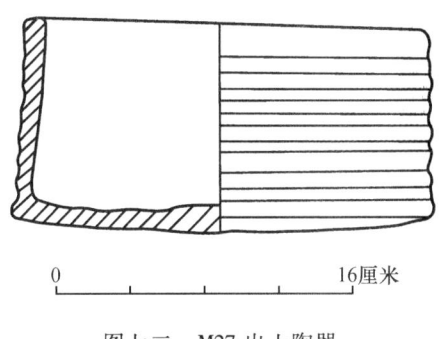

图七二　M27出土陶器

二三、10YZM28

1. 墓葬形制

位于X11发掘区的东北部，西邻M27，开口于④层下，墓口距地表深2.15米。南北向，方向163°。平面呈"甲"字形，竖穴土圹砖券多室墓，土圹南北长8.32米，东西宽3.98米，墓底距口0.54~1.42米。由墓道、墓门、前室、三后室几部分组成（图七三；彩版三四，1）。

墓道　位于墓室的南端，平面呈长方形，南北长3.13米，东西宽0.8~0.93米；墓壁整齐，底呈斜坡状，深0.54~1.4米，底坡长3.22米，坡度14°。内填红褐色胶泥花土，土质稍硬。

墓门　位于墓室的南部，平面呈长方形，面宽0.96米，进深0.28米。残高0.05~0.29米。由于破坏严重，顶部券砖无存，仅残留东、西两壁底部砌砖，残留部分用青砖纵横叠压平砌，用砖规格：0.28米×0.14米×0.05米，砖面施绳纹。

前室　位于墓门的北端，平面呈长方形，东西长3.98米，南北宽2.4米，顶部残缺，四壁残留部分用青砖一顺一丁叠压砌制，残高0.3~0.8米。墓底用砖纵横交替平铺墁地。用砖规格为：0.27米×0.13米×0.05米、0.28米×0.14米×0.5米，砖面饰绳纹（图七四）。

东后室　位于前室的东北侧，平面呈长方形，南北长2.68米，东西宽0.78米（内宽）。顶部坍塌，墓壁残缺，残留部分用青砖一顺一丁叠压砌制，残高0.19~0.37米，墓底底部用青砖纵横平铺墁地。用砖规格：0.28米×0.14米×0.05米，砖单面饰绳纹。

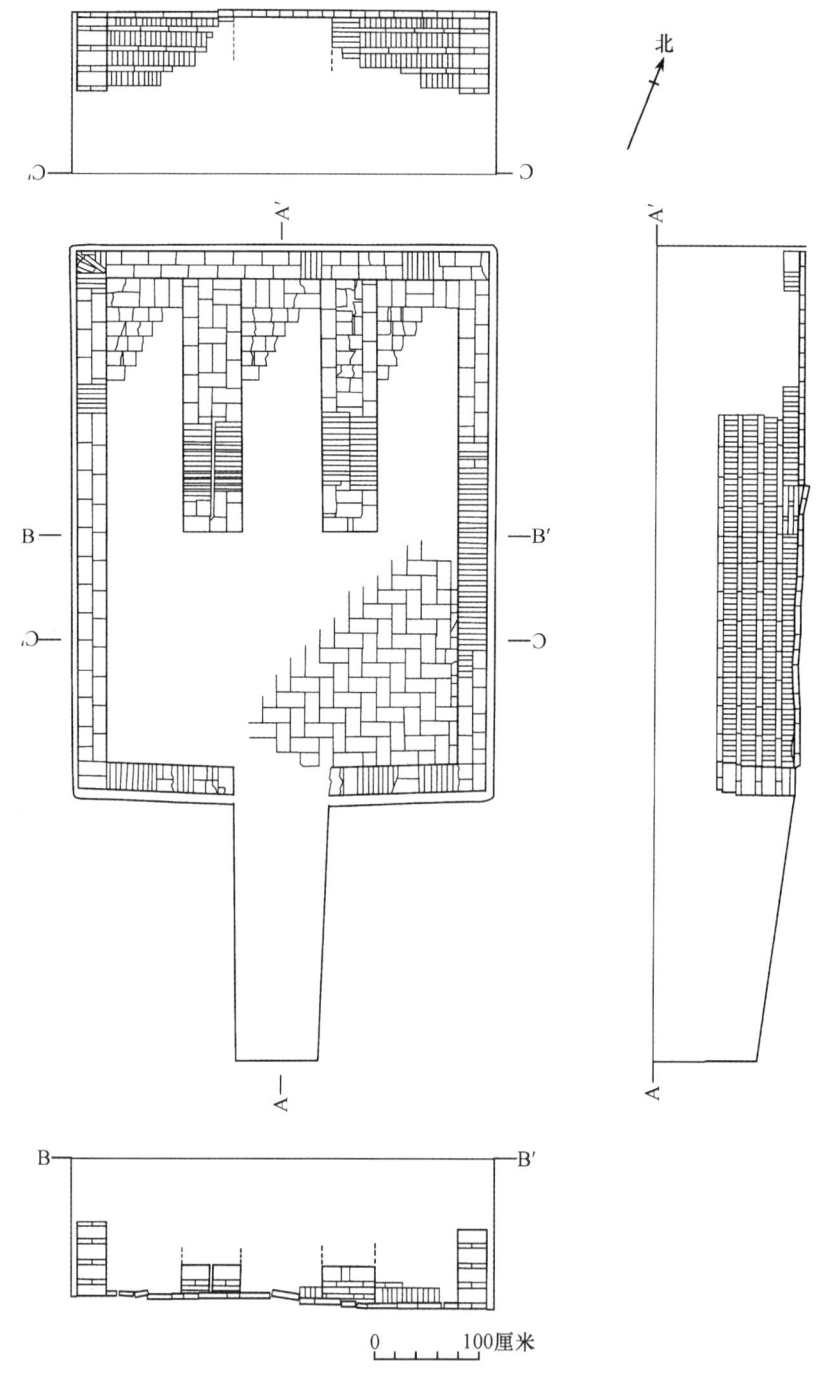

图七三 M28 平、剖面图

中后室　位于前室的北端偏中，平面呈长方形，南北长 2.68 米，东西宽 0.78 米（内宽）。顶部坍塌，四壁残缺，残留部分用青砖一顺一丁叠压砌制，残高 0.05~0.26 米。墓底用砖纵横平铺墁地。

西后室 位于前室的西北侧，平面呈长方形，南北长 2.68 米，东西宽 0.78 米（内宽）。顶部坍塌，墓壁残缺，残留部分用青砖一顺一丁叠压砌制，残高 0.05~0.72 米。墓底用砖纵横平铺墁地（彩版三四，2）。

2. 随葬品

该墓未出土随葬品。

二四、10YZM29

1. 墓葬形制

位于 X11 发掘区的东北部，东邻 M30，西邻 M28，开口于④层下，墓口距地表深 2.15 米。南北向，方向 160°。平面呈"刀"形竖穴土圹砖券单室墓，土圹南北长 7.9 米，东西宽 2.6 米，墓底距墓口深 1.2~1.4 米。由墓道、墓门和墓室三部分组成（图七五；彩版三五，1）。

墓道 位于墓门的南端，平面呈长方形，南北长 3 米，东西宽 0.9~1.12 米，墓壁整齐，底呈斜坡状，深 1.16~1.4 米，底坡长 3 米，坡度 5°。内填花土，土质稍硬。

墓门 位于墓道的北端，北接墓室，平面呈长方形，面宽 1.12 米，进深 0.28 米。由于破坏严重，墓门东、西壁被破坏至底。券制不详。

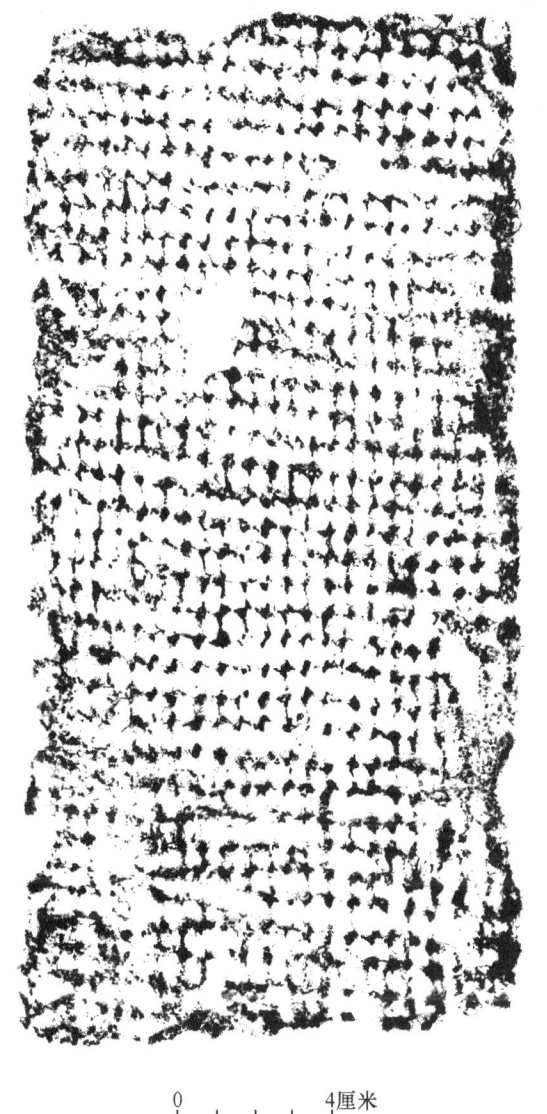

图七四 M28 出土墓砖拓片

墓室 位于墓门的北部，平面呈长方形，南北长 4.9 米，东西宽 2.56 米。因墓室多次盗扰与破坏，整个墓室破坏较严重仅残留墓室东西两壁底部一层墙砖及部分墁地砖。墁地砖为纵横平铺。用砖规格 0.28 米×0.14 米×0.05 米，砖单面饰绳纹（图七六）。

2. 随葬品

该墓未出土随葬品。

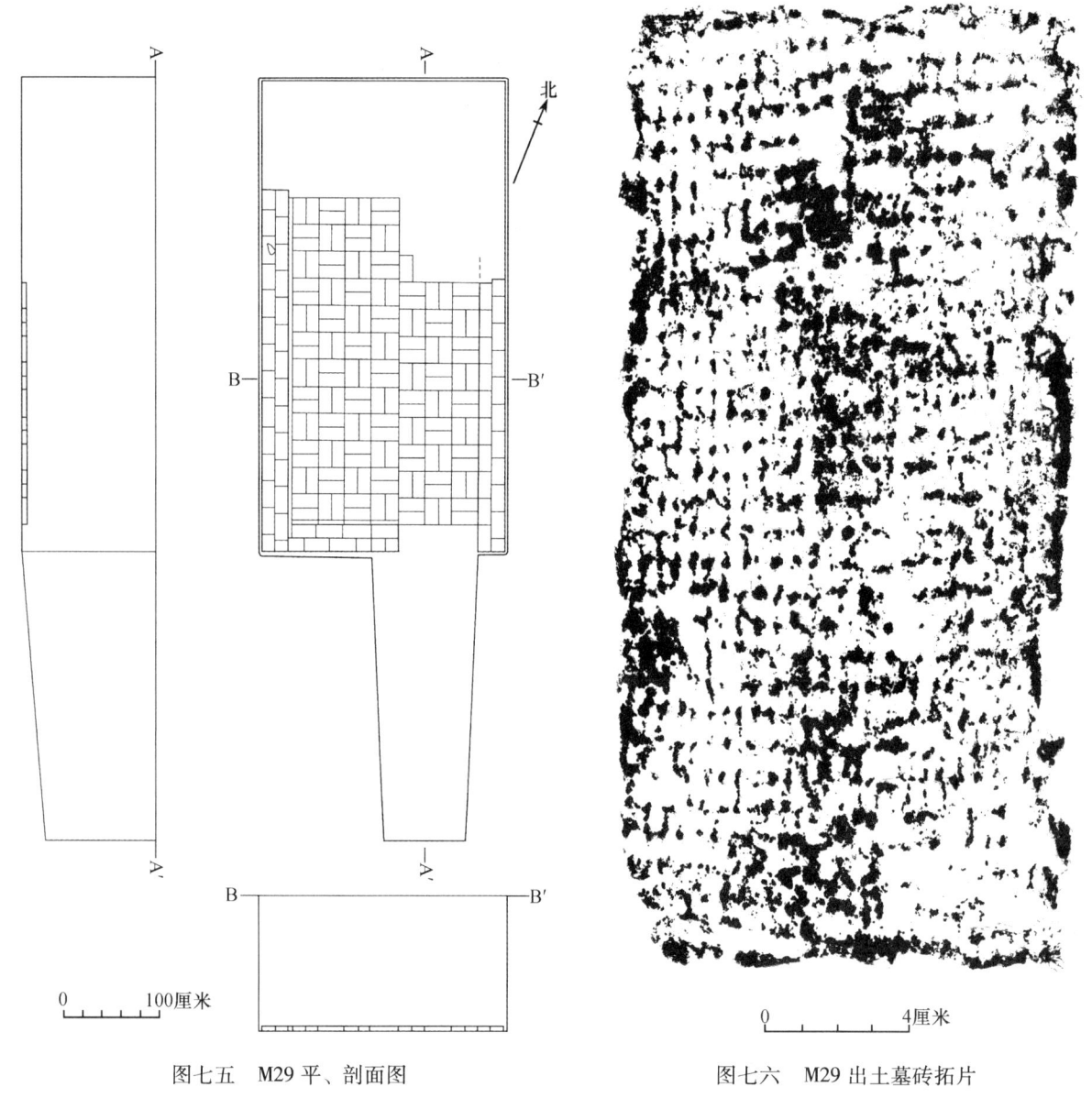

图七五　M29 平、剖面图　　　　图七六　M29 出土墓砖拓片

二五、10YZM30

1. 墓葬形制

位于 X11 发掘区的中东部，西邻 M29，开口于④层下，墓口距地表深 2.15 米。南北向，方向 170°。因多次盗扰与破坏，仅残留墓室西北部，其形状、结构已不清，从残留情况看，该墓应为竖穴土圹砖券单室墓（图七七）。南北残长 1.39～4.4 米，东西宽 2.8 米，墓底距口

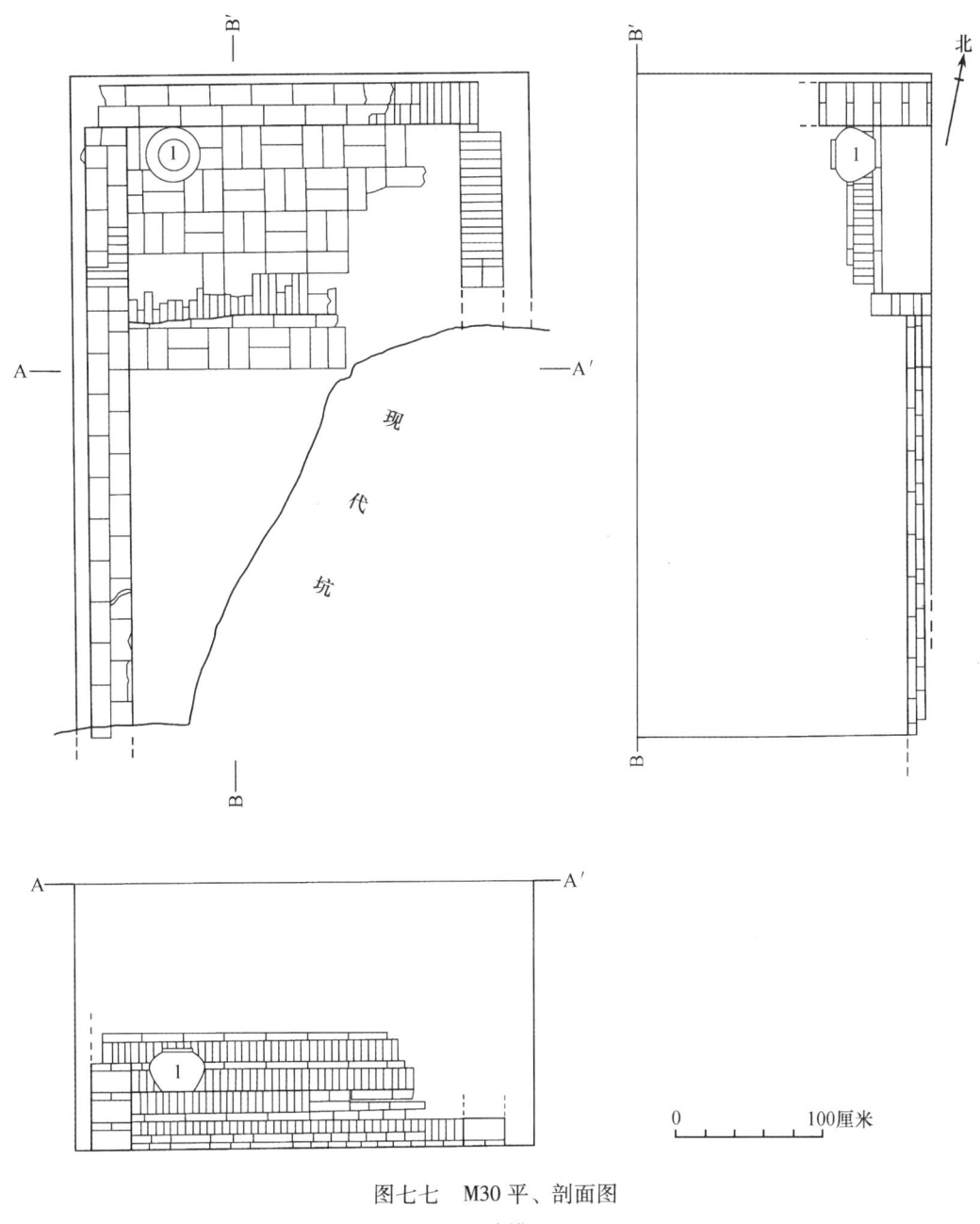

图七七 M30 平、剖面图
1. 陶罐

1.78 米。顶部已荡然无存，四壁残缺，残留部分用青砖一顺一丁叠压砌制，残高 0.1~0.77 米。棺床位于墓室内的北部，平面呈长方形，局部残缺，东西残长 1.4~1.88 米，南北宽 1.28 米。床面用砖纵横平铺，以红砖为主；床壁用砖一顺一丁叠压砌制包边；底部一层顺砖外凸 0.04~0.08 米，棺床高 0.28 米。墓底用砖纵横平铺墁地。用砖规格 0.26 米 × 0.12 米 × 0.04 米、0.28 米 × 0.14 米 × 0.05 米，砖面饰绳纹（图七八；彩版三五，2）。

2. 随葬品

随葬器物 1件,放置于棺床之上。

陶罐 1件。M30:1,泥质灰陶,手、轮兼制,火候高。敛口,圆唇,短颈,鼓腹曲收,平底。器表饰弦纹篦点压印纹及细绳纹。口径18.6厘米、腹径35.8厘米、底径17厘米、高30.3~30.8厘米(图七九;彩版三五,3)。

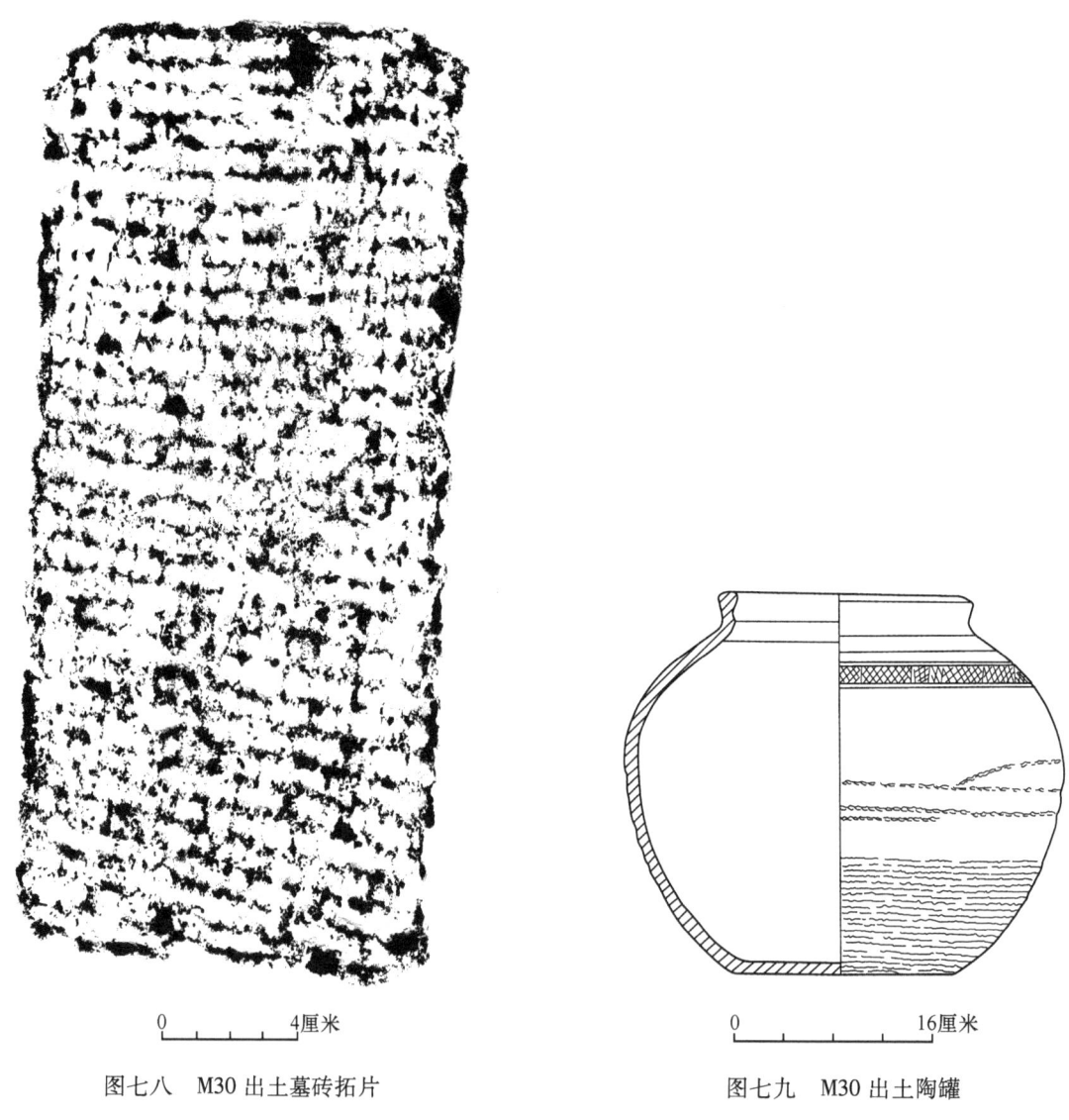

图七八 M30出土墓砖拓片

图七九 M30出土陶罐

二六、10YZM31

1. 墓葬形制

位于X11发掘区的西北部,西北邻M39,开口于④层下,墓口距地表2.15米。南北向,方向 170°。平面呈中字形，竖穴土圹砖券双室墓，土圹长 10.1 米，宽 2.4~3.8 米。由墓道、墓门、前室、甬道、后室几部分组成（图八〇；彩版三六，1）。

墓道　位于墓门的南端，平面呈长方形竖穴式，南北长 3.08 米，宽 0.86~0.96 米，深 1.4 米，墓壁整齐，底部较平。内填花土，土质疏松。

墓门　位于墓室的南端，由于严重破坏，墓门已不存在，仅留土圹，宽 0.96 米，进深 0.42 米，两壁砌砖不详。

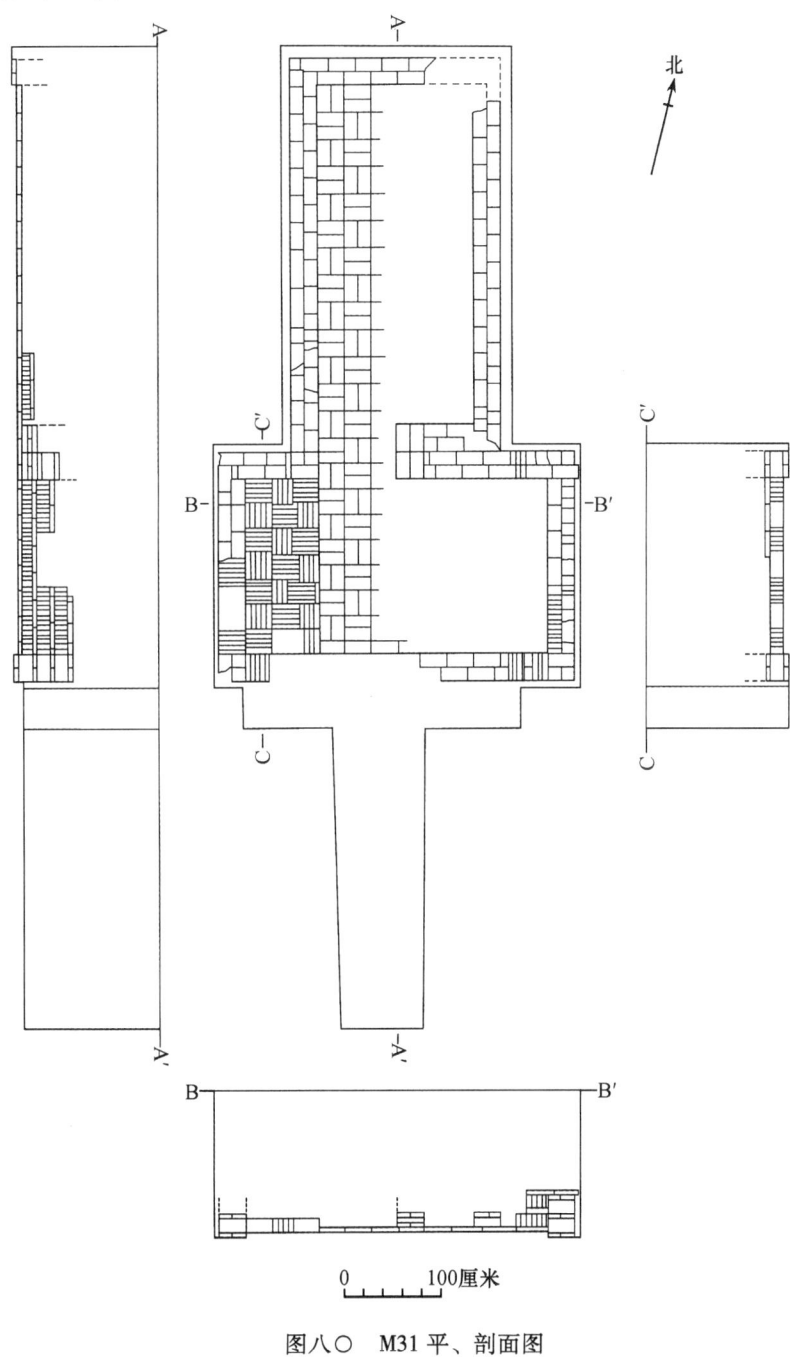

图八〇　M31 平、剖面图

图八一 M31 出土墓砖拓片

前室 位于墓门的北部,平面呈长方形,东西长3.12米,南北宽1.8米。顶部坍塌,四壁残缺,残留部分用砖一顺一丁叠压砌制,残高0.14~0.52米。在室内西部用砖侧立纵横砌制棺床,平面呈长方形,南北长1.8米,东西残宽0.7~0.74米,残高0.14米。墓底用砖纵横平铺墁地(彩版三六,2)。

甬道 位于前室与后室之间,平面呈长方形,宽0.82米,进深0.56米。顶及部分墙壁已无存,残留部分用砖叠压平砌,残高0.15米。

后室 位于甬道的北端,平面呈长方形,南北长3.5米,东西宽1.62米。顶及四壁已荡然无存,券制不详,墓底用砖纵横平铺墁地。用砖规格0.26米×0.13米×0.04米、0.28米×0.14米×0.05米,单面施绳纹(图八一)。

2. 随葬品

该墓未出土随葬品。

二七、10YZM32

1. 墓葬形制

位于X11发掘区的西北部,西邻M33,开口于④层下,墓口距地表深2.15米。南北向,方向180°,平面呈长方形竖穴土圹式单室墓,南北长2.4米,宽1.2~1.31米,墓底距墓口深0.9米。墓壁整齐,墓底较平。内置单棺,棺木已朽,棺长1.94米,宽0.6~0.7米,残高0.1米,棺内骨架保存较完整,头向南,面向东,仰身直肢葬。年龄及性别不详(图八二;彩版三七,1)。

2. 随葬品

出土随葬品有铜钱。

铜钱 36枚。M32:1-1(宣帝),6枚。方穿圆钱,钱体规整。正面穿左右篆书"五铢"二字,字迹清晰,对读。"五"字两股交笔弯曲,上下横笔外出接于外郭。"铢"字"金"旁略低于"朱"旁,头呈等腰三角形,下四点长方形;"朱"字上垂方折,下垂圆折。外郭向内形成小斜面,钱背内、外郭略高于钱肉。钱径2.52厘米、穿径0.97厘米、郭厚0.12厘米。M32:1-2

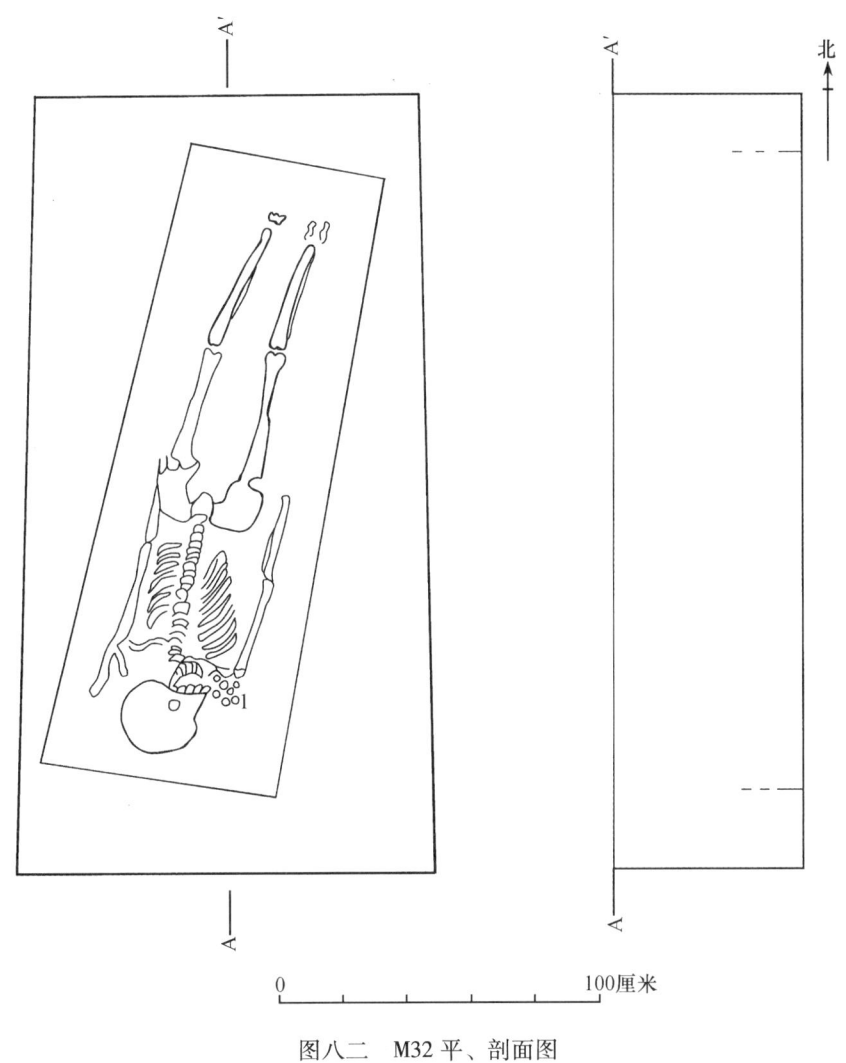

图八二 M32 平、剖面图

（剪轮），3 枚。方穿圆钱，钱体较轻，剪轮。正面穿左右篆书"五铢"二字，对读。"五"字两股交笔弯曲，上下横笔外出。"铢"字"金"旁略低于"朱"旁，头呈三角形下四点长方形；"朱"字上垂方折，下垂圆折。周郭与"五铢"二字的局部已被剪取掉，钱背好郭规整。钱径 2.1 厘米、穿径 0.97 厘米、肉厚 0.06 厘米。M32:1-3（磨郭），4 枚。方穿圆钱，钱体较轻。正面篆书"五铢"二字，字迹清晰，对读。"五"字两股交笔弯曲，上下横笔与两竖笔齐。"铢"字"金"旁头呈三角形，下四点较长；"朱"旁上下垂圆折。外郭经过磨鑢加工，钱背有好郭。钱径 2.44 厘米、穿径 0.93 厘米、郭厚 0.09 厘米。M32:1-4（货泉），1 枚。方穿圆钱，钱体规整。正面穿左右篆书"货泉"二字，字迹清晰，对读。"货泉"二字书写工整，线条纤细，"泉"字中竖中断。钱正、背内外郭规整。钱径 2.32 厘米、穿径 0.74 厘米、郭厚 0.13 厘米。M32:1-5（更始），2 枚。方穿圆钱，钱体规整。正面穿左右篆书"五铢"二字，字迹清晰，对读。"五"字两股交笔弯曲，上下横笔与两竖笔齐。"铢"字"金"旁头呈三角形，下四点长方形排列整齐；"朱"旁上下垂圆折。外郭狭阔不一，钱背内郭不规整。钱径 2.57 厘米、穿径 0.98 厘米、郭厚 0.15 厘米。M32:1-6（东汉），18 枚。方穿圆钱，钱体略轻。正面穿左右篆书"五铢"二字，字迹清晰，对读。"五"字两股交笔弯曲，上下横笔与两竖笔齐平。"铢"字"金"旁头呈三角形，下四点长方形；"朱"旁上下垂圆折，中部竖笔较长，两端细弱。外郭狭阔不一，钱背内郭规整。钱径 2.54 厘米、穿径 0.91 厘米、郭厚 0.1 厘米。M32:1-7，1 枚。方穿圆钱，钱体略轻。正面穿左右篆书"五铢"二字，字迹清晰，对读。"五"字两股交笔弯曲，上下横笔与两竖笔齐平。"铢"字"金"旁头呈三角形，下四点长方形排列整齐；"朱"旁上下垂圆折。正面穿上有一倒"X"形记号。外郭狭阔不一，钱背内郭规整。钱径 2.52 厘米、穿径 0.9 厘米、郭厚 0.13 厘米。M32:1-8，1 枚。方穿圆钱，钱体略轻。正面穿左右篆书"五铢"二字，字迹清晰，对读。"五"字两股交笔弯曲，上下横笔与外出接于内郭。"铢"字"金"旁头呈三角形，下方形四点；"朱"旁上下垂圆折，中部直笔略长，两端细弱。正面穿上有一"工"字形记号。外郭狭阔不一，钱背内郭规整。钱径 2.6 厘米、穿径 0.96 厘米、郭厚 0.12 厘米。M32:1-9，1 枚。方穿圆钱，钱体略轻。正面穿左右篆书"五铢"二字，字迹清晰，对读。"五"字两股交笔弯曲，上下横笔与两竖笔齐平。"铢"字"金"旁头呈三角形，下四点长方形排列整齐；"朱"旁上下垂圆折，中部直笔较细。正面穿下有两竖状记号。外郭狭阔不一，钱背内郭规整。钱径 2.51 厘米、穿径 0.97 厘米、郭厚 0.1 厘米（图八三）。

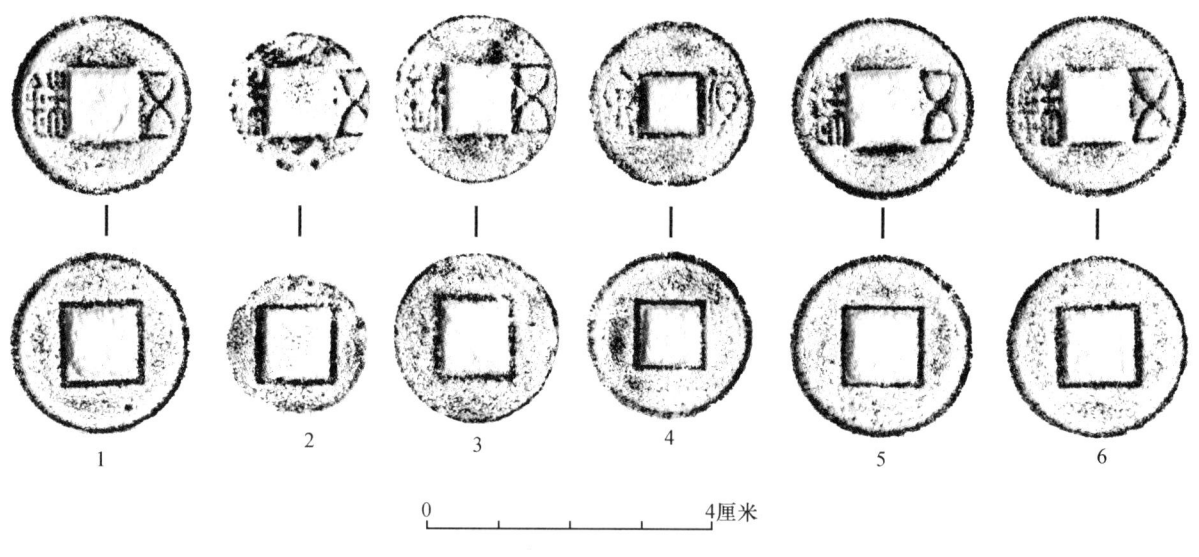

图八三　M32 铜钱拓片

1~3、5、6. 五铢（M32:1-1、M32:1-2、M32:1-3、M32:1-5、M32:1-6）　4. 货泉（M32:1-4）

二八、10YZM33

1. 墓葬形制

位于 X11 发掘区的西北部，东邻 M32，西邻 M37，开口于③层下，墓口距地表深 2.15 米。

南北向，方向165°。平面呈"刀"形，竖穴土圹砖券单室墓，由墓道、墓门和墓室三部分组成。土圹总长6.8米，宽1.93米（图八四；彩版三七，2）。

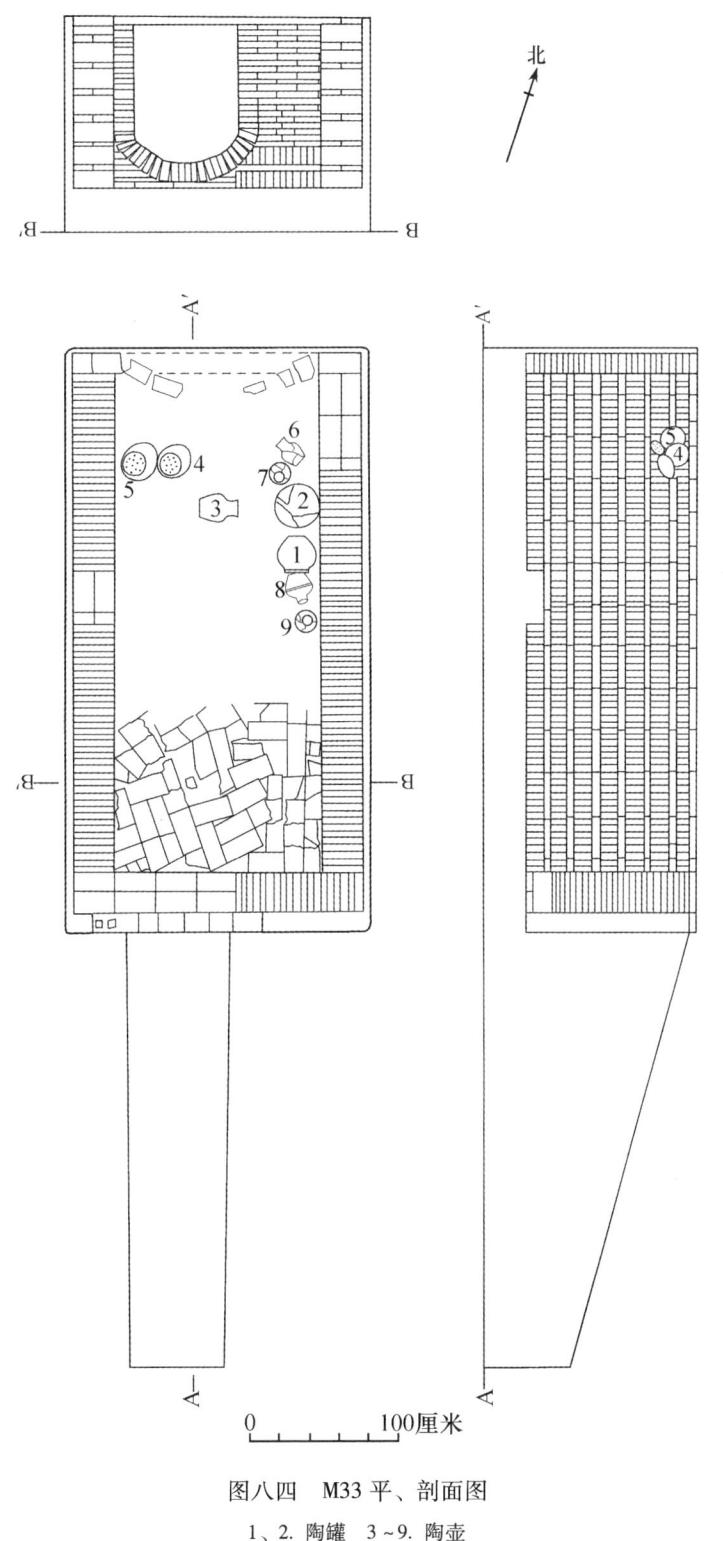

图八四　M33 平、剖面图
1、2. 陶罐　3～9. 陶壶

墓道　位于墓门的南端，平面呈长方形，南北长2.95米，东西宽0.65~0.7米，墓壁整齐，底呈斜坡状，墓口距底0.6~1.46米，坡长3.02米，坡度17°。内填花土，土质疏松。

墓门　位于墓室的南部，墓道之北。平面呈长方形，面宽0.7米，进深0.28米。两壁用砖叠压平砌至0.75米时开始起券，逐渐内收形成拱形券顶，高1.14米。券顶之上又平砌一层。

墓室　位于墓门的北部，平面呈长方形，南北长3.33米，宽1.38米。顶部已被破坏，券制不详；东、西壁用砖一顺一丁叠压砌制；北壁已被破坏，残留砖痕；南壁下部用砖叠压平砌，砌至0.82米时采用一顺一丁叠压砌制。四壁残高1.15米，底部用砖纵横平铺墁地，铺砌较乱（彩版三八，1）。

2. 随葬品

随葬器物有罐、壶等，皆放置于墓室内的北部（彩版三八，2）。

陶罐　2件。M33:1，泥质灰陶，轮制，火候高。浅盘口，短束颈，鼓腹曲收，平底上凹。器表及内壁饰弦纹。口径14厘米、腹径24.9厘米、底径10.3厘米、高22.8~23.2厘米（彩版三九，1）。M33:2，泥质灰陶，手、轮兼制，火候高。直口微敛，尖唇，短束颈，溜肩、鼓腹、下曲收，平底略上凹。肩部饰网格纹，下腹及底饰绳纹，内壁饰弦纹。口径18.4厘米、腹径31.6厘米、底径14.4厘米、高27.2厘米（图八五；彩版三九，2）。

陶壶　7件。M33:3，带盖。泥质灰陶，轮制，火候高。浅盘口，尖唇，束颈，溜肩，腹略鼓斜收，平底。博山式器盖，顶呈圆珠状，盖身饰突起纹饰，盖口平折。口径16厘米、腹径20.5厘米、底径17.6厘米；盖径14厘米、高7.2厘米；通盖高32厘米（彩版三九，3）。M33:4，带盖。泥质灰陶，轮制，火候高。浅盘口，尖唇，束颈，溜肩，腹略鼓曲收，平底。博山式器盖，顶呈圆珠状，盖身饰突起纹饰，盖口平折。口径14.4厘米、腹径20.8厘米、底径14.8厘米；盖径14.4厘米、高5.6厘米；通盖高32.8厘米（彩版三九，4）。M33:5，带盖。泥质灰陶，轮制，火候高。浅盘口，尖唇，束颈，溜肩，腹略鼓斜收，平底。博山式器盖，顶呈圆珠状，盖身饰突起纹饰，盖口斜折。口径14.4厘米、腹径21.2厘米、底径16.8厘米；盖径14.5厘米、高5.2厘米；通盖高32.2厘米（彩版三九，5）。M33:6，泥质灰陶，轮制，火候高。浅盘口，尖唇，束颈，溜肩，腹略鼓斜收，平底。口径13.6厘米、腹径21.4厘米、底径15.6厘米（彩版三九，6）。M33:7，泥质灰陶，轮制，火候高。浅盘口，尖唇，束颈，溜肩，腹略鼓曲收，平底。腹部及内壁饰弦纹。口径16.4厘米、腹径22厘米、底径18.8厘米（彩版四〇，1）。M33:8，泥质灰陶，轮制，火候高。口部残缺，长束颈，鼓腹，下略直收，平底略上凹。腹部是压印筐点纹，下腹饰一周凹弦纹。口径14厘米、腹径20.4厘米、底径14.1厘米、高25.8厘米（彩版四〇，2）。M33:9，泥质灰陶，轮制，火候高。浅盘口，尖圆唇，束颈，溜肩，鼓腹斜收，平底。口径14厘米、腹径20.4厘米、底径14.1厘米、高25.8厘米（图八五、图八六；彩版四〇，3）。

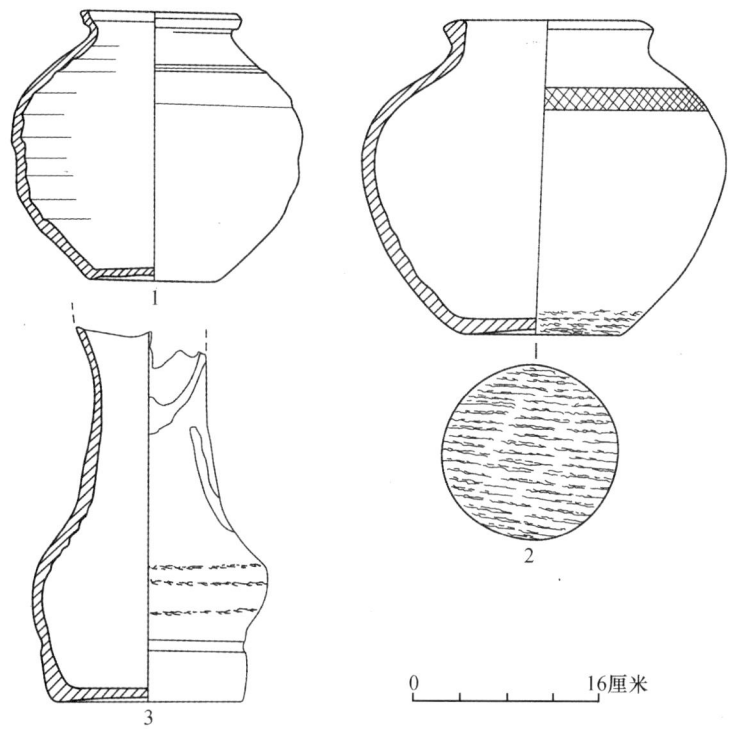

图八五　M33 出土器物

1、2. 陶罐（M33:1、M33:2）　3. 陶壶（M33:8）

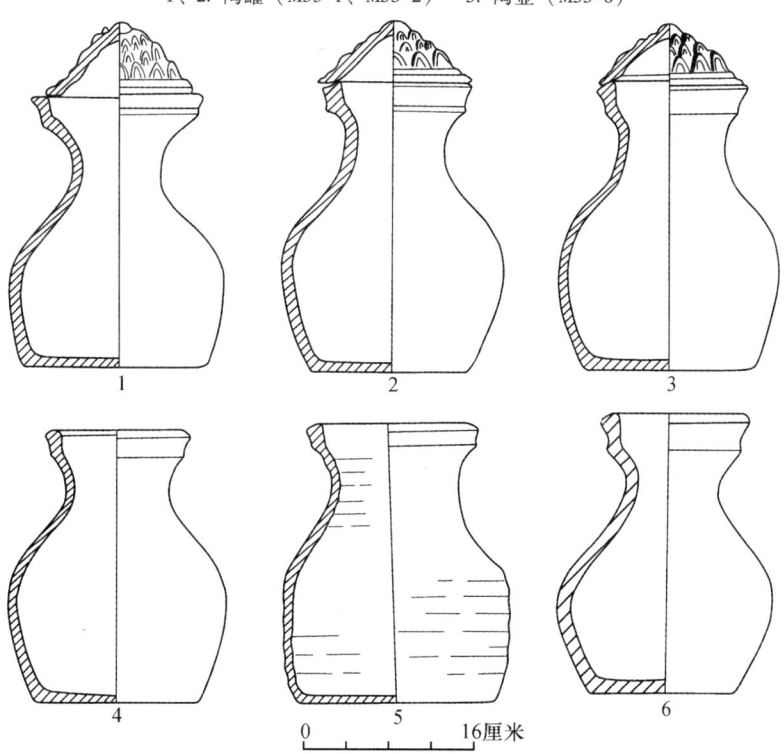

图八六　M33 出土陶壶

1. M33:3　2. M33:4　3. M33:5　4. M33:6　5. M33:7　6. M33:9

二九、10YZM34

1. 墓葬形制

位于 X11 发掘区的中部，西南邻 M31，开口于④层下，墓口距地表深 2.15 米。南北向，方向 170°。平面呈"刀"形竖穴土圹砖券单室墓，土圹南北总长 7.2 米，东西宽 2.3~2.48 米。由墓道、墓门和墓室三部分组成（图八七；彩版四一，1）。

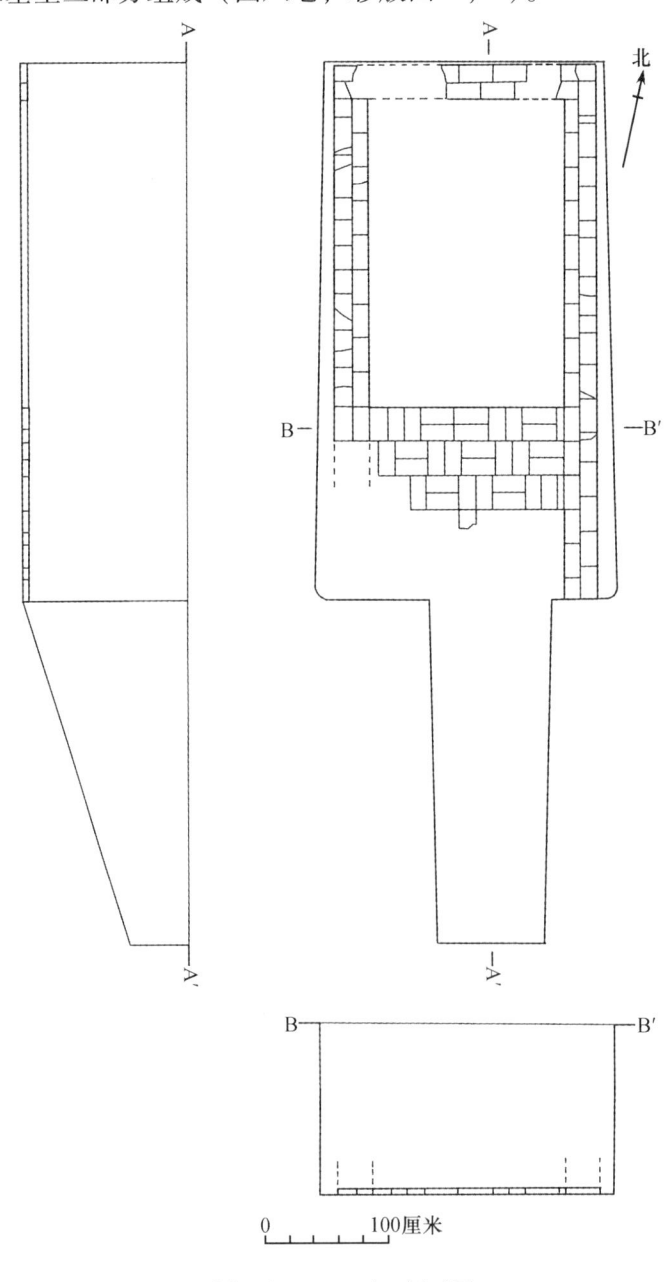

图八七　M34 平、剖面图

墓道　位于墓室的南端，平面呈长方形，南北长2.8米，东西宽0.9~1米，墓壁整齐，底呈斜坡状。墓口距底0.5~1.4米，底坡长2.92米，坡度18°。内填花土，土质疏松。

墓门　位于墓室的南部，墓道之北，由于破坏严重，墓门无存，仅残留土圹，宽1米，进深及高度不祥。

墓室　位于墓门的北端，平面呈长方形，南北长3.6米，东西宽1.8米。顶及四壁已被破坏，仅残留四壁底部一层砌砖及部分墁地砖，墁地砖用青砖纵横平铺。砖规格0.28米×0.14米×0.05米；0.27米×0.13米×0.045米。

2. 随葬品

该墓未出土随葬品。

三〇、10YZM38

1. 墓葬形制

位于X11发掘区的西北部，西北邻M39，开口于④层下，墓口距地表深2.15米。南北向，方向170°。平面呈"刀"形竖穴土圹砖券单室墓，土圹南北长7.6米，东西宽2.23~2.5米。由墓道、墓门和墓室三部分组成（图八九；彩版四一，2）。

图八八　M34出土墓砖拓片

墓道　位于墓门的南端，平面呈长方形，南北长3.09米，东西宽0.86~0.94米，墓壁整齐，底呈斜坡状，深0.8~1.4米，底坡长3.16米，坡度11°。内填褐色胶泥土，土质较硬。

墓门　位于墓室与墓道之间，已被破坏，仅残留土圹，宽0.94米，进深0.3米。在墓门边处仅残留底部2块残铺地砖。

墓室　位于墓门的北部，平面呈长方形，土圹南北长4.2米，东西宽2.23~2.5米；内长3.62米，宽1.56米。顶部已被破坏，四壁残缺至底。墓底用砖纵横交替平铺墁地。用砖规格0.27米×0.13米×0.05米、0.28米×0.14米×0.05米，单面施绳纹。

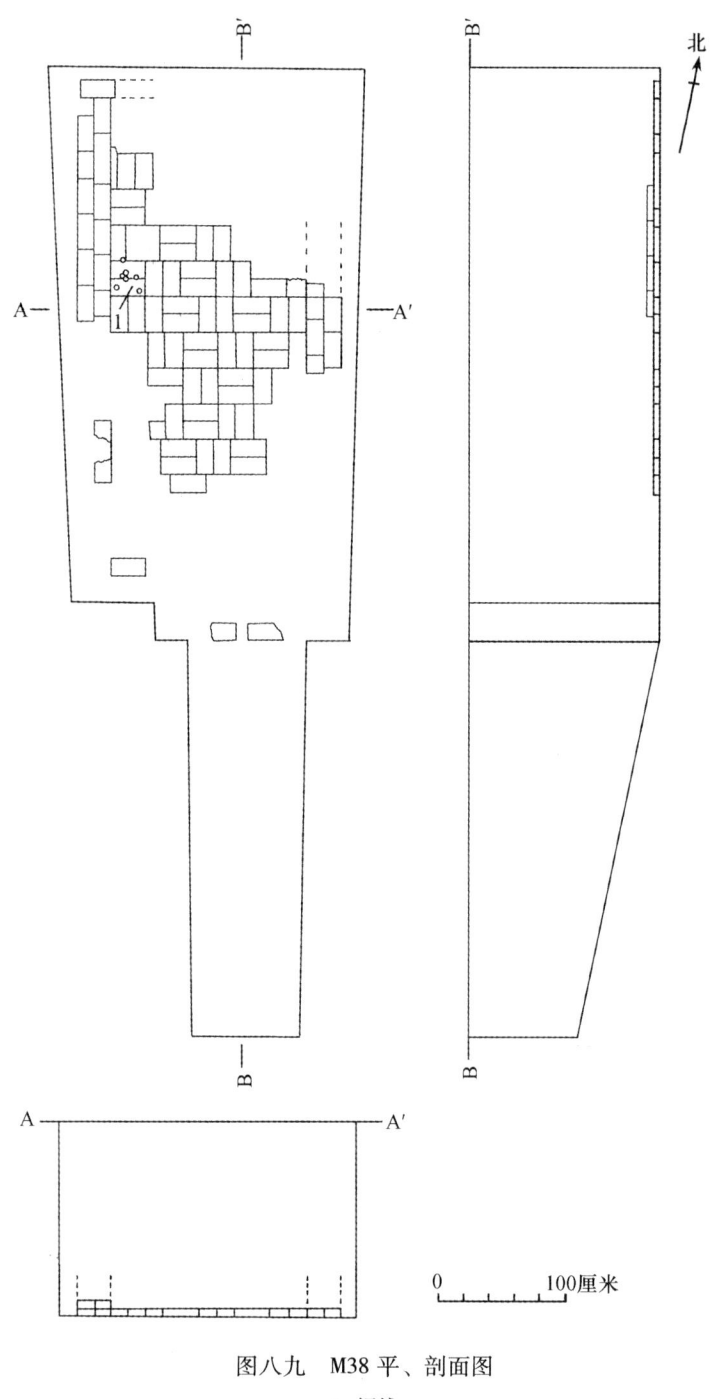

图八九　M38 平、剖面图
1. 铜钱

2. 随葬品

出土随葬品有铜钱。

铜钱　8 枚。M38:1-1（宣帝），2 枚。方穿圆钱，钱体略薄，正面穿左右篆书"五铢"二字,字体清晰,对读。"五"字两股交笔弯曲,上下横笔外出接于外郭。"铢"字"金"旁头呈三角形,略低于"朱"旁,下四点细长;"朱"旁上垂方折,下垂圆折,中部横笔粗短。外郭略窄,钱背有内郭。钱径2.58厘米、穿径0.97厘米、郭厚0.09厘米。M38:1-2(更始),2枚。方穿圆钱,钱体较薄,正面穿左右篆书"五铢"二字,对读。"五"字两股交笔弯曲,上下横笔与两竖笔齐。"铢"字"金"旁头呈三角形,略低于"朱"旁,下四点长方形排列整齐;"朱"旁上下垂圆折。外郭较窄,钱背内郭规整。钱径2.5厘米、穿径0.93厘米、郭厚0.12厘米。

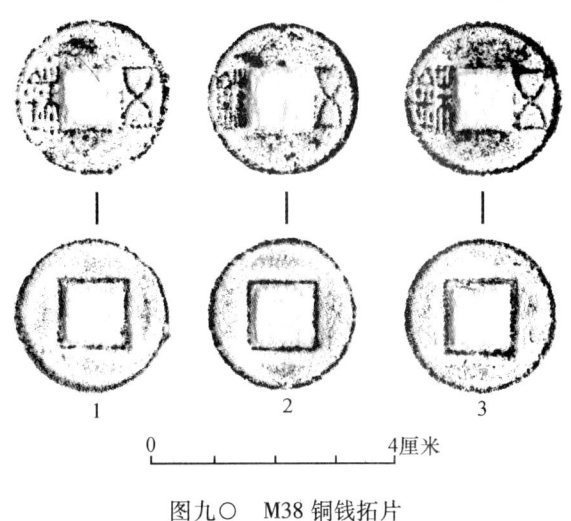

图九〇 M38 铜钱拓片
1. M38:1-1 2. M38:1-2 3. M38:1-3

M38:1-3(东汉),4枚。方穿圆钱,钱体较薄,正面穿左右篆书"五铢"二字,对读。"五"字两股交笔弯曲,上下横笔与两竖笔齐。"铢"字"金"旁头呈三角形,下四点长方形;"朱"旁上下垂圆折,中部竖笔较长,两端细弱。外郭狭阔不一,钱背内郭规整。钱径2.55厘米、穿径0.96厘米、郭厚0.1厘米(图九〇)。

三一、10YZM39

1. 墓葬形制

位于X11发掘区的西北部,开口于④层下,墓口距地表深2.15米。南北向,方向155°。平面呈"刀"形竖穴土圹砖券单室墓,土圹南北长7.72米,东西宽0.8~2.2米,由墓道、墓门和墓室三部分组成(图九一;彩版四二,1)。

墓道 位于墓门的南端,平面呈长方形,南北长3.32米,东西宽0.8~1.07米。墓壁整齐,底呈斜坡状,墓口距底0.5~1.5米,底坡长3.44米,坡度16°。内填花土,土质较松,含有少量残砖块。

墓门 位于墓道的北端、墓室的南部。平面呈长方形,宽0.78米,进深0.56米。顶部已被破坏,券制不详;东壁用砖一顺一丁叠压砌制,西壁用砖叠压错缝平砌,残高1.1米。墓门内用青砖侧立叠压斜砌成人字形封堵。用砖规格:0.28米×0.14米×0.05米。

墓室 位于墓门的北部,平面呈长方形,土圹南北长4.38米,东西宽2.2米;室内长3.26米,宽1.76。顶部已被破坏,券制不详。北、东、西三壁皆用砖一顺一丁叠压砌制;南壁采用一顺一丁与叠压错缝混合砌制而成,残高0.9米。墓底用砖纵横平铺墁地。用砖规格0.28米×0.14米×0.05米(彩版四二,2)。

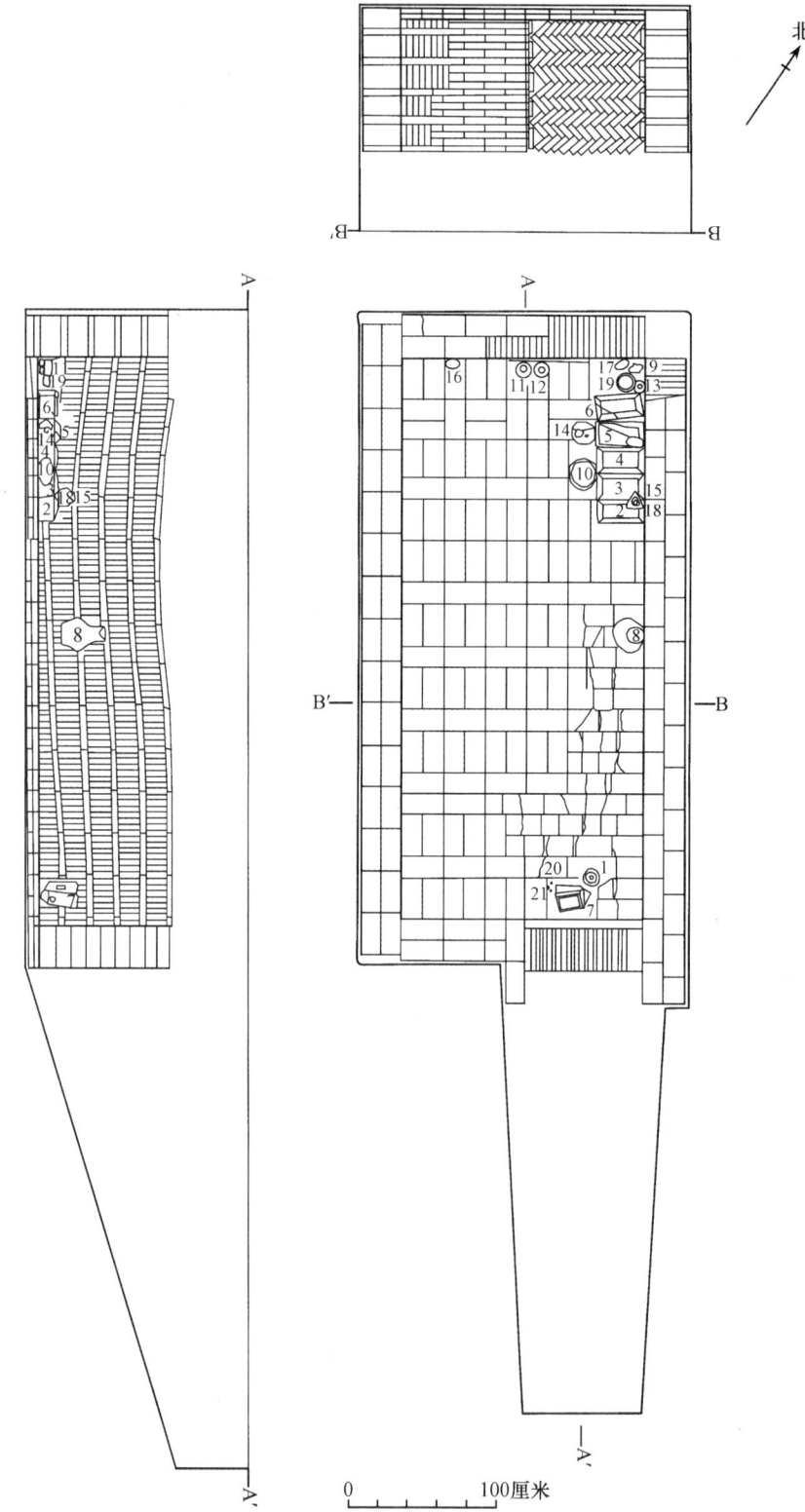

图九一　M39 平、剖面图

1. 铜镜　2~6. 陶盒　7. 陶房　8. 陶壶　9. 陶灯　10、14、15、19. 陶盆　11、12. 陶鼎　13. 陶灶
16、18. 陶器盖　17. 陶俑　20. 铜钱　21. 铜印

2. 随葬品

随葬器物有陶房、陶壶、陶盆、陶灶、陶锅、陶盒、陶耳杯、陶勺、陶豆座、陶鼎、铜钱、铜镜、铜印。除陶房与铜镜放置于墓门口内，其余器物均放置于墓室内东侧的北部（彩版四二，3）。

陶盒　5件。M39∶2，带盖。泥质灰陶，模制，火候高。盒体平面呈长方形，直口微敛，壁稍斜，平底外展；盖呈覆斗形。盖上口径24厘米、下口径31.8厘米；盒上口径29厘米、下口径29.2厘米；通高12.3厘米（图九二；彩版四三，1、2）。M39∶3，带盖。泥质灰陶，模制，火候高。盒体平面呈长方形，直口微敛，壁稍斜，平底外展；盖呈覆斗形，盖身刻划细线纹。盖上口径16.8厘米、下口径31.8厘米；盒上口径12.7厘米、下口径27.2厘米；通高12厘米（图九二；彩版四三，3、4）。M39∶4，带盖。泥质灰陶，模制，火候高。盒体平面呈长方形，直口微敛，直壁，平底；盖呈覆斗形。盖上口径20.6厘米、下口径30.8厘米；盒上口径26.1厘米；通高14.4厘米（图九二；彩版四三，5、6）。M39∶5，带盖。泥质灰陶，模制，火候高。盒体平面呈长方形，微敛，斜壁，平底；盖呈覆斗形。盖上口长25.6厘米、下口长32.3厘米、宽16.2厘米；盒上口长28.8厘米、下口长29.7厘米、宽15.6厘米；通高12.2厘米（图九二；彩版四四，1、2）。M39∶6，带盖。泥质灰陶，模制，火候高。盒体平面呈长方形，直口，壁直，平底；盖呈覆斗形。盖上口长24厘米、下口长33厘米、宽17.2厘米；盒长33厘米、宽14厘米；通高11.6厘米（图九二；彩版四四，3、4）。

陶房　1件。M39∶7，泥质灰陶，手、轮、模兼制，火候高。面阔25.5厘米、进深18.2厘米、通高23.6～26.4厘米。悬山式，正脊呈长方形，前后坡面无装饰；檐下正面开门，无门扉；两各有一圆形开窗口；后墙与两山墙底部各开有拱形小口（图九三；彩版四四，5）。

陶壶　1件。M39∶8，泥质灰陶，轮制，火候高。敞口，尖圆唇，长束颈，鼓腹曲收，平底。口径16厘米、腹径21.2厘米、底径15.8厘米、高30.8厘米（图九二；彩版四四，6）。

陶灯　1件。M39∶9，泥质灰陶，轮制，火候高。灯首呈浅盘状，柱状灯柄，喇叭形底座。灯柄旋刮，灯座饰凸线纹。盘径10.5厘米、座径10.8厘米、高16.7～17.6厘米（图九四；彩版四五，1）。

陶盆　4件。M39∶10，泥质灰陶，手、轮兼制，器形不规整，火候高。敞口，平沿，方圆唇，深腹，斜收，平底。腹部饰一道凸棱，下腹刮胎。口径13.8厘米、底径7.9厘米、高7.8～8.9厘米（图九四；彩版四五，2）。M39∶14，泥质灰陶，轮制，火候高。敞口，平沿，尖唇，浅腹曲收，小平底。檐下饰一周凹弦纹。口径18.5厘米、底径6.5厘米、高4.3～4.7厘米（图九四；彩版四五，3）。M39∶15，泥质灰陶，轮制，火候高。敞口，圆唇、唇下一周凹弦纹，浅腹曲收，小平底。口径14.6厘米、底径3.4厘米、高6～6.5厘米（图九四；彩版四五，4）。M39∶19，泥质灰陶，轮制，火候高。敞口，平沿，方唇，浅腹弧收，小平底。口径10.1厘米、底径2.9厘米、高5厘米（图九四；彩版四五，5）。

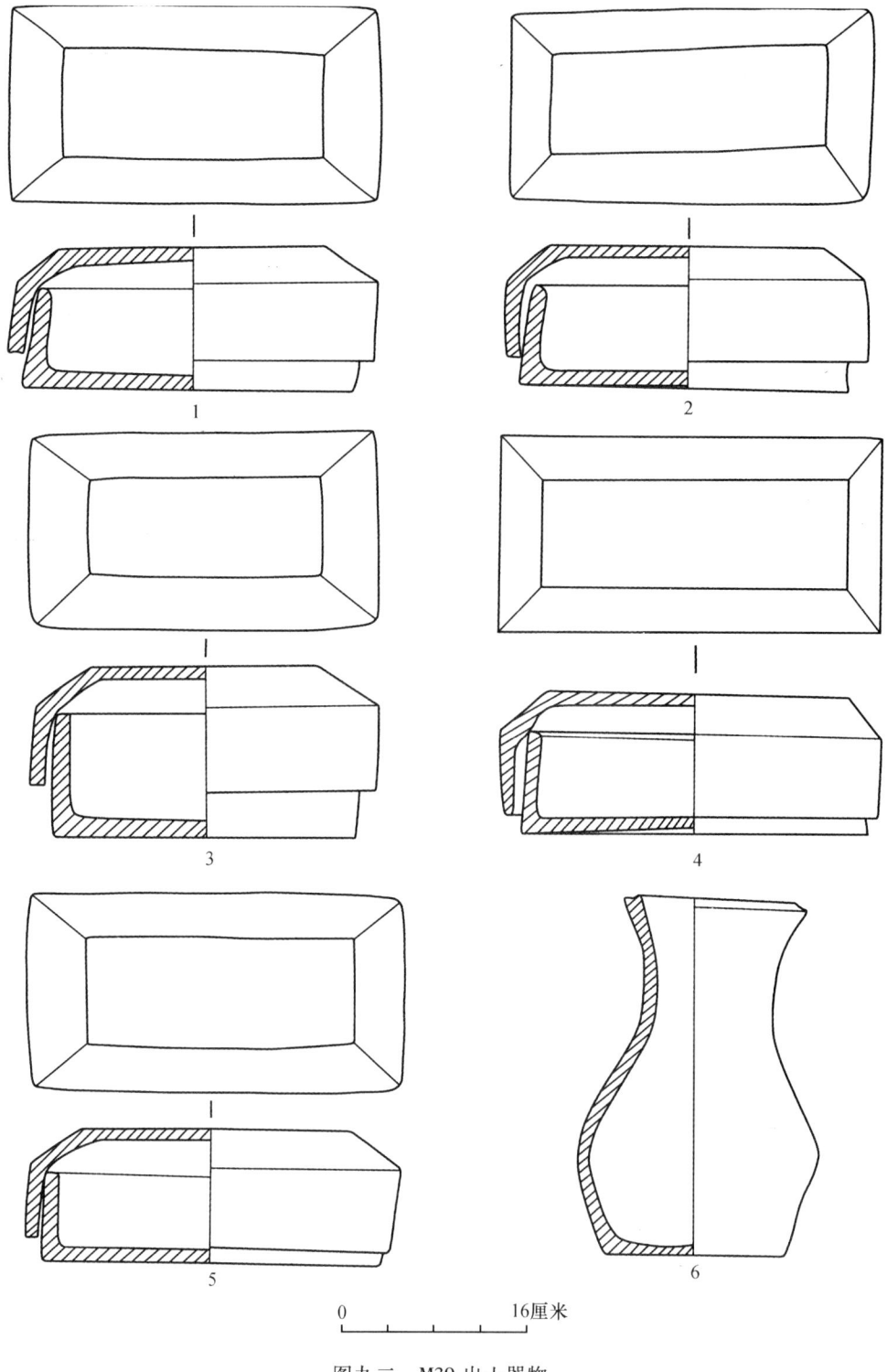

图九二　M39 出土器物

1~5. 陶盒（M39:2、M39:3、M39:4、M39:5、M39:6）　6. 陶罐（M39:8）

陶礁壶　2件。M39:11，泥质灰陶，手、轮兼制，火候高。敛口，鼓腹弧收，圜底。上腹粘贴对称小板，底部粘贴三锥状足。口径7.3厘米、腹径12厘米、通高8.8厘米（图九四；彩版四五，6）。M39:12，泥质灰陶，手、轮兼制，火候高。敛口，鼓腹弧收，小平底。上腹粘贴对称小板，底部粘贴三锥状足。口径5.6厘米、腹径7厘米、通高7.7~8.4厘米（图九四；彩版四六，1）。

陶灶　1件。M39:13，泥质灰陶，手、轮兼制，火候高。平面似三角形，前宽后窄，底口外展。正面设长方形灶门，后面上部设烟囱；灶面放置一敞口、尖圆唇、斜曲腹、小平底釜锅。宽17.2~17.8厘米、通高10.3厘米（图九四；彩版四六，2）。

陶器盖　2件。M39:16，泥质灰陶，轮制，火候高。小平顶，曲腹壁，盖口外撇。器表下部饰弦纹。顶径3.6厘米、口径14.6厘米、高7厘米（图九四；彩版四六，3）。M39:18，泥质灰陶，手轮兼制，火候高。博山式器盖，顶呈圆珠状，盖身是突起纹饰，盖口平折。口径12.6厘米、高5.6厘米（图九三；彩版四六，4）。

陶俑　1件。M39:17，泥质灰陶，模制，火候高。圆帽，大脸，面部清晰，双手拢于胸前，长袍落地，做站立状。高14.4厘米（图九三；彩版四七，1）。

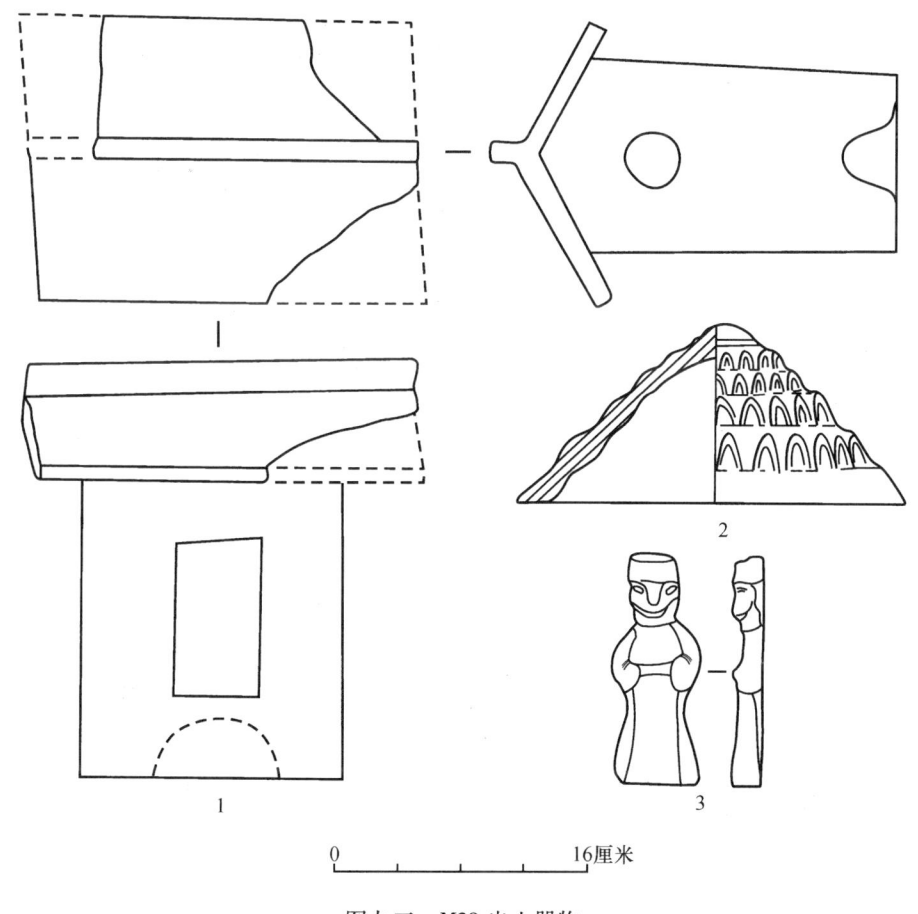

图九三　M39出土器物
1. 陶房（M39:7）　2. 陶器盖（M39:18）　3. 陶俑（M39:17）

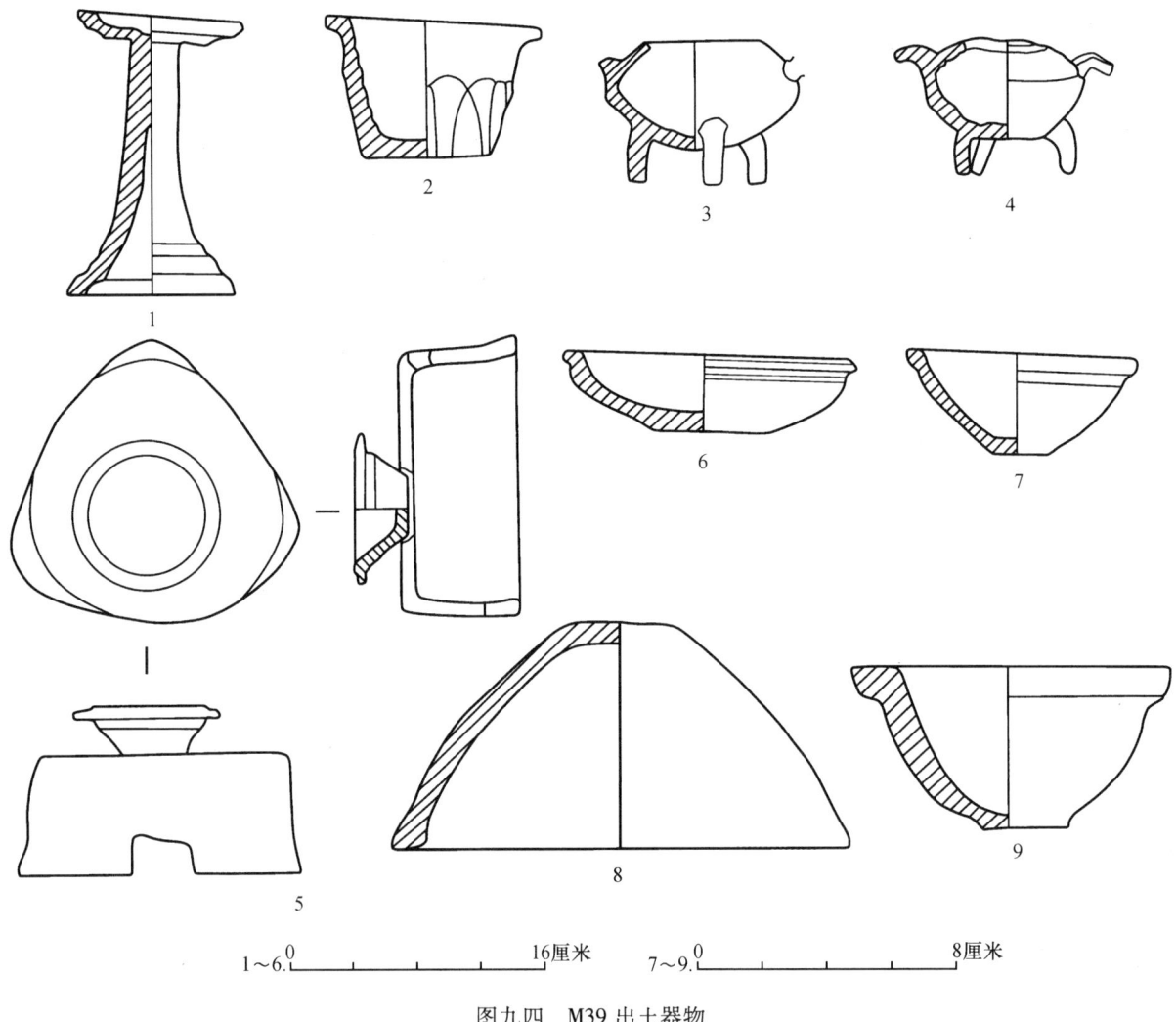

图九四 M39 出土器物

1. 陶灯（M39：9） 2、6、7、9. 陶盆（M39：10、M39：14、M39：15、M39：19） 3、4. 陶礁壶（M39：11、M39：12）
5. 陶灶（M39：13） 8. 陶器盖（M39：16）

铜钱　18 枚。M39：20-1（宣帝），6 枚。方穿圆钱，钱体规整，正面穿左右篆书"五铢"二字，对读。面文字体清晰，"五"两股交笔弯曲，上下横笔外出接于郭。"铢"字"金"旁头成等腰三角形，下四点长方形；"朱"旁上部方折，下垂圆折，中部横笔细长。外郭狭阔不一，向内形成一小斜面，钱背好郭规整。钱径 2.53 厘米、穿径 0.97 厘米、郭厚 0.17 厘米。M39：20-2（更始），4 枚。方穿圆钱，钱体规整，正面穿左右篆书"五铢"二字，对读。面文清晰，"五"字两股交笔弯曲，上下横笔与两竖笔齐平。"铢"字"金"旁头呈三角形，下四点长方形排列整齐；"朱"旁上下垂圆折。外郭狭阔不一，钱背内郭规整。钱径 2.56 厘米、穿径 0.93 厘米、郭厚 0.15 厘米。M39：20-3（东汉），8 枚。方穿圆钱，钱体较轻，正面穿左右篆书"五铢"二字，字体宽肥，对读。面文清晰，"五"字两股交笔弯曲，上下横笔与两竖笔齐平。"铢"字"金"旁头呈三角形，下四点长方形；"朱"旁上下垂圆折。外郭略窄，钱背内郭规整。钱径 2.56 厘米、穿径 0.9 厘米、郭厚 0.13 厘米（图九五）。

铜印 1 枚。M39:21，铜质，模制。环形印纽，圆形印身，印面阳刻篆书"古"字。直径 1.4 厘米、高 1.4 厘米（图九六；彩版四七，2）。

铜镜 1 件。M39:1，铜质，体略厚，锈蚀严重，模制。圆形，镜面略鼓，镜背下凹。圆纽穿孔，座外加方框，方框四角各有一乳钉，分成四组，每组之间有拐尺形间隔一分为二，每组间隔内饰羽人、瑞鸟、走兽、朱雀等。内缘外围饰一周斜线纹。外缘略宽，三角形锯齿纹之间饰水波形纹。面径 11.8 厘米、厚 0.2～0.4 厘米（图九六；彩版四七，3）。

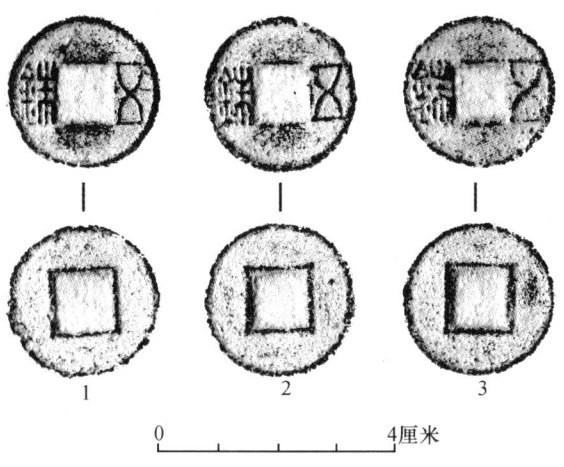

图九五　M39 铜钱拓片
1. M39:20-1　2. M39:20-2　3. M39:20-3

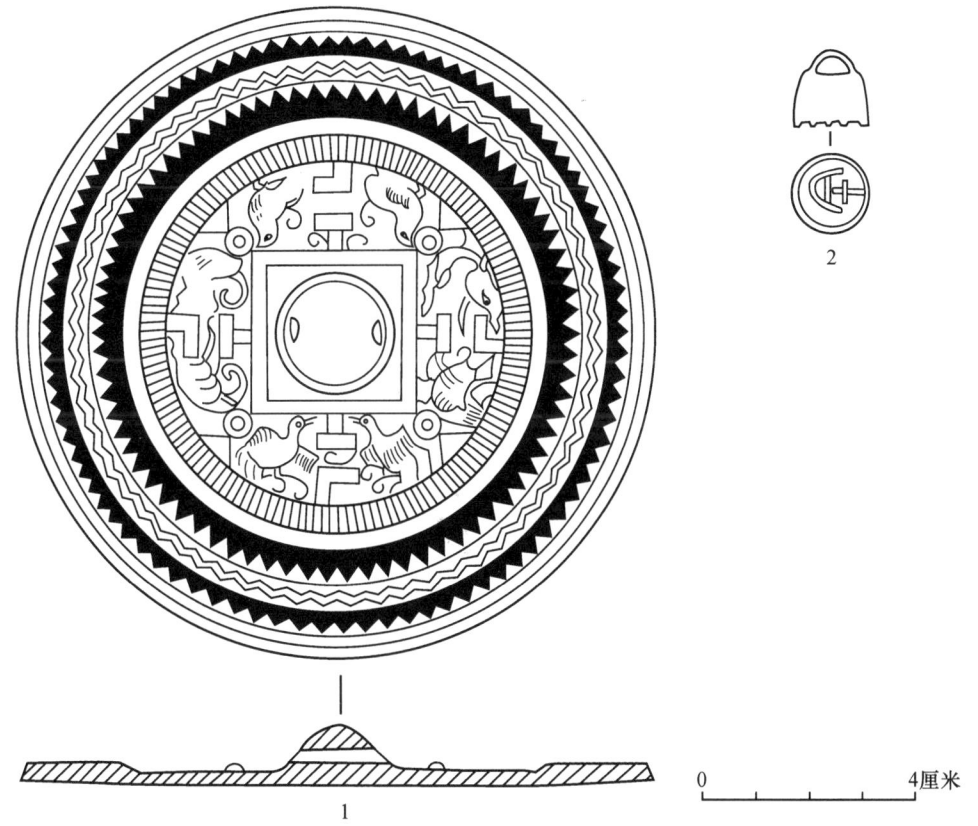

图九六　M39 出土铜器
1. 铜镜（M39:1）　2. 铜印（M39:21）

三二、10YZM40

1. 墓葬形制

位于 X16 发掘区的中部，西邻博兴七路，开口于④层下，墓口距地表深 2.15 米。东西向，方向 270°。平面呈"刀"形竖穴土圹砖券单室墓，土圹东西长 7.2 米，南北宽 0.82~2 米，由墓道、墓门和墓室三部分组成（图九七；彩版四八，1）。

墓道　位于墓门的西端，平面呈长方形，长 2.64 米，宽 0.82 米。墓壁较直，底部呈斜坡状，墓口距底 0.5~1.46 米，底坡长 2.26 米，坡度 18°。内填花土，土质较松，含有残砖块。

墓门　位于墓道的东端、墓室的西部，平面呈长方形，宽 0.82 米，进深 0.28 米。顶部已坍塌，两壁残缺，北壁残留部分用砖一顺一丁叠压砌制，南壁残留部分用砖叠压平砌，残高 0.43~0.57 米。底部用砖并列横铺墁地。用砖规格为 0.28 米×0.14 米×0.05 米。

墓室　位于墓门的东部，平面呈长方形，土圹东西长 4.6 米，南北宽 2 米；室内长 3.8 米，宽 1.4 米。顶部坍塌，四壁残缺，残留部分用砖一顺一丁叠压砌制，残高 0.05~1.05 米。在墓室内东部修筑棺床，平面呈长方形，局部残缺，南北残长 1.4 米，东西宽 0.98 米，高 0.1 米。整个棺床残留部分用青砖纵横错缝叠压砌制而成。

2. 随葬品

该墓未发现随葬品。

三三、10YZM41

1. 墓葬形制

位于 X11 发掘区的中部偏东，东邻 M24，开口于④层下，墓口距地表深 2.15 米。南北向，方向 183°。平面呈"刀"形，竖穴土圹砖券单室墓，土圹南北总长 6.5 米，东西宽 1~2.3 米，由墓道、墓门和墓室三部分组成（图九八；彩版四八，2）。

墓道　位于墓室的南端，平面呈长方形，南北长 2.14 米，东西宽 1 米，深 1.6 米。墓壁较直，底部较平，内填花土，土质较黏。

墓门　位于墓道的北端，因破坏严重，墓门宽、进深及高度不详。

墓室　位于墓道的北部，平面呈长方形，因破坏严重，四壁无存，仅残存部分铺地砖。残存部分用青砖纵横交错平铺而成。用砖规格 0.3 米×0.15 米×0.06 米。

2. 随葬品

该墓未发现随葬品。

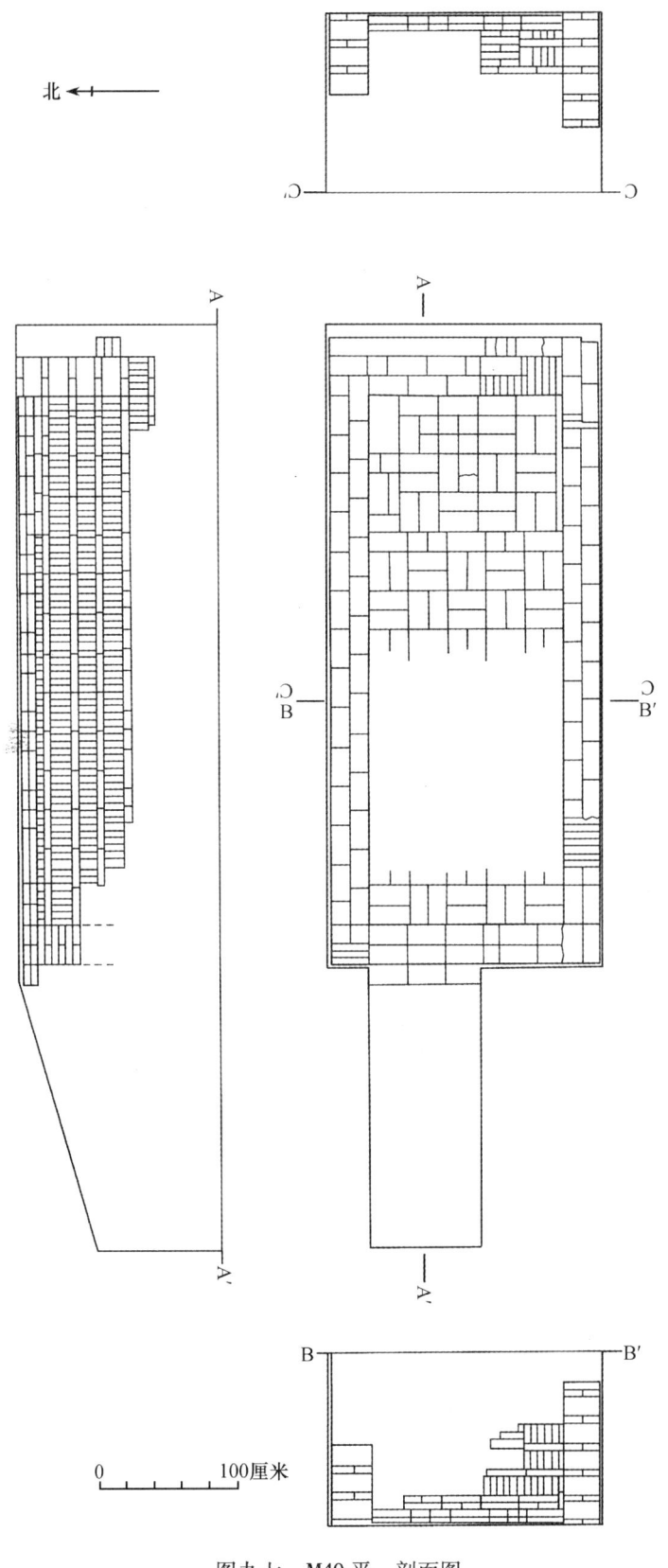

图九七 M40 平、剖面图

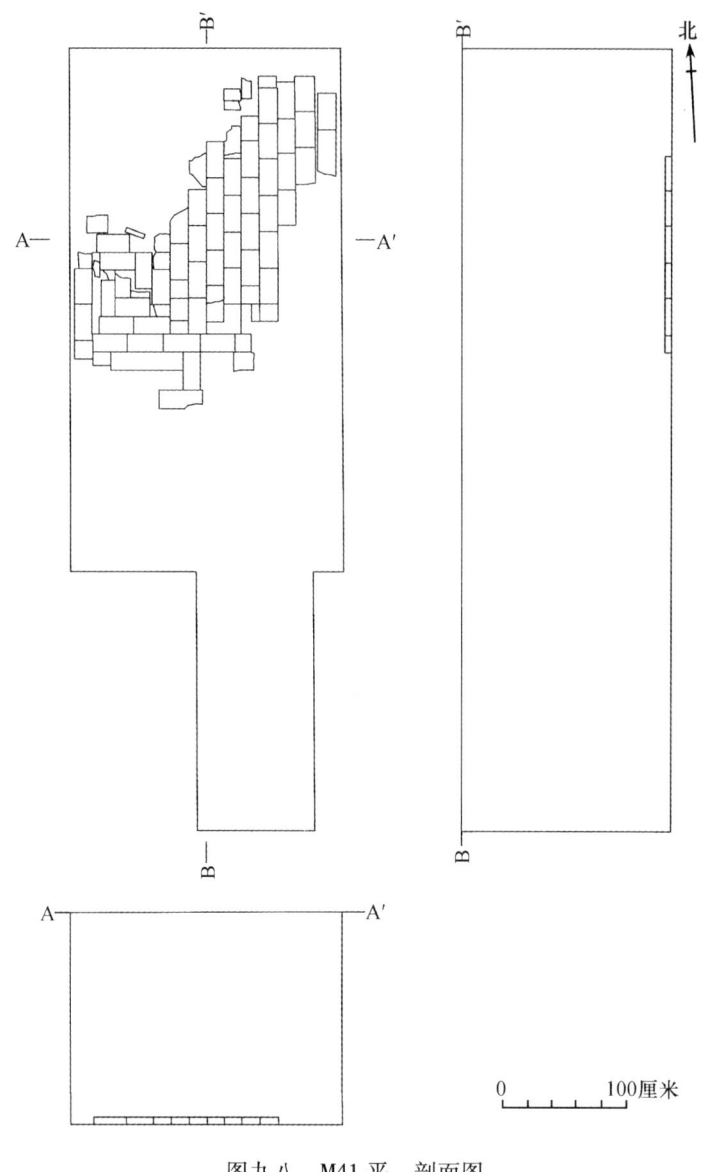

图九八 M41 平、剖面图

第三节 窑址概况

窑址 7 座，编号分别为 10YZY2~10YZY8。

第四节 窑址介绍

一、10YZY2

位于 X11 发掘区西北部，南邻 Y3。开口于④层下，口距地表 2.1 米。坐东朝西，方向

275°。平面近似"8"字形。东西长3.8米,南北宽2.1米。由操作坑、火门、火膛、窑室、窑床、烟道六部分组成(图九九;彩版四九,1、2)。

操作坑　位于火门的西端,平面近椭圆形,口大底小,坑壁较斜,底部较平。口部东西长1.6米,南北宽2.1米;底部东西1.3米、南北宽1.8米;残高0.5米。内填黄褐色杂土,土质稍硬。

火门　位于操作坑的东端,平面呈长方形,门宽0.44米,高0.46米,进深0.18米。两壁较直,顶呈拱形。

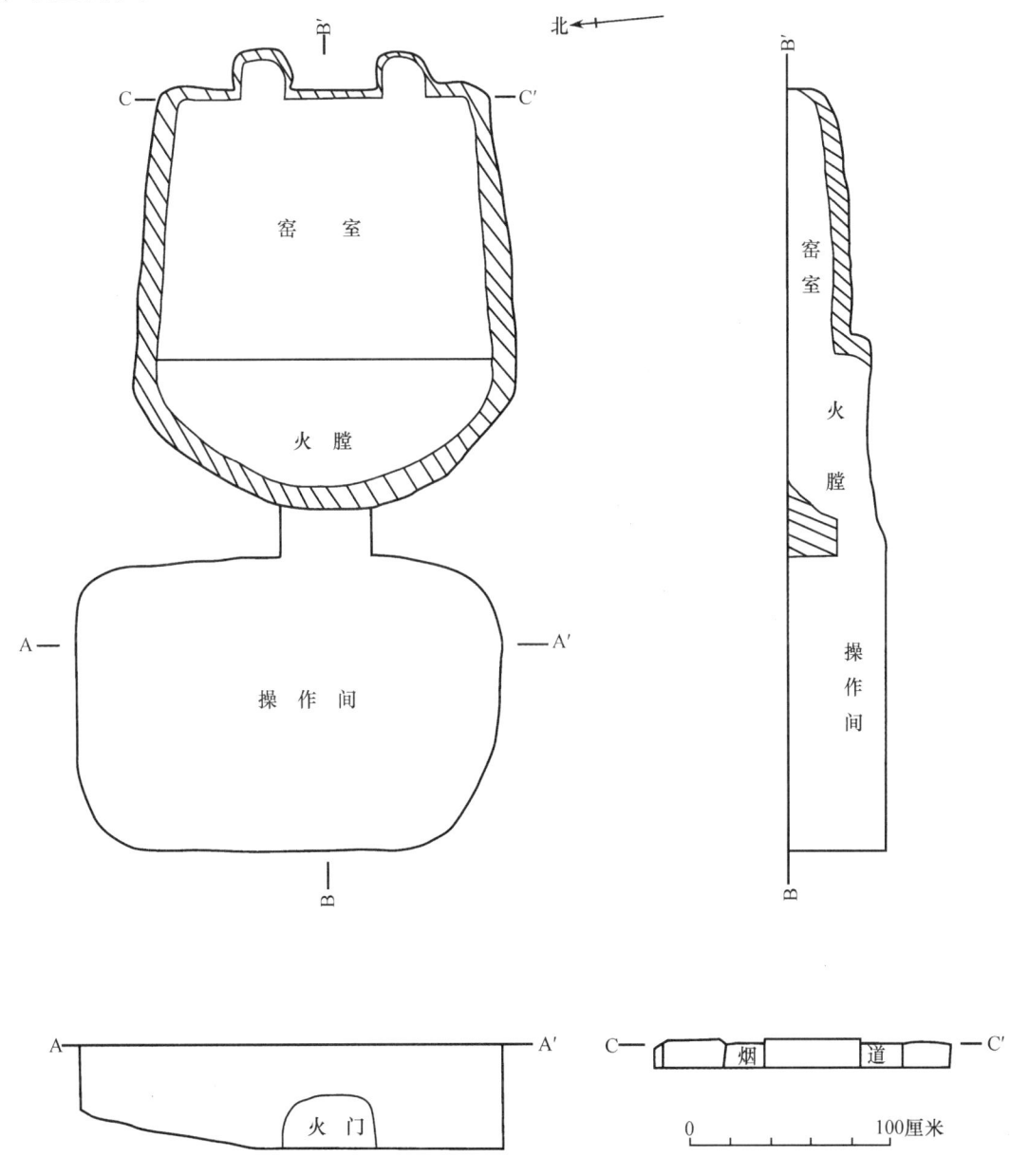

图九九　Y2平、剖面图

窑室　位于操作坑的东部，平面呈马蹄状，由火膛、窑床组成。东西长2.02米、南北宽1.4~1.6米，残高0.12~0.4米。因被破坏顶部无存，窑壁残缺，残留部分窑壁烧结面保存较好，厚0.1~0.13米。内填黄褐色花土，土质稍硬，含红烧土及青烧土碎块。

火膛　位于窑室的西部，西与火门相连，呈半圆形。东西长0.95米，南北宽0.45~1.6米，深0.2米。壁较直，烧结面保存较好，厚0.10米，底部略平，残留一层厚0.03觅得黑灰。内填黑灰土，土质较松，含有红烧土及烧结面碎块。

窑床　位于窑室内东部，南接火塘，平面呈长方形，南北长1.56米，东西宽1.4~1.6米。床面前低后高略呈斜坡状，床面烧结情况保存不是很好，厚0.08米。

烟道　2个，自南向北并列分布于窑室的后壁东端。平面皆为方形，面宽0.2米，进深0.2米，残高0.12米。1号、2号烟道各距南北窑壁0.3米，其相互间距为0.4米，烟道周边红烧土厚0.03米。

二、10YZY3

位于X11发掘区中部偏西，北邻Y2，东邻Y4，开口于④层下，窑口距地表深2.15米。东西向，方向70°。平面近似"8"字形，东西长8.16米，南北宽2.1~3.1米，深0.33~1.4米。由操作坑、火门、火膛、窑室、窑床和烟道六部分组成（图一〇〇；彩版五〇，1、2）。

操作坑　位于窑室的东部，平面呈长方形，上口东西长3.6米，南北宽2.1~2.78米；底部东西长2.4米，南北宽1.8~2.5米，深1.1米。在操作坑内东部修筑三步台阶，第一步台阶距坑口0.3米，台阶宽0.4米，高0.25米；第二步台阶宽0.32米，高0.22米；第三步台阶宽0.34米，高0.28米。口大底小，四壁稍斜整齐，底较平。内填黄褐色杂土，土质稍硬，内含红烧土颗粒及炭灰颗粒。

火门　位于火膛的东部，东连操作坑。门宽0.36米，进深0.3米，高0.7米。火门顶部为拱形，两壁整齐较直，两壁底部各侧立砌制一块残砖，残砖长0.2米，宽0.14米，厚0.06米（彩版五一，1）。

窑室　位于操作坑及火门的西端，包括火膛、窑床两部分，平面呈马蹄形。东西长3.5米，南北宽2.7~3.1米，残高0.84米。四壁较直，整齐，底部较平。烧结壁厚0.03~0.05米，红烧土厚0.17~0.19米，底部烧结面保存一般。内填黄褐色杂土，土质稍硬，内含红烧土块、青烧土块及少量残砖。

火膛　位于窑床的东侧，西与火门相连，呈半圆形。东西1.1米，南北0.54~3.1米，高0.54米。火膛四壁青烧壁厚0.05~0.07米，红烧土厚0.15~0.17米，底部较平，内填灰杂土，土质稍松，夹杂有红烧土块、青烧土块及碎炭块，底部有一层黑灰，灰厚0.03米。

窑床　位于火床的西侧，平面呈长方形。东西2.6米，南北宽2.7~3.1米。底部烧结面保存一般，厚0.06米，红烧土厚0.1米，床面较平。

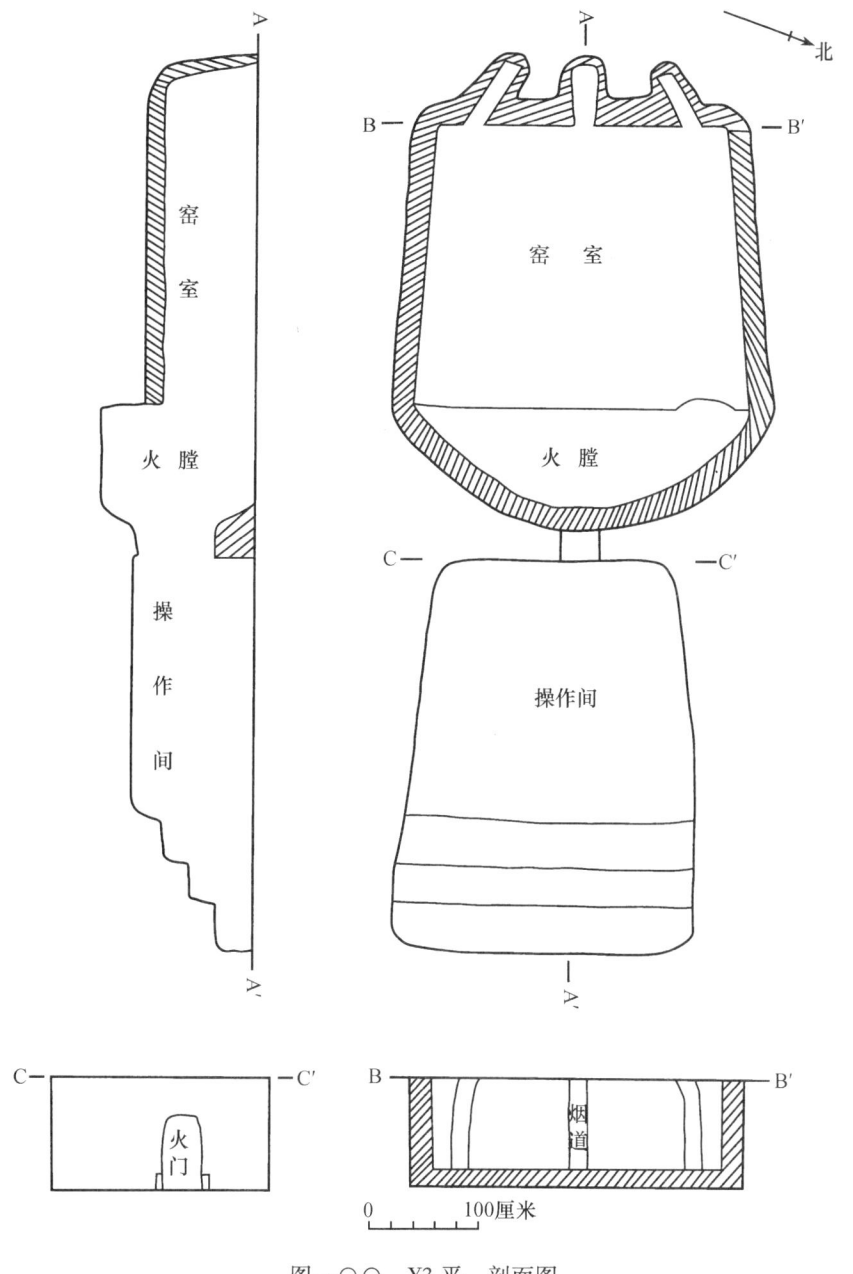

图一〇〇　Y3 平、剖面图

烟道　共 3 个，由南向北并列分布于窑室的东端，编号为 1、2、3 号。1 号烟道距南壁 0.25 米，平面呈长方形，口大底小，后壁由上到下呈倾斜状，宽 0.2 米，向内进深 0.5~0.6 米，残高 0.84 米；2 号烟道距 1 号烟道 0.84 米，平面呈长方形，口大底小，后壁由上到下呈倾斜状，宽 0.2~0.22 米，向内进深 0.56~0.6 米，残高 0.8 米；3 号烟道距 2 号烟道 0.8 米，同时距窑室北壁 0.25 米，平面呈长方形，后壁由上到下呈倾斜状，宽 0.18 米，向内进深 0.66 米，残高 0.84 米。烟道内烧结壁保存较好，周边的红烧土厚 0.05~0.12 米。另外 1 号烟道与 3 号烟道同时向 2 号烟道倾斜（彩版五一，2）。

在清理填土中内含有红烧土块和青烧土块,没发现其他遗物。

三、10YZY4

位于X11发掘区中部偏西,西邻Y3,开口于④层下,窑口距地表深2.15米。南北向,方向350°。平面近似"8"字形,南北总长7.68米,东西宽2.8~3.9米,深1.46米。由操作坑、火门、窑室和烟道几部分组成(图一〇一;彩版五二,1、2)。

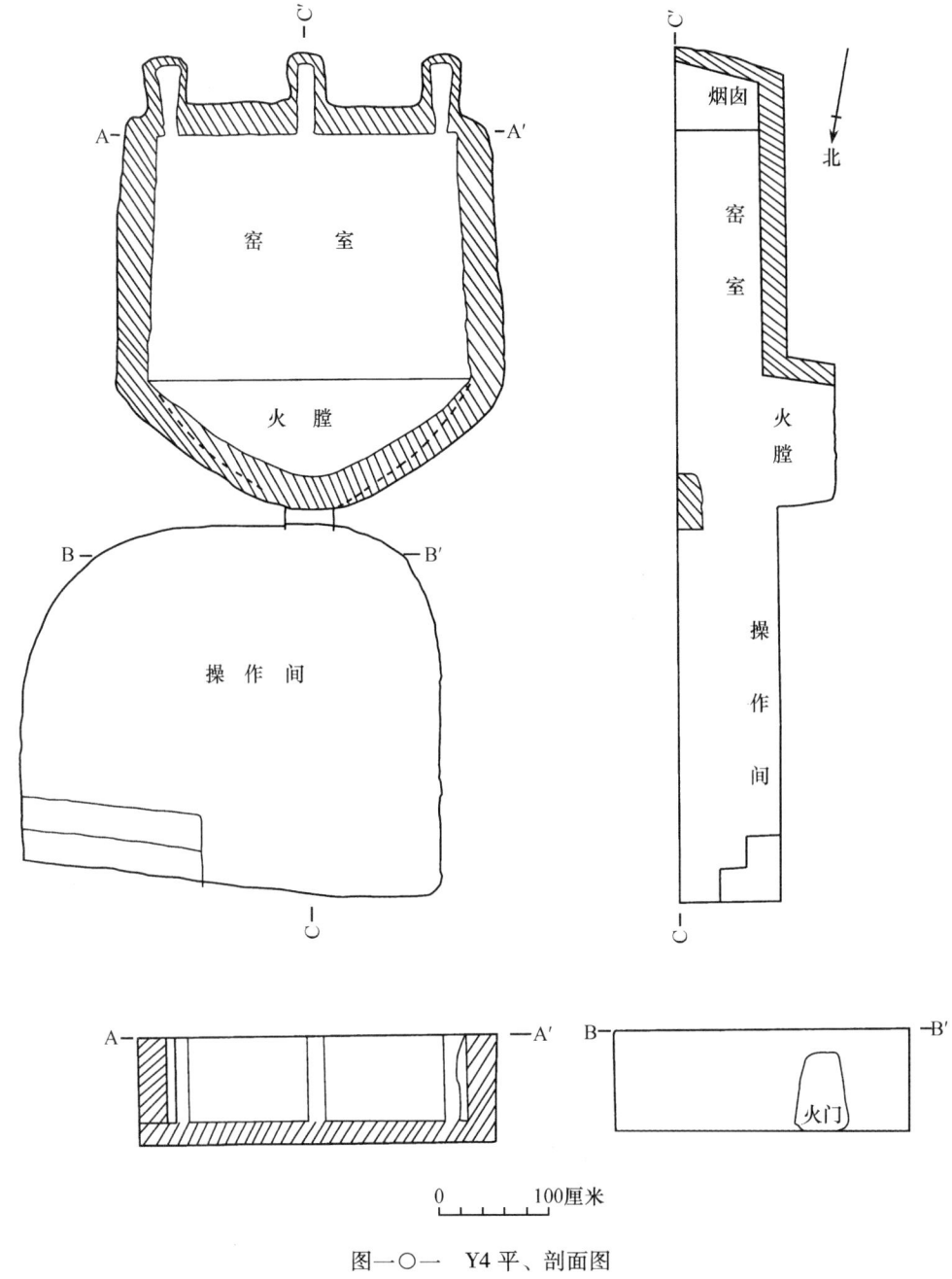

图一〇一 Y4平、剖面图

操作坑　位于火门的北端，平面呈马蹄形，口大底小，斜壁。上口南北长 3.4 米，东西宽 1.7~3.9 米；底部南北长 3.2 米，东西宽 1.5~2.7 米，深 0.92 米。在操作坑东北部修筑两步台阶，第一步台阶面 1.66 米、进深 0.3 米、高 0.24 米；第二步台阶面宽 1.66 米、进深 0.3 米，高 0.3 米。余为平地状。内填灰黄杂土，土质较硬，土内夹杂有炭灰颗粒及烧土颗粒。

火门　位于操作坑与窑室之间，正面呈梯形，上窄下宽。顶部略平，两壁由上至下向外倾斜。上口宽 0.3 米、下口宽 0.48 米、进深 0.2 米、高 0.7 米（彩版五三，1）。

窑室　位于火门的南端，平面呈马蹄形。由火膛、窑床两部分组成。南北长 3.78 米，东西宽 2.8~3 米，残高 0.78 米。顶部已被破坏，结构不详，窑壁较直，底部较平，窑壁烧结程度较高，底部烧结面保存较好。窑壁厚 0.33 米、底部烧结面厚 0.2 米。内填黄褐色杂土，土质较硬，土内夹杂有红烧土块、青烧壁块及少量乱砖（彩版五三，2）。

火膛　位于窑室内的南部，北与窑床连接，平面呈半圆形。南北长 1.2 米，东西宽 0.5~3 米。口大底小，南北两壁略斜，底部较平，火塘底部低于窑床与火门底部 0.64 米。内填黑灰土，土质较松，内含红烧土块及青烧壁，底部有黑灰。火膛周边的青烧壁厚 0.27~0.33 米。

窑床　位于火塘的南部，南接烟道，平面呈长方形，南北长 2.24 米，东西宽 2.8~3 米。床面较平，烧结面保存较好，厚 0.22 米。

烟道　3 个，并列分布于窑室的北端，由东向西编号为 1、2、3。1 号烟道，距窑室东壁 0.08 米，平面呈长方形，宽 0.12~0.24 米，进深 0.54 米，残高 0.78 米，斜壁，烧结面保存较好，厚 0.08~0.12 米；2 号烟道位于中部，东距 1 号烟道 1.12 米，平面呈长方形，宽 0.16 米，进深 0.64 米，残高 0.78 米，烧结面保存较好，厚 0.08~0.12 米；3 号烟道位于 2 号烟道的西侧，距西壁 0.1 米，平面呈长方形，宽 0.12~0.2 米，进深 0.6 米，残高 0.78 米，壁斜状，烟道烧结面保存较好，厚 0.08~0.12 米。

在发掘过程中填土内仅见红烧土、青烧壁块和残砖，未发现其他遗物。

四、10YZY5

位于 X11 发掘区的中部，东邻 Y6，开口于④层下，窑口距地表深 2.15 米。南北向，方向 178°。平面呈马蹄状，南北总长 2.3 米，东西宽 2.1~2.2 米。由操作间、火门、窑室和烟道五部分组成（图一〇二；彩版五四，1）。

操作间　位于火门的南端，平面呈马蹄形，口底同宽，四壁较直，底部较平。南北长 3.18 米，东西宽 0.8~2.1 米，残高 0.4 米。在操作间的东部，有一个长、宽各 1 米的三角状台阶，台阶高 0.2 米，台阶面较平。操作间内填花土，土质较松，含有红烧土块、草木灰颗粒及少量的细绳纹陶片。

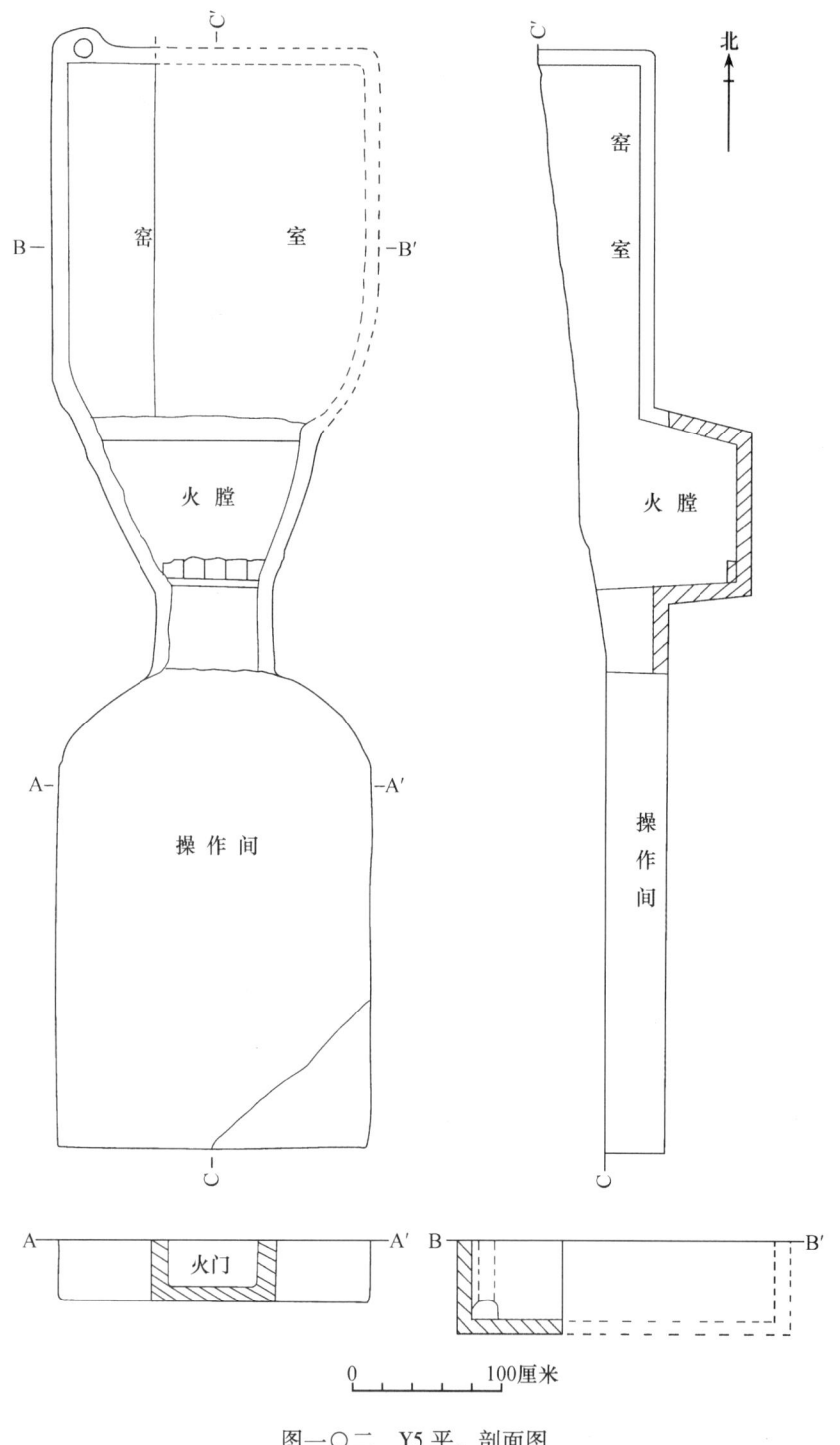

图一〇二 Y5 平、剖面图

火门 位于操作间的北端、北接火膛。平面呈长方形，南北宽 0.6 米、进深 0.56 米。顶部已坍塌，两壁残缺，残存部分壁直整齐，底部较平，壁面烧土厚 0.1 米，残高 0.3~0.38 米。

窑室　位于火门的北端，平面呈马蹄形。南北长 3.46 米，东西宽 0.6~2.6 米，由火塘、窑床组成。顶部坍塌，四壁残缺，残高 0.4~0.66 米。残存部分窑壁整齐，但四壁烧结面已部分脱落；底部较平整，烧结面保存较好，厚 0.1 米。同时火塘低于窑床面 0.66 米。

火膛　位于窑床的南侧，南接火门，平面呈梯形。南北长 0.96~1.12 米，东西宽 0.8~1.42 米，残高 0.66 米。火膛东西两壁较直整齐，南北两壁自上而下向内倾斜，底部较平。四壁青灰色烧结面厚 0.1 米，底部发现一层厚约 0.6~0.1 米的黑灰。

窑床　位于窑室内北部，南街火塘，平面呈长方形，南北长 2.34 米、东西宽 2.2 米、残高 0.4~0.7 米。壁直整齐，底部较平。窑床东部已被破坏，残存宽度 0.6 米。窑壁青灰色烧结面保存一般，厚 0.10 米；底部残留部分烧结面保存较好，厚 0.1 米。

烟道　由于被破坏，仅清理出一个烟道，位于窑室北端的西部，口部平面呈圆形，壁较整齐，烟道四壁有烟熏痕迹。口径长 0.12 米，宽 0.18 米，残高 0.7 米。

五、10YZY6

位于 X11 发掘区的中部，西邻 M18，开口于④层下，窑口距地表深 2.15 米。南北向，方向 178°。平面呈马蹄状，上口南北总长 7.36 米，东西宽 2.24 米；底部南北长 7.2 米，东西宽 2 米，残高 0.4~0.6 米。由操作间、火门、窑室、火膛几部分组成（图一〇三；彩版五四，2）。

操作间　位于火门的南端，平面呈椭圆形。南北长 3.5 米，东西宽 2 米，残高 0.4~0.6 米。直壁平底，内填花土，土质较杂，含有红烧土块、炭灰颗粒等。

火门　位于操作间的北端，北接窑室。平面呈长方形，东西面宽 0.4 米、进深 0.5 米、残高 0.4 米。顶部已坍塌，仅残存底部。在火门内北部修筑火口，火口东西两壁用砖叠压平砌，火口宽 0.2 米，残高 0.16 米。火口南侧用砖封堵，残留一层，从残存情况可看出应为侧立叠压横砌而成。

窑室　位于火门的北端。由火塘、窑床、烟道几部分组成，平面呈马蹄状。由于大部分已被破坏，仅残存火塘及窑室西北角少量红烧土痕迹等。烟道结构不详。从残存痕迹可知窑室南北长 3.34 米、宽 0.72~2 米；窑壁红烧土厚 0.1 米，残高 0.6 米。而窑床面要比火塘底部高 0.7 米。

火膛　位于火门的北端、窑床的南侧。平面呈半圆形火膛东西宽 1.8 米，南北长 0.86 米，底部长 0.74 米，高 0.7 米。四壁稍斜，底部较平，底部残存一层厚 0.1 米青灰，内填灰褐色杂土，土质较杂乱，含有较多的红烧土块、炭灰颗粒、草木灰。

窑床　位于窑室内的北部，南接火塘，残存情况可看出应为长方形，南北长 2.3 米、宽 2 米。窑床因被现代坑破坏，床面烧结情况不详。

该窑由于破坏较为严重，室内填土较杂乱，土质较杂乱，含有较多的红烧土块、炭灰颗粒及少量的细绳纹陶片。

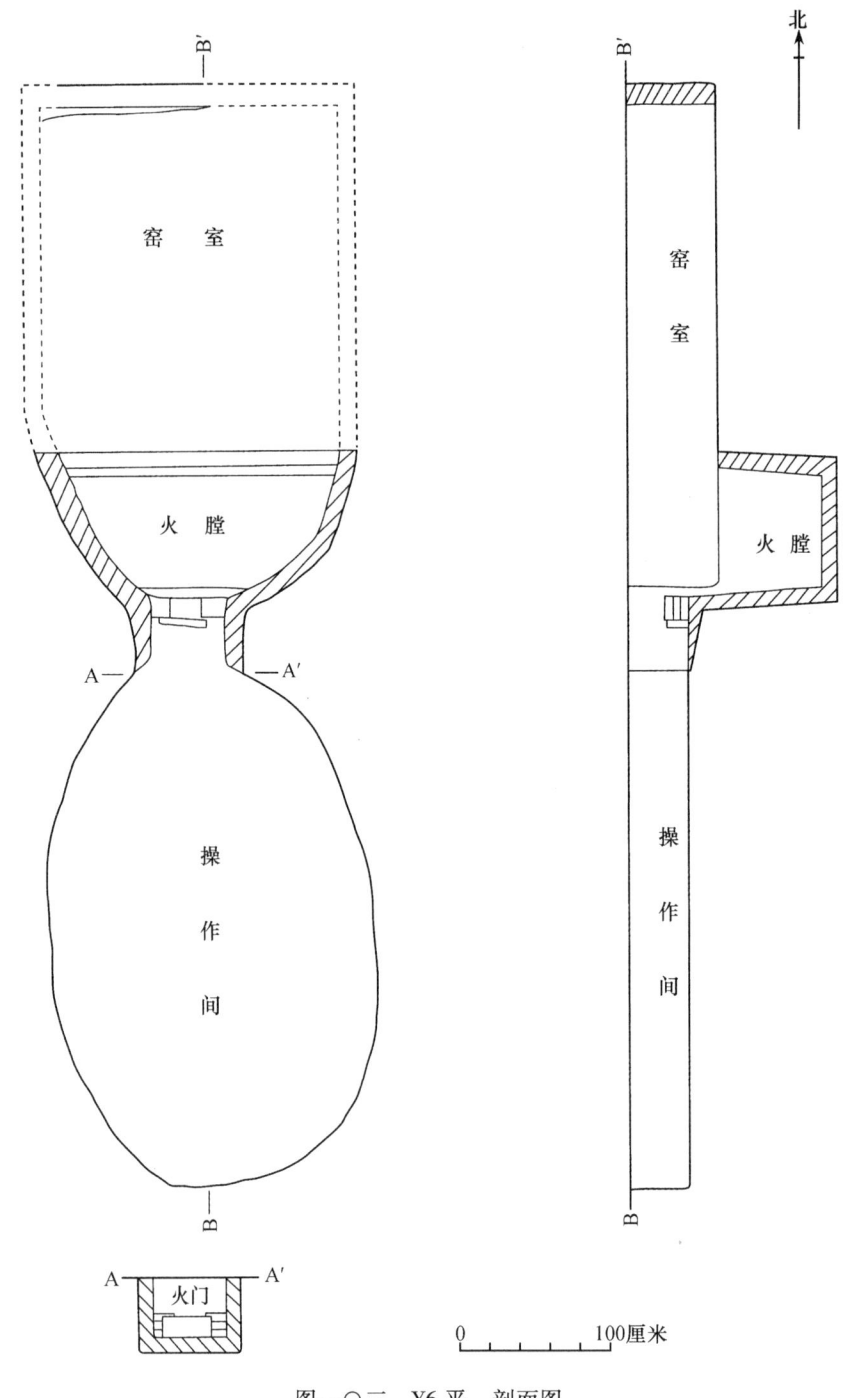

图一〇三 Y6 平、剖面图

六、10YZY7

位于 X11 发掘区的东部，西邻 Y6，开口于④层下，窑口距地表深 2.15 米。东北西南向，方向60°。平面呈近似"8"字形,上口南北总长7.04米,东西宽2.5~3.1米,残深0.4米。由操作间、火门、火膛和窑室、烟道几部分组成(图一〇四;彩版五五,1)。

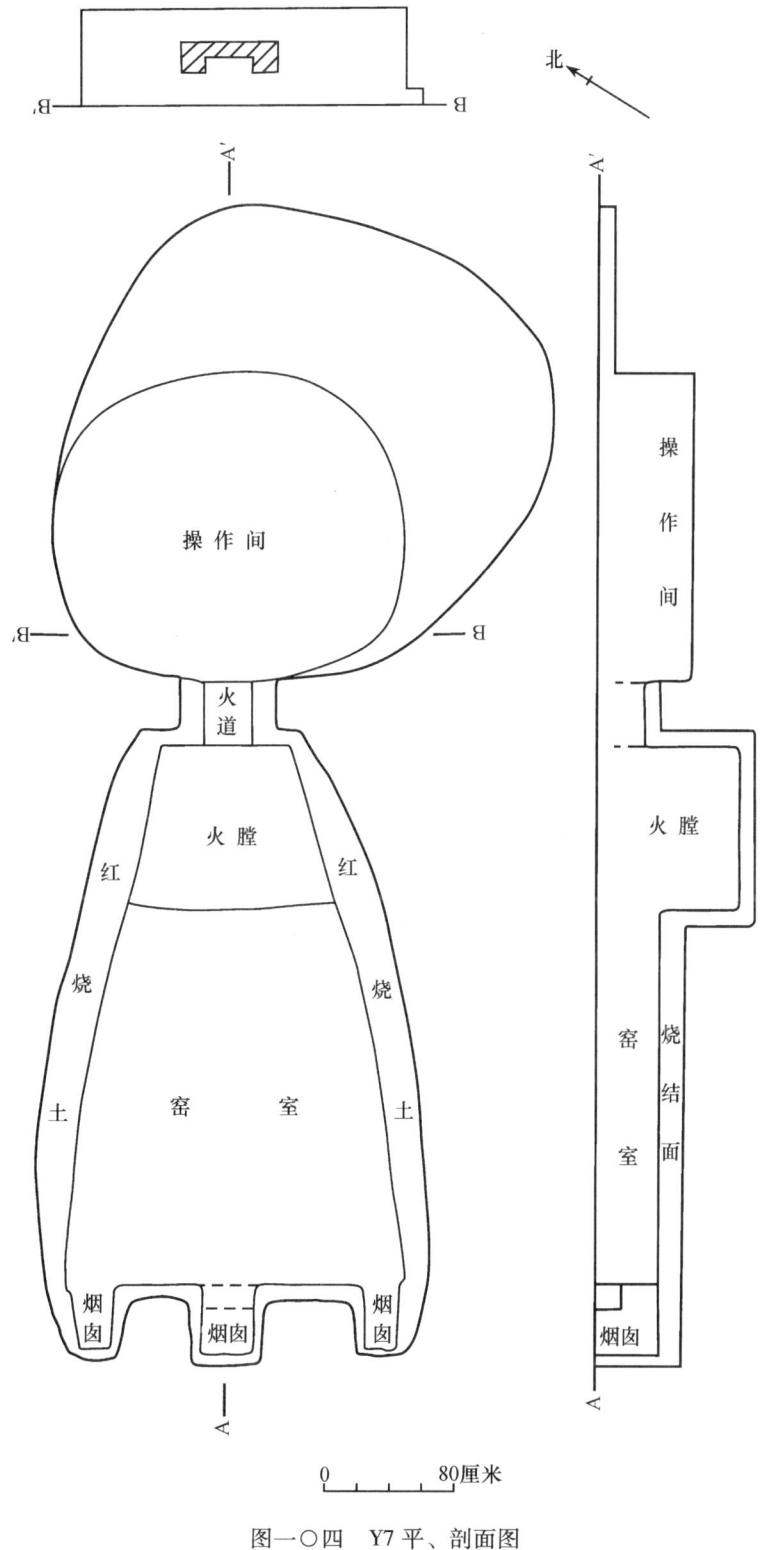

图一〇四　Y7平、剖面图

操作间　位于火门的北部，平面呈椭圆形。上口东西长3.1米，南北宽2.94米，深0.1米；底南北长2.2米，东西宽1.9米，深0.6米。四壁较直，底部较平。内填花土，土质较松，含有红烧土块、炭灰颗粒等。

火门　位于操作间的东南部、火膛的西北部，底部高于火塘0.6米。平面呈长方形，进深0.4米，宽0.3米，残高0.1米。顶部已坍塌，残存部分东西两壁较直，底部较平。两壁烧结情况较好，红烧土厚0.1~0.15米。

窑室位于火门的南部，包含火塘及窑床两部分，整体平面呈梯形。火膛位于火门的南部、窑床的北部。平面呈梯形，南北长1.05米，东西宽0.8~1.26米，深0.5米。前宽后窄，直壁平底，四壁残存青灰色烧结面，烧结面厚0.1米。内填灰褐色杂土，土质较杂，含有较多的红烧土块、草木灰及炭灰等；窑床位于火膛的南部，底部高于火塘0.5米。顶部已坍塌，平面呈梯形，南北长2.35~2.65米，东西宽1.9~2.5米。残存部分窑壁整齐，底部较平，四壁红烧土厚0.4米。内填杂土，含有较多的红烧土块、青灰颗粒、黑炭灰颗粒及少量的细绳纹陶片。

烟道　位于窑室的后壁北端，自东向西排列三个。1号烟道位于窑室北端的最东端，平面呈长方形，由进烟口和排烟道组成。进烟口宽0.23米、高0.24米、进深0.16米。烟道宽0.23米、进深0.25米、残高0.4米；2号烟道位于窑室的北端中部，东距1号烟道0.68米，由进烟口和排烟道组成，进烟口面宽0.33米、进深0.16米、高0.24米。排烟道面宽0.32米、进深0.28米、残高0.40米；3号烟道位于2号烟道的西端，东距2号烟道0.54米，由进烟口和排烟道组成。进烟口面宽0.26米、进深0.16米、高0.24米，排烟道面宽0.24米、进深0.24米、残高0.4米。三个烟道皆壁直整齐，底部较平，烧结情况较好，烧结面厚0.05~0.1米，1号烟道与3号烟道均向2号烟道倾斜。

七、10YZY8

位于X11发掘区北部偏西，北邻M33，开口于④层下，窑口距地表深2.2米。东西向，方向85°。平面呈近似"8"字形，东西总长7.44米，南北宽3.1米。由操作坑、火门、窑室、火膛、火床、烟道几部分组成（图一〇五；彩版五五，2、五六，1）。窑底距口深0.8~1.24米。

操作坑　位于火门的东端，平面呈椭圆形，口大底小。上口东西长3.45米，南北宽2.8米；底部东西长3米，南北宽2.8米，深1.1米，北、南壁较直，西壁为斜壁，底部较平。在操作坑内东部修筑三步台阶，第一步台阶平面形状不规则，南北面宽1.92米，东西进深0.65米，高0.26米；第二步台阶平面呈弧形，南北面宽2.6米，东西进深0.2~0.42米，高0.24米；第三步台阶平面呈弧形，南北面宽2.8米，东西进深0.38~0.4米，高0.2米。坑内填黄褐色杂土，土质稍松，含红烧土块和炭灰颗粒。

火门　位于操作坑的西端，西接窑室。平面呈长方形，面宽0.52米，进深0.3米，高0.5米。两壁较直，拱形顶，窑门周边红烧土厚0.18~0.2米（彩版一七七）。

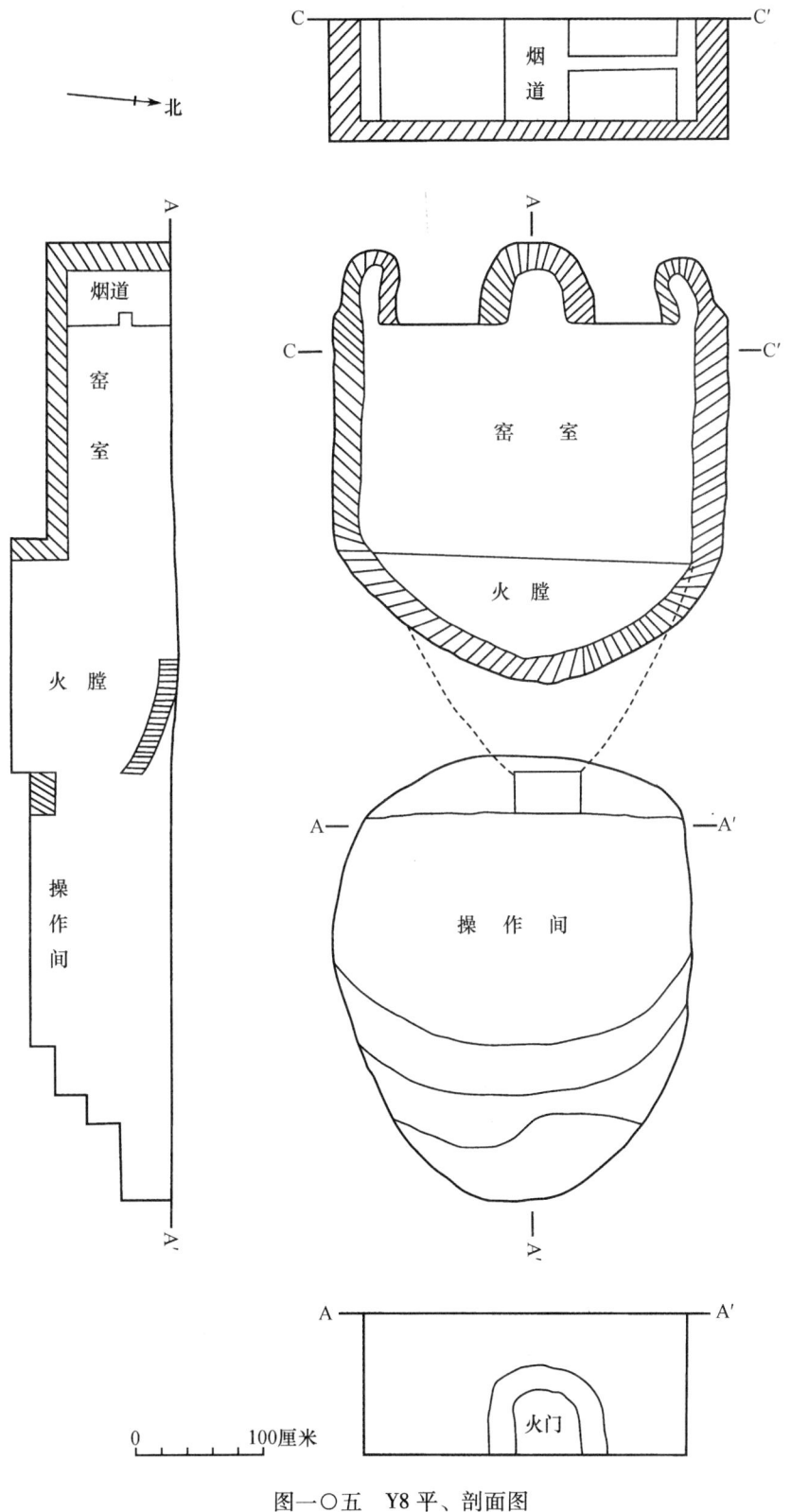

图一〇五 Y8 平、剖面图

窑室　位于火门的西端，由火塘、窑床组成，平面呈马蹄状。东西长3.48米，南北宽0.54~2.6米，残高0.8~1.3米。窑室四壁红烧土厚0.2~0.24米，青烧壁厚0.02~0.04米。四壁较直，底部较平，窑床高于火塘底部0.44米。内填红褐色杂土，土质稍松，夹杂有红烧土块、炭灰颗粒及残砖块等。

火膛　位于窑室内东部，东与火门连接，平面近梯形，前宽后窄，东西长1.68米，南北宽0.54~2.54米，高0.44米。四壁烧结面保存较好，厚（含青烧壁及红烧土厚）0.2~0.23米，底部残留有一层厚0.05米的草木灰。

窑床　位于火膛的西侧，西与烟道相连，平面呈长方形。南北长2.6米，东西宽1.82米。床面较平，烧结面保存较好，红烧土厚0.15米（含0.03米青烧面）。

烟道　共3个，自南向北排列与窑室后壁北端。1号烟囱位于窑室的西南角，平面呈长条状。面宽0.13~0.16米，进深0.46米，残高0.8米，四壁为红烧土硬面，厚0.15米；2号烟囱位于窑室北端的中部，南距1号烟囱0.96米，平面呈半圆形。面宽0.5米，进深0.42米，残高0.8米，四壁为红烧土硬面，厚0.22米；3号烟囱位于窑室西北角，南距2号烟囱0.86米，平面形状呈不规则形，面宽0.4~0.18米，进深0.4米，残高0.8米，四壁为红烧土硬面，厚0.12~0.17米。另外，在2号烟囱与3号烟囱之间修筑一长条形排烟道，长0.86米、上下宽0.1米、进深0.1米。排烟道内壁呈黑红色，保存较好。

在清理中填土除有红烧土、青烧土、炭灰颗粒和残砖块外，未发现其他遗物。

第三章 唐、辽时期遗迹

该时期文化遗存可分为墓葬与窑址两部分,其中墓葬6座;窑炉1座。

第一节 墓 葬

唐代墓葬共计6座。编号为10YZM1～10YZM3、10YZM35、10YZM36、10YZM37。

一、10YZM1

1. 墓葬形制

位于X10发掘区的西南部,西北邻M2,开口于③层下,墓口距地表深1.5米。坐北朝南,方向180°。平面呈"甲"字形竖穴土圹砖券单室墓,总长5.6米,宽1.2～3.26米。由墓道、墓门和墓室三部分组成(图一〇六;彩版五七,1)。

墓道 位于墓门的南端,平面呈长方形,南北长2.24米,东西宽1.2～1.3米。墓壁整齐,底呈斜坡状,深0.5～1.2米,坡长2.36米,坡度18°。内填红褐色胶泥土花土,土质较硬,含有少量铁锈。

墓门 位于墓道的北端,北与墓室衔接。平面呈长方形,面宽0.9米,进深0.54米,残高0.72米。顶部已坍塌,其结构不详,东、西两壁用细条纹砖二顺一丁叠压砌制。内用青砖"顺、丁"叠压砌制前后两排,皆呈人字形封堵。用砖规格为0.36米×0.18米×0.06米(图一〇七)。

墓室 位于墓门的北端,平面呈椭圆形。土圹长3.26米,宽3米,内长2.7米,宽2.5米。顶部坍塌,四壁用青砖二顺一丁叠压砌制,残高0.24～0.6米。内修筑棺床,床面平整,平面呈"凹"形,东西长2.7米,南北宽1.5～2.5米,高0.48米。凹槽内壁皆用青砖叠压砌制成"壸门"状包边,"壸门"似灯笼形,宽0.1～0.2米,高0.18米,进深0.06米。凹槽寓意天井,东西长1.1米,南北宽1米。墓室内未见铺地砖及骨架(彩版五七,2)。

2. 随葬品

随葬器物5件,有陶器、瓷器等(彩版五七,3)。

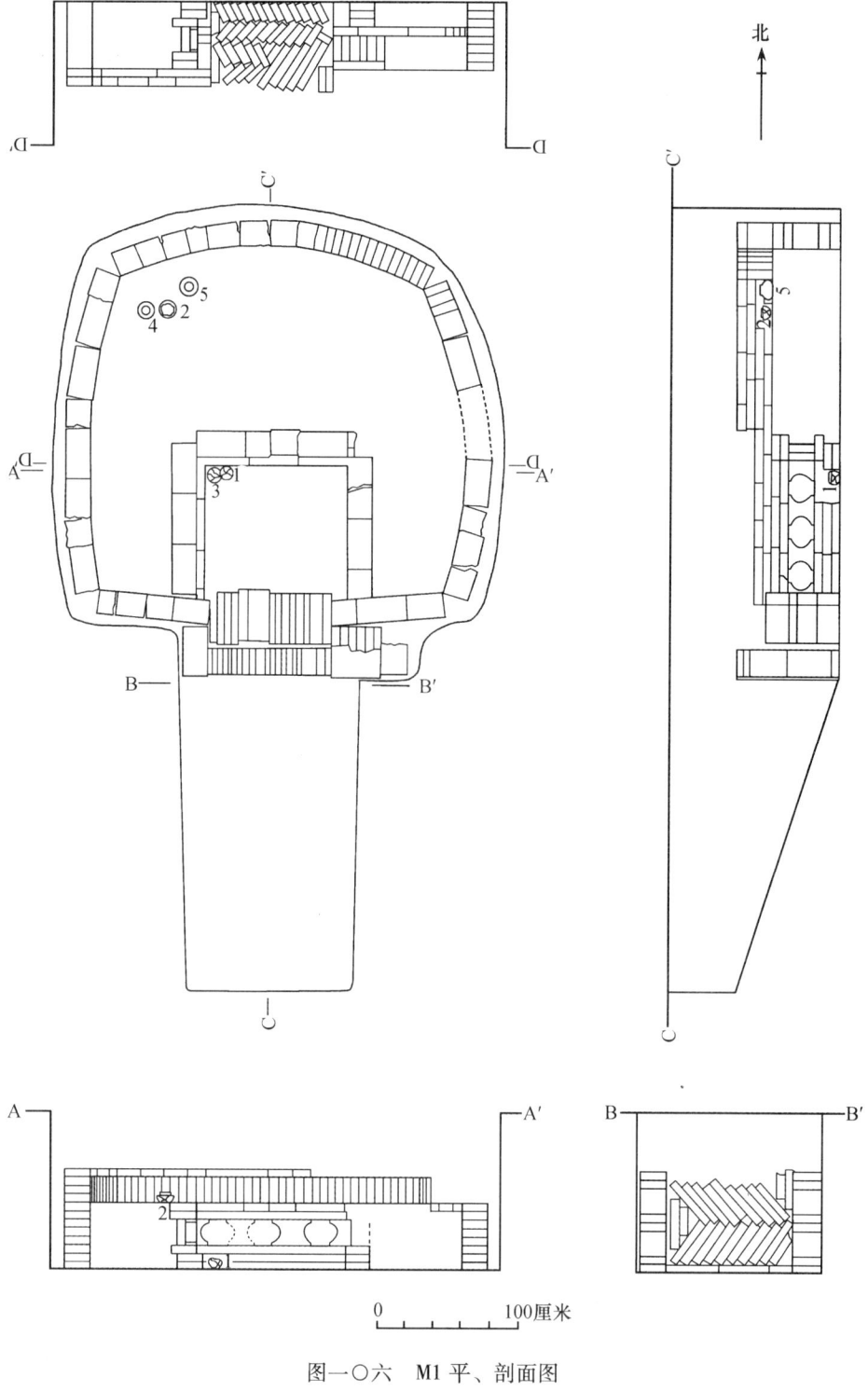

图一〇六 M1 平、剖面图
1、2. 陶釜 3. 陶盘 4. 酱釉瓷碗 5. 陶罐

陶釜　2件。M1:1，泥质灰陶，轮制，火候高。敛口，鼓腹外展，上腹饰凹弦纹，下腹曲收，平底。口径7.4厘米、腹径11.2厘米、高5.2～5.3厘米（图一○八；彩版五八，1）。M1:2，泥质灰陶，手轮兼制，火候高。敛口，鼓腹，上腹饰弦纹，中腹饰五个小扳，下腹略弧收，小饼形足。口径8.2厘米、腹径12.8厘米、底径3.2厘米、高8.1厘米（图一○八；彩版五八，2）。

陶罐　1件。M1:5，泥质灰陶，轮制，火候高。直口微敞，平沿，方圆唇，短束颈，鼓腹下曲收，平底。口径10.2厘米、腹径17厘米、底径6.8厘米、高18.8厘米（图一○八；彩版五八，3）。

瓷盘　1件。M1:3，白胎，胎质细密，施白釉，内满釉，外施釉不及底。侈口，口部饰五个"V"形小口，撇沿，腹内曲折收，矮圈足，足口旋刮，足墙外撇。口径14.5厘米、底径6.1厘米、高2.9～3.3厘米（图一○八；彩版五八，4）。

酱釉瓷碗　1件。10YZM1:4，缸胎，胎质略疏，施酱釉，内满釉，外施釉不及底。敞口，圆唇，斜腹，平底。口径11.4厘米、底径5.8厘米、高3.6～3.9厘米（图一○八；彩版五八，5）。

图一○七　M1 出土墓砖拓片

二、10YZM2

1. 墓葬形制

位于 X10 发掘区的东南部，西北邻 M1，开口于③层下，墓口距地表深 1.5 米。坐北朝南，方向 183°。平面呈"甲"字形竖穴土圹砖券单室墓，土圹南北长 5.3 米，东西宽 1.2～3.05 米。由墓道、墓门和墓室三部分组成（图一○九；彩版五九，1、2）。

墓道　位于墓门的南端，平面呈长方形，南北长 2.06 米，东西宽 1.2 米，深 0.5～1.5 米。东、西两壁笔直整齐，墓道内南部修筑一步台阶，台面较平，面宽 0.6 米，高 0.5 米，余为斜坡式直达墓室，坡长 1.8 米，坡度 35°。内填红褐色胶泥花土，土质较硬，含有较多粉红色颜料。

墓门　位于墓道与墓室之间。平面呈长方形，面宽 0.9 米，进深 0.54 米，残高 0.18 米。东、西两壁用青砖二顺一丁叠压砌制，砌至 0.9 米处开始起券，拱形券顶已坍塌，两侧各残存 4 层券砖。墓门内外两侧各用青砖丁、顺叠压砌制呈人字形封堵，内侧仅残存 6 层。皆用面饰细条纹的青砖砌制，规格为 0.36 米×0.18 米×0.06 米（彩版六○，1）。

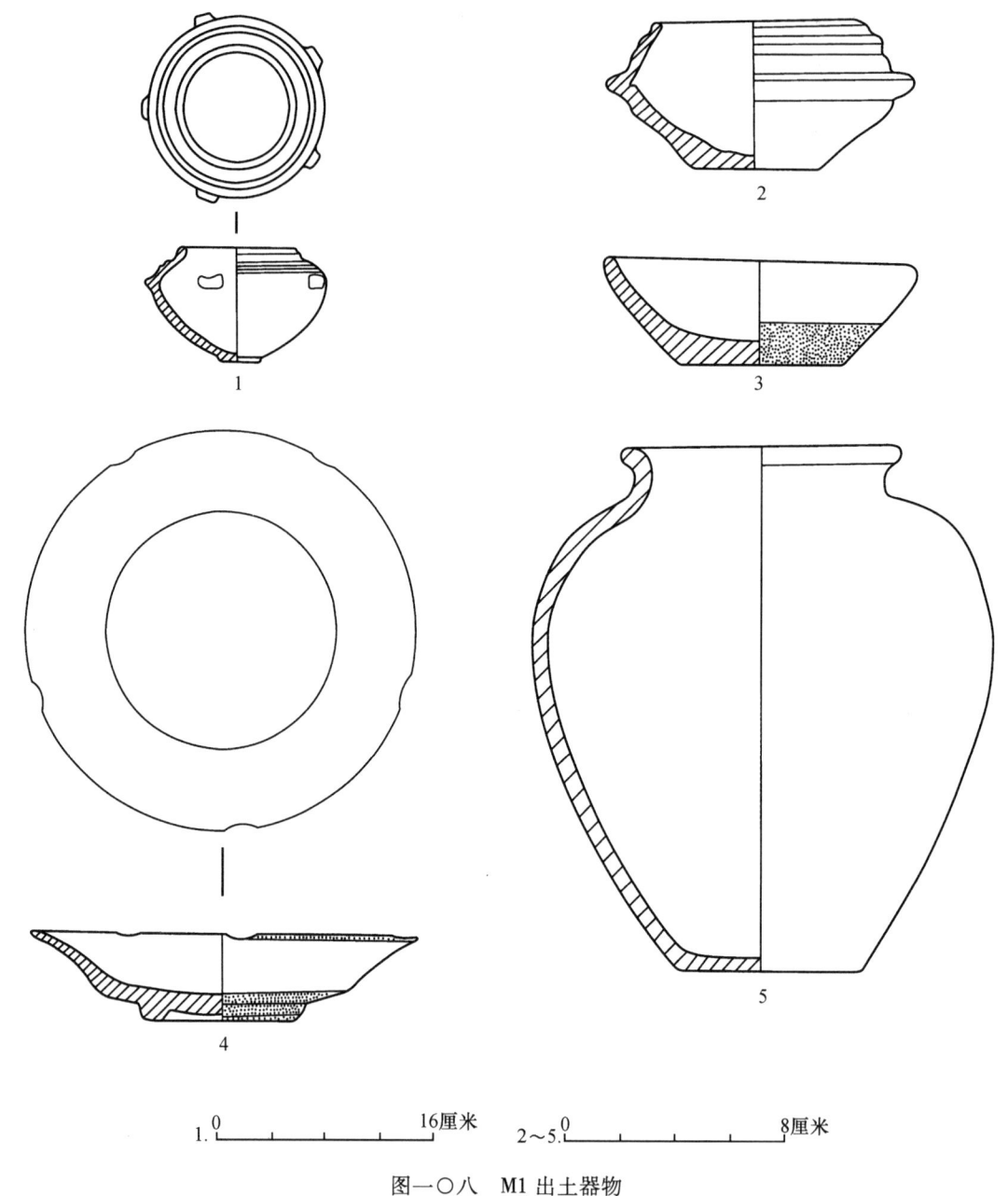

图一〇八 M1 出土器物

1、2. 陶釜（M1:1、M1:2） 3. 白瓷碗（M1:4） 4. 白瓷碟（M1:3） 5. 陶罐（M1:5）

墓室 位于墓门的北端，平面呈椭圆形。土圹长3.05米，宽2.9米；室内长2.5米，宽2.4米，残高1.18米。顶部已坍塌，券制不详，四壁用青砖二顺一丁叠压砌制而成。在墓室内北部修筑一折尺形棺床，平面呈"7"字形，棺床南北长1.6米，东西宽0.7米，残高0.54米。棺床表面平整，床壁皆用青砖叠压砌制呈壶门状包边，其中东壁砌制二个壶门，南壁砌制五个壶门，壶门似灯笼形，宽0.24米，高0.18米，向内进深0.06米。由于墓室西南角被现代建筑所压，因此未能清理。在馆床床上仅发现了少量肢骨，未见其他遗物（彩版六〇，2、3）。

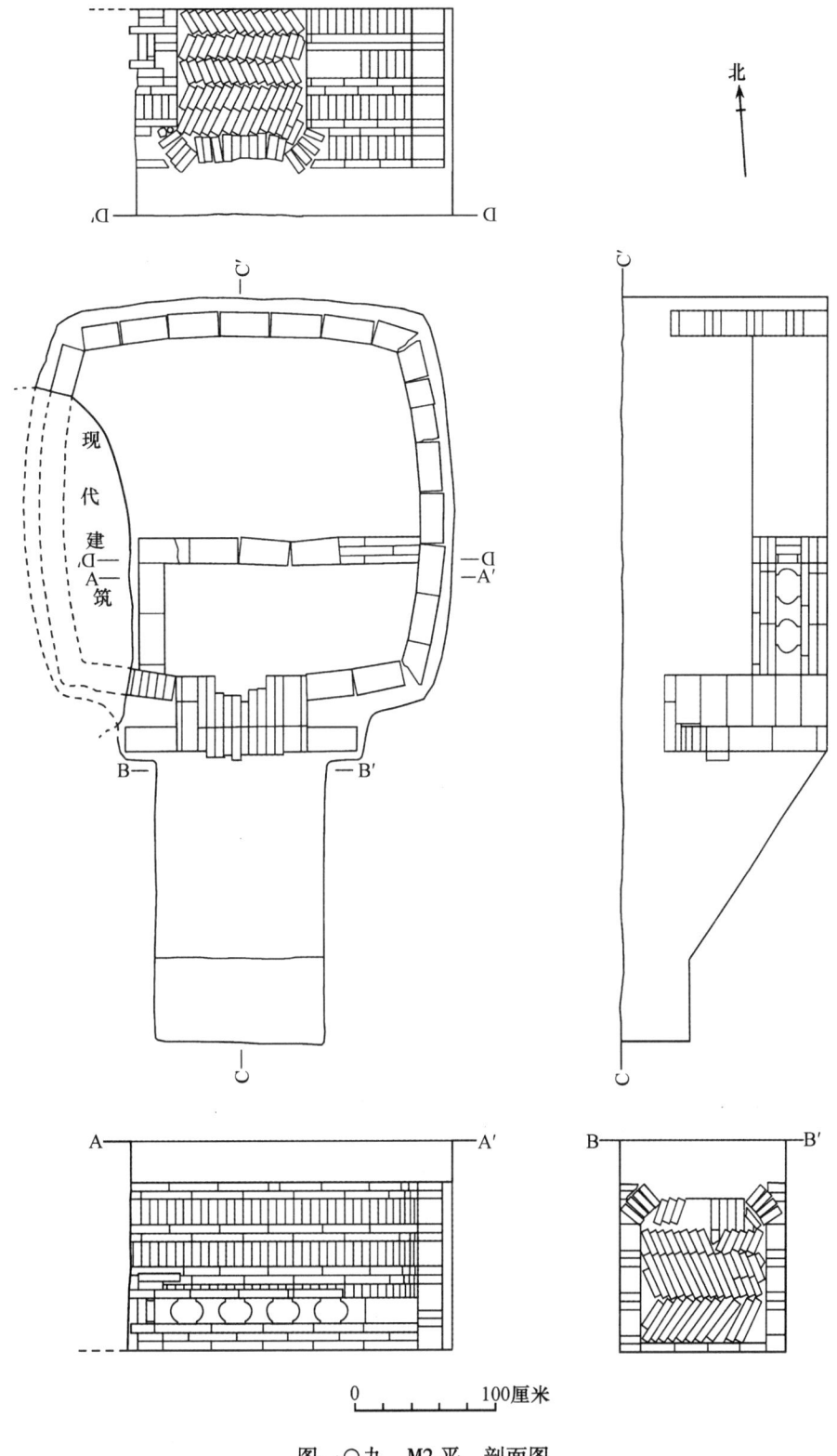

图一〇九 M2 平、剖面图

2. 随葬品

该墓未出土随葬品。

三、10YZM3

1. 墓葬形制

位于X10发掘区的中部，东邻M4，开口于③层下，墓口距地表深1.5米。南北向，方向183°。土圹平面近似于船形，土圹南北长2.6米、东西宽0.5～0.92米、高0.76米（图一一〇）。土圹内用规格为0.36米×0.18米×0.06米的细沟纹砖（图一一一）叠压平砌券制呈船形，由底向上逐层内收。室长2.1米，宽0.32～0.45米，残高0.48米。内葬置骨架一具，头向南，面向上，为仰身直肢葬，性别、年龄不详，保存一般（彩版六一，1）。

2. 随葬品

随葬器物有陶罐、瓷碗等，均放置于墓室内的南端。

陶罐　2件。M3:1，泥质灰陶，轮制，内壁轮痕清晰可见，火候高。敞口，圆唇，束颈，鼓腹曲收，平底。口径10.6厘米、腹径12.6厘米、高6.6厘米（图一一二；彩版六一，3）。M3:3，泥质灰陶，轮制，内壁轮痕清晰，火候高。敞口，圆唇，束颈，鼓腹曲收，平底，器表饰弦纹。口径10.5厘米、腹径12.5厘米、高14.6～14.8厘米（图一一二；彩版六一，4）。

白瓷碗　1件。M3:2，白胎，胎质细密，施白釉，内满釉，外壁施釉不及底。敞口，唇沿，腹壁曲收，壁形足，足壁里强外撇。口径14.5厘米、底径6厘米、高4.2厘米（图一一二；彩版六一，2）。

四、10YZM35

1. 墓葬形制

位于X11发掘区的北部偏东，东南邻M34，西北邻M38，开口于③层下，墓口距地表深1.5米。坐北朝南，方向173°。平面为"甲"字形竖穴土圹砖券单室墓，土圹南北总长6.9米，东西宽3.74米，深0.5～1.4米。由墓道、甬道和墓室三部分组成（图一一三；彩版六二，1），由于破坏严重，顶部已荡然无存，残留部分用单面饰粗绳纹，规格为0.32米×0.16米×0.06米、0.34米×0.16米×0.06米的青砖券筑。

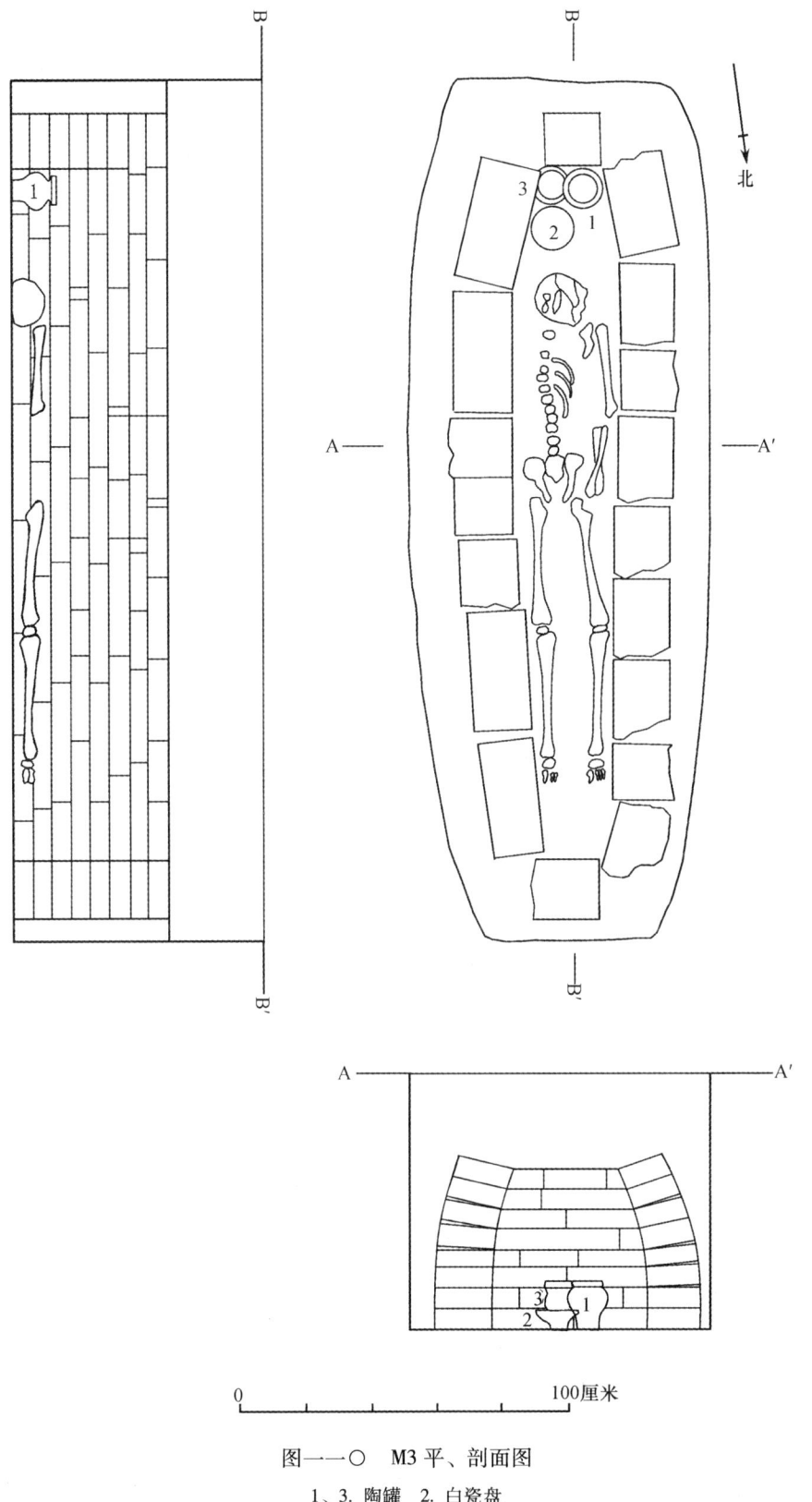

图一一〇　M3 平、剖面图

1、3. 陶罐　2. 白瓷盘

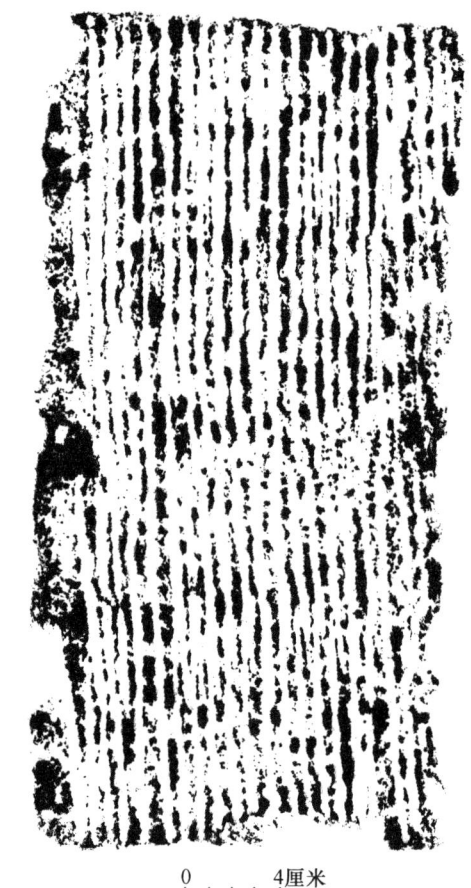

图一一一 M3 出土墓砖拓片

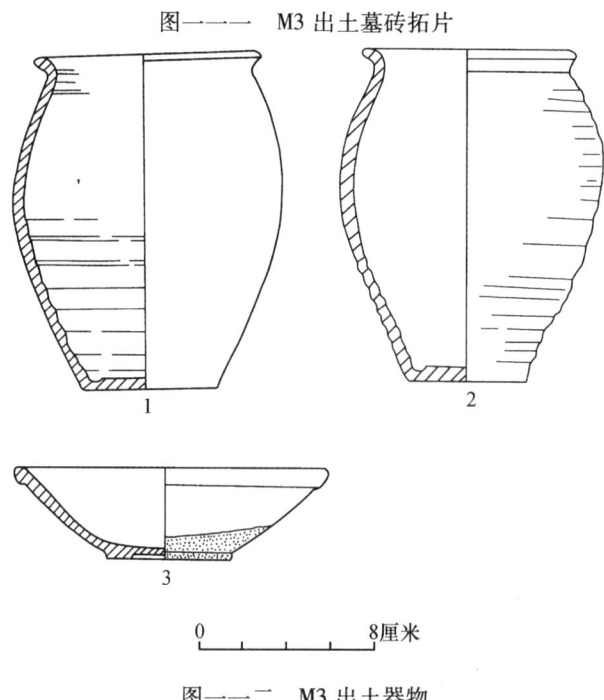

图一一二 M3 出土器物
1、2. 陶罐（M3:1、M3:3） 3. 白瓷碗（M3:2）

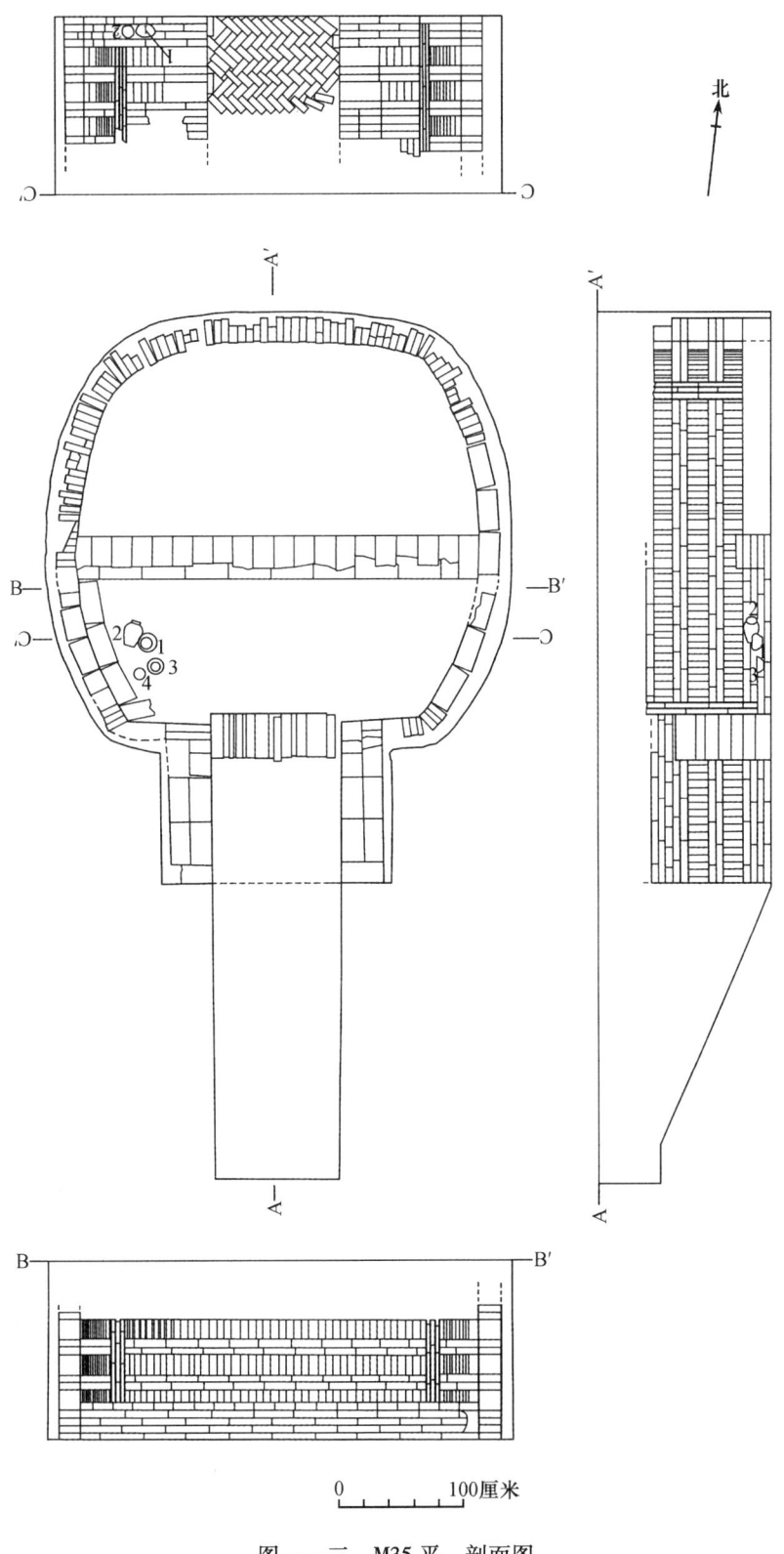

图一一三　M35 平、剖面图
1. 绿釉陶罐　2. 陶罐　3. 酱釉陶罐　4. 陶器盖

墓道　位于甬道南端，平面呈长方形，南北长2.36米，东西宽0.98～1.04米；壁笔直整齐，底部南端修筑一进深0.3米的平台，余呈斜坡状，深0.5～1.4米，坡长2.22米，坡度24°。内填红褐色花土，土质较硬（彩版六二，2）。

甬道　位于墓室与墓道之间，平面呈长方形，面宽1.04米，进深1.28米。顶部被破坏，仅留东、西两壁，残留部分底部用青砖叠压错缝平砌四层，中部又用青砖二顺一丁叠压砌制三层，其上再用双排青砖叠压平砌五层，残高0.98米。

墓室　位于甬道北端，平面呈椭圆形。南北长3.05米，东西宽3.21米。顶部残缺无存，四壁残存部分底部先用青砖叠压错缝平砌，其上再用青砖二顺一丁叠压砌制；在墓壁的四角转折处各用青砖侧立叠压竖砌立柱衔接，残高0.8～1.1米。在墓室北部修筑一半圆形棺床，东西长3.23米，南北残宽1.8米。床壁底部先用青砖平砌一层，再叠压平砌四层内收，其上再平砌一层，而且外凸，整体似"凹"字形封边。同时在包边砖的东端残留一月牙状磨脚砖，似为壸门的一半。棺床残高0.3米。墓底与床面墁地砖已被破坏，砌法不详（彩版六三，1）。

2. 随葬品

随葬器物有绿釉罐、陶罐、陶器盖、瓷碗等，皆放置于墓室内的前端西部（彩版六三，2）。

绿釉陶罐　1件。M35:1，泥质红陶，轮制，火候高。敞口，圆唇，束颈，圆鼓腹，饼形足，足口旋刮；内外皆施豆绿釉，胎釉稍厚。口径9.2厘米、腹径14厘米、底径8.6厘米、高11～11.3厘米（图一一四；彩版六四，1）。

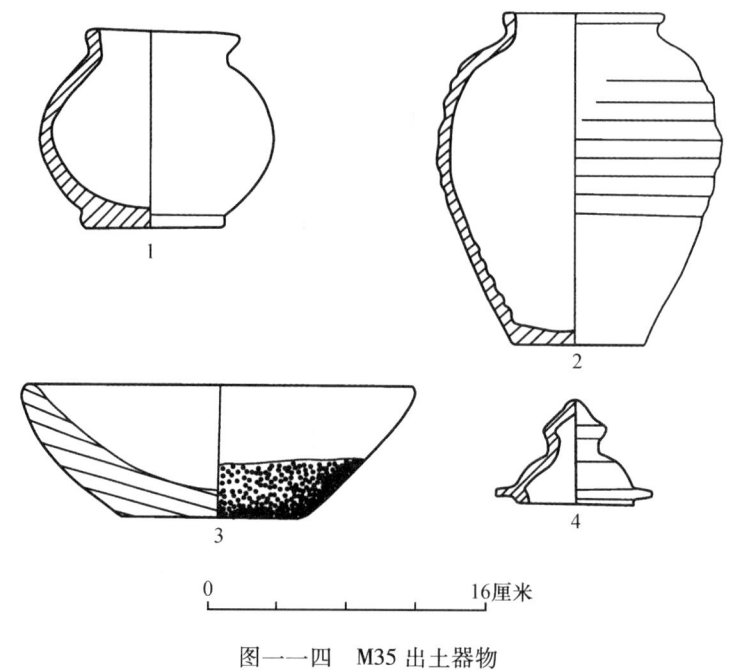

图一一四　M35出土器物

1、2. 陶罐（M35:1、M35:2）　3. 酱釉瓷碗（M35:3）　4. 陶器盖（M35:4）

陶罐 1件。M35:2，泥质灰陶，轮制，火候高。直口微敞，圆唇，束颈，鼓腹曲收，平底，器表与内壁下腹饰弦纹。口径9.6厘米、腹径16.4厘米、底径7.6厘米、高19厘米（图一一四；彩版六四，2）。

陶器盖 1件。M35:4，泥质灰陶，手轮兼制，火候高。帽形，帽口内撇，帽檐平折，珠形纽。盖径9.3厘米、高5.9厘米（图一一四；彩版六四，4）。

酱釉瓷碗 1件。M35:3，缸胎，胎厚质粗，内满釉，外施釉未到底。敞口，圆唇，浅曲腹，平底。口径10.8厘米、底径5.2厘米、高3.8厘米（图一一四；彩版六四，4）。

五、10YZM36

1. 墓葬形制

位于X11发掘区的西北部，北邻M37，开口于③层下，墓口距地表深1.5米。坐北朝南，方向172°。平面为"甲"字形，竖穴土圹式砖券单室墓，土圹南北长6.06米，东西宽1~3.52米，高0.4~1.3米。由墓道、天井、墓门、墓室几部分组成（图一一五；彩版六五，1）。

墓道 位于天井南端，平面近似长方形，南北长2米，东西宽1~1.1米。南窄北宽，墓壁整齐，底呈斜坡状，深0.4~1.3米，底坡长2.18米，坡度25°。内填红褐色胶泥花土，土质较硬。

天井 位于墓道北端，北与墓门连接，平面呈长方形竖穴土圹式，壁笔直整齐，底部较平。东西长2.1米、南北宽0.5米、残高1.07米。

墓门 位于天井与墓室之间。平面呈长方形，顶部已坍塌，券制不详；两壁用青砖一顺二丁叠压平砌而成。内用砖、瓦叠压混砌呈人字形封堵。墓门外东西两翼各用青砖侧立叠压竖砌两排，外凸形成立颊，由此可以看出墓门上部可能修筑有门楼，但已残缺无存。墓门面宽1.16米，进深0.7米，门楼总面阔1.96米、残高1~1.07米。

墓室 位于墓道的北部，平面呈近似圆形，直径2.74~3米，残高0.54~0.9米。顶部坍塌，已荡然无存，四壁残存部分用规格为0.36米×0.18米×0.06米、0.36米×0.16米×0.06米的青砖一顺二丁叠压砌制，青砖单面饰沟纹（图一一六）。在墓室东西两壁上各砌制两个立柱，共四个，每一立柱皆用三排青砖竖立叠压垒砌，立柱宽0.18米。在墓室内北部修筑"7"字形棺床，床壁用青砖叠压错缝平砌封边，床面用青砖纵横平铺墁地，局部残缺。长3米，宽1.46米，高0.3米。棺床上未发现棺椁及尸骨痕迹（彩版六五，2）。

2. 随葬品

随葬器物有陶罐、陶熨斗、黑釉瓷碗等，皆放置于墓室内西部。

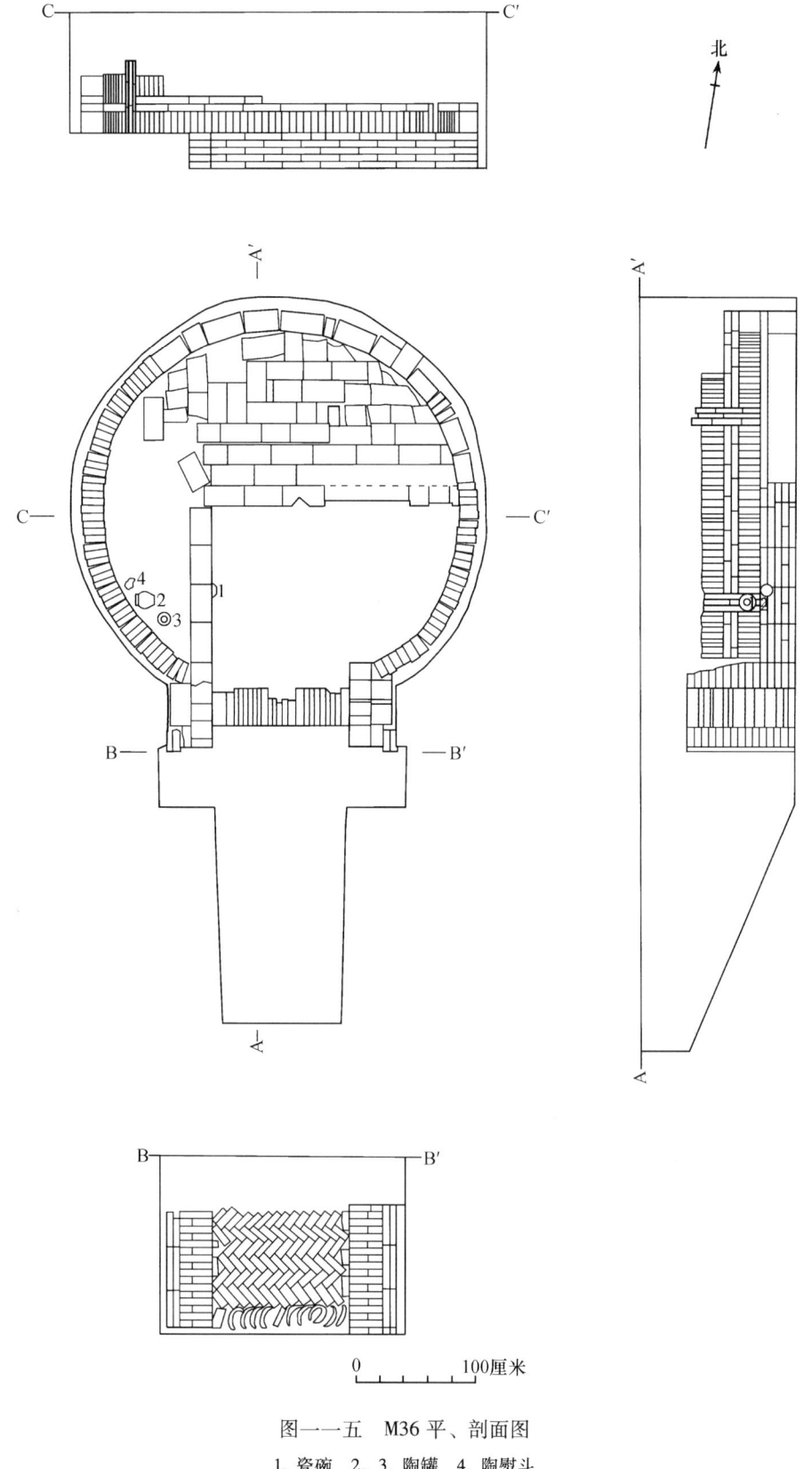

图一一五 M36 平、剖面图
1. 瓷碗 2、3. 陶罐 4. 陶熨斗

图一一六　M36 出土墓砖拓片

陶罐　2件。M36：2，1件。泥质灰陶，轮制，火候高。敞口，圆唇，束颈，鼓腹曲收，平底。口径11厘米、腹径17厘米、底径7厘米、高19.1厘米（图一一七；彩版六六，1）。M36：3，1件。泥质灰陶，轮制，火候高。敞口，圆唇，束颈，鼓腹曲收，平底。口径10.6厘米、腹径16.7厘米、底径6.2厘米、高18.9厘米（图一一七；彩版六六，2）。

陶熨斗　1件。M36：4，泥质灰陶，手、轮兼制，火候高。敞口，浅腹折收，平底。一侧有流，一侧粘贴短柄上扬微折。口径16厘米、底径7.6厘米、高3.7~7.6厘米（图一一七；彩版六六，3）。

瓷碗　1件。M36：1，缸胎，胎质略疏，施酱釉，内满釉，外施釉不到底。敞口，圆唇，曲腹，平底略上凹。口径12.2厘米、底径5.5厘米、高4~4.1厘米（图一一七；彩版六六，4）。

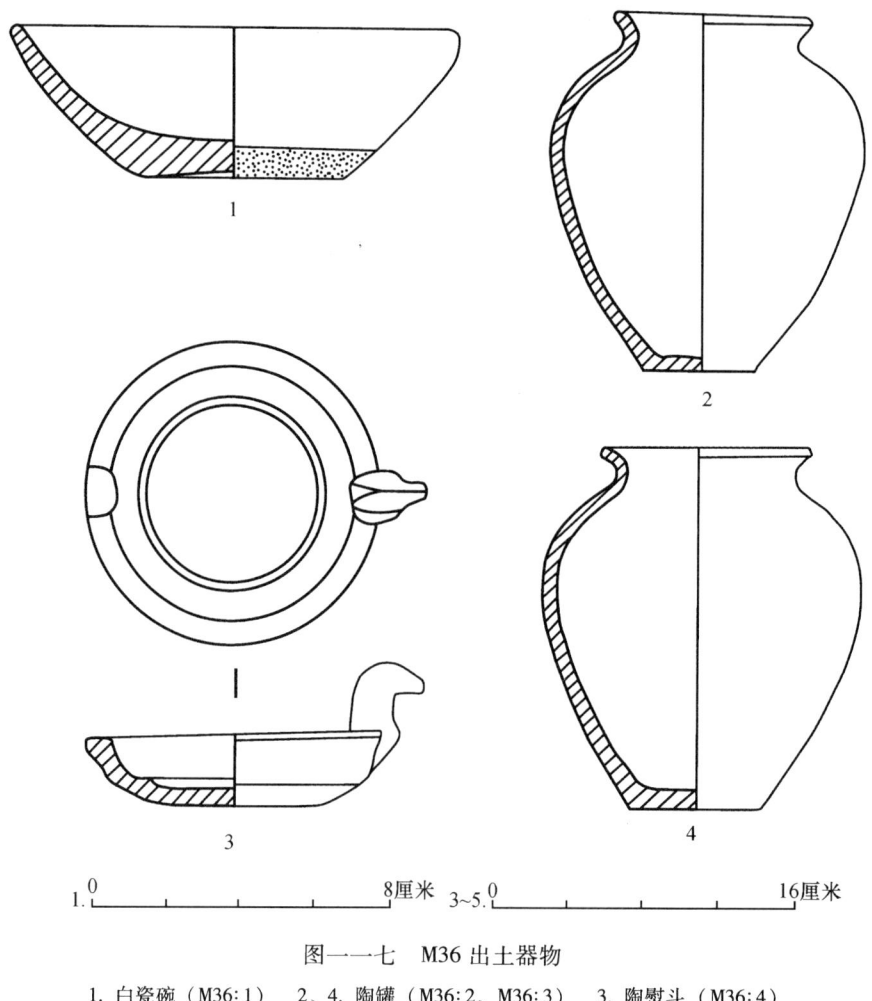

图一一七 M36 出土器物

1. 白瓷碗（M36:1） 2、4. 陶罐（M36:2、M36:3） 3. 陶熨斗（M36:4）

六、10YZM37

1. 墓葬形制

位于 X11 发掘区的西北部，东邻 M33，开口于③层下，墓口距地表深 1.5 米。坐北朝南，方向170°。平面呈"甲"字形，竖穴土圹式砖券单室墓（图一一八），土圹南北长 5.05 米，东西宽 0.72～2.98 米，高 0.4～1.16 米。由墓道、墓门和墓室三部分组成。由于破坏严重仅残留，残留部分用砖规格为 0.34 米×0.16 米×0.05 米、0.34 米×0.16 米×0.06 米的绳纹砖叠压错缝平砌（图一一九；彩版六七，1）。

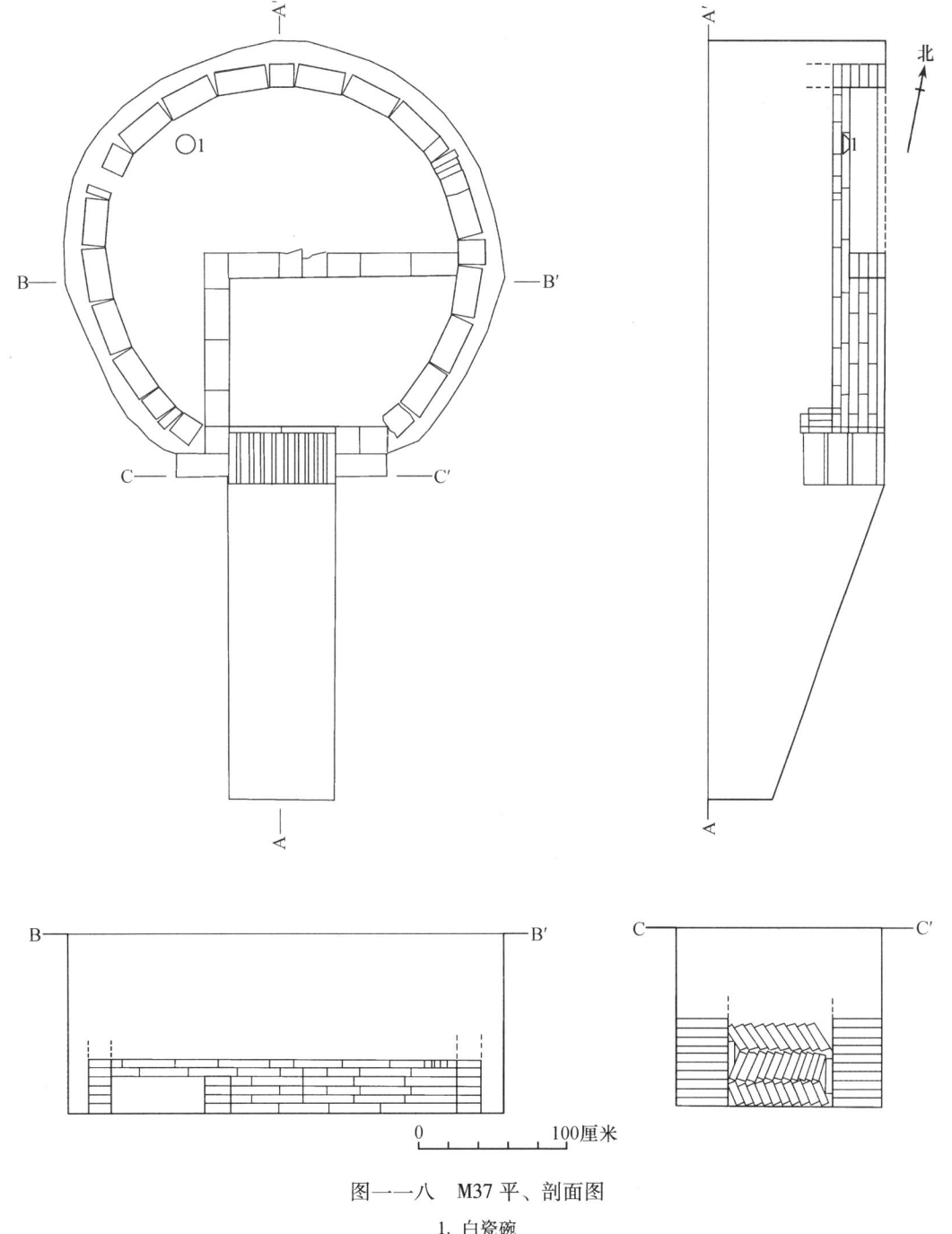

图一一八　M37 平、剖面图

1. 白瓷碗

墓道　位于墓室的南端，平面呈长方形，壁笔直整齐，底呈斜坡状。南北长 2.16 米，东西宽 0.72 米，高 0.4~1.16 米，坡长 2.28 米，坡度 20°。内填红褐色胶泥花土，土质较硬。

墓门　位于墓室的南端，南与墓道衔接。平面长方形，面宽 0.72 米、进深 0.34 米。墓门顶部已被破坏，东、西两壁用青砖叠压平砌而成。内用侧立叠压砌制呈"人"字形封堵，残高 0.56 米。

图一一九 M37 出土墓砖拓片

墓室　位于墓门的北端，平面近似圆形，顶部已坍塌，四壁残留部分用青砖叠压错缝平砌，径长2.26~2.36米，残高0.36~0.58米。在墓室内修筑"7"字形棺床，床壁用青砖叠压平砌包边，床面平整，其上墁地砖已被破坏。南北长1.16米、东西宽1.7米、高0.24米。棺床之上未见棺椁及尸骨痕迹（彩版六七，2）。

2. 随葬品

随葬器物仅白瓷碗。

白瓷碗　1件。M37:1，白胎，胎质细密，施白釉，内满釉，外施釉不到底。敞口，曲腹，饼形足略上凹，足口旋刮。口径14.1厘米、底径7.2厘米、高4.5~4.7厘米（图一二〇；彩版六七，3）。

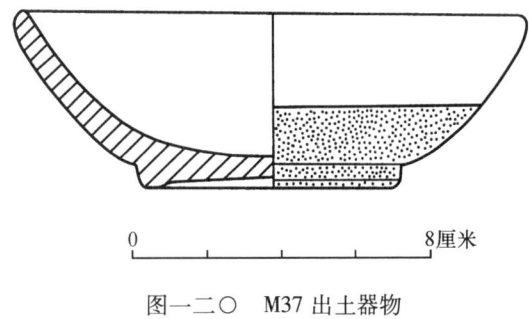

图一二〇　M37 出土器物

第二节 窑 址

窑炉 1 座。编号为 10YZY1。

位于 X11 发掘区的东南部。开口于③层下，窑口距地表深 1.5 米。南北向，方向 10°。整体平面呈长方形，东西总长 11 米，南北宽 5.7 米。由操作间、火门、火膛、窑室、烟道五部分组成（图一二一；彩版六八，1、2）。

操作间 位于火门的北端，平面呈长条形，口部略大，坑壁较斜，底部较平。东西长 11 米，上口部南北宽 1.9~2.9 米，底部南北宽 1.7~2.5 米，残高 0.67 米。内填花土，夹杂有红烧土颗粒、残砖块及少量草木灰。

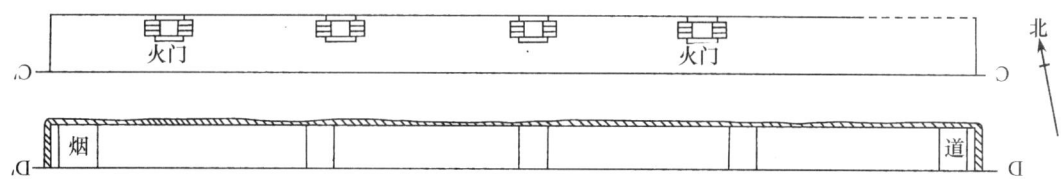

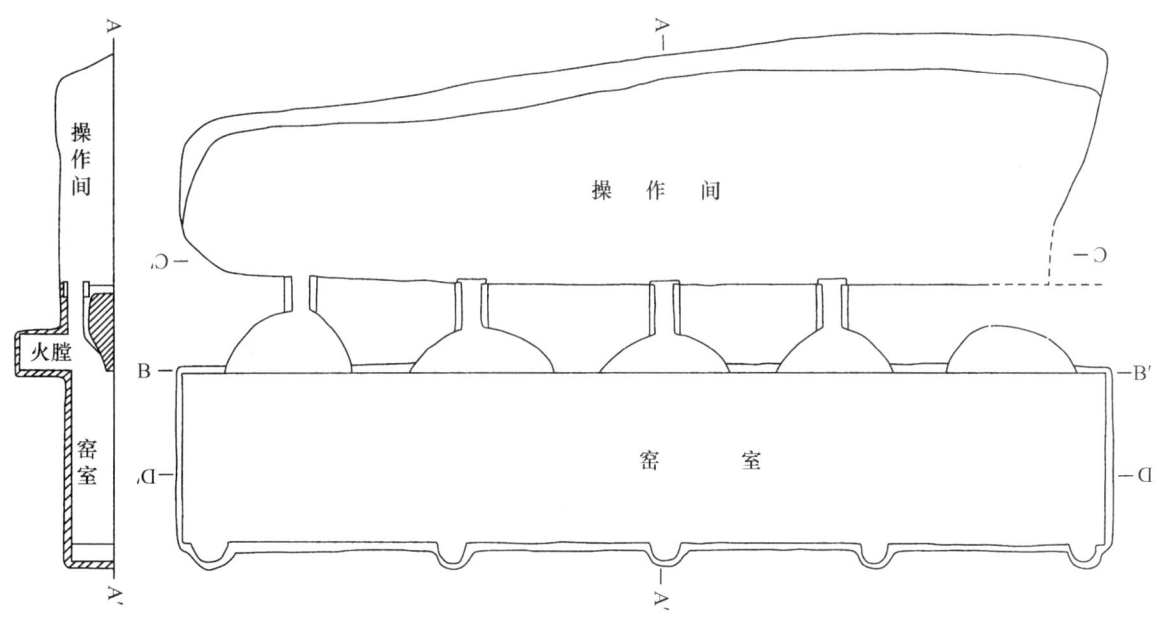

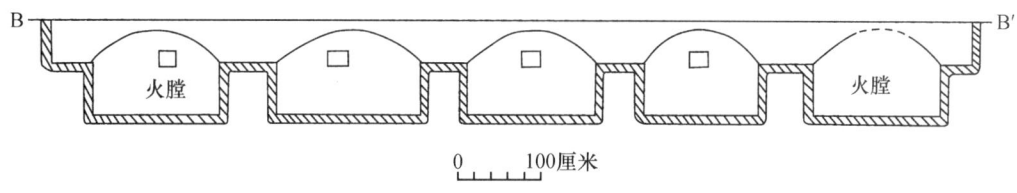

图一二一 Y1 平、剖面图

火门　位于操作间的南端、南接火塘。共计5个，自东向西并列。火门1已被破坏，形状结构不详，其余4火门平面均呈长方形，面宽0.2~0.24米，高0.18米，进深0.4~0.6米。门口内东西两壁皆用砖叠压平砌三层，顶部横砌一层，底部用砖平铺。火门烧结痕迹较好，红烧土厚0.1米左右（彩版六九，1）。

火膛　位于火门的南端，窑室的北侧。由东向西共计排列5个，形制皆相同。口部平面呈"八"字形，底部平面呈长方形，东西长1.35~1.5米，南北宽0.4~0.7米，深0.6米。火膛壁烧结情况较好，红烧土厚0.1米左右（彩版六九，2）。

窑室　位于火膛的南侧，平面呈长方形。东西长11米，南北宽2米，残高0.5米。四壁较直，底部较平。由于窑室内经水浸泡，四壁红烧土已脱落，仅残存部分青烧壁（彩版七〇，1）。

烟道　位于窑室的南端，平面呈半圆形，由东向西排列5个。面宽0.3~0.35米，进深0.2~0.25米，残高0.5米。烟道内壁上明显有烟熏痕迹，内填灰褐色，土质较松，含有少量草木灰（彩版七〇，2）。

该窑内填土较杂，顶部已坍塌，仅残存窑室底部，内填花土，含有较多红烧土颗粒、青灰色烧土块、乱砖块、瓦片等。

第四章　清代时期文化遗存

该时期文化遗存可分为墓葬、井两部分。其中墓葬2座；井1眼。

第一节　墓　葬

墓葬2座。编号分别为10YZM4、10YZM10。

一、10YZM4

1. 墓葬形制

位于X10发掘区的中部，西南邻M3，开口于②层下，墓口距地表深1米。东北西南向，方向310°。平面呈长方形竖穴土圹砖券单室墓（图一二二）。顶部残缺，而且墓室的东北端被

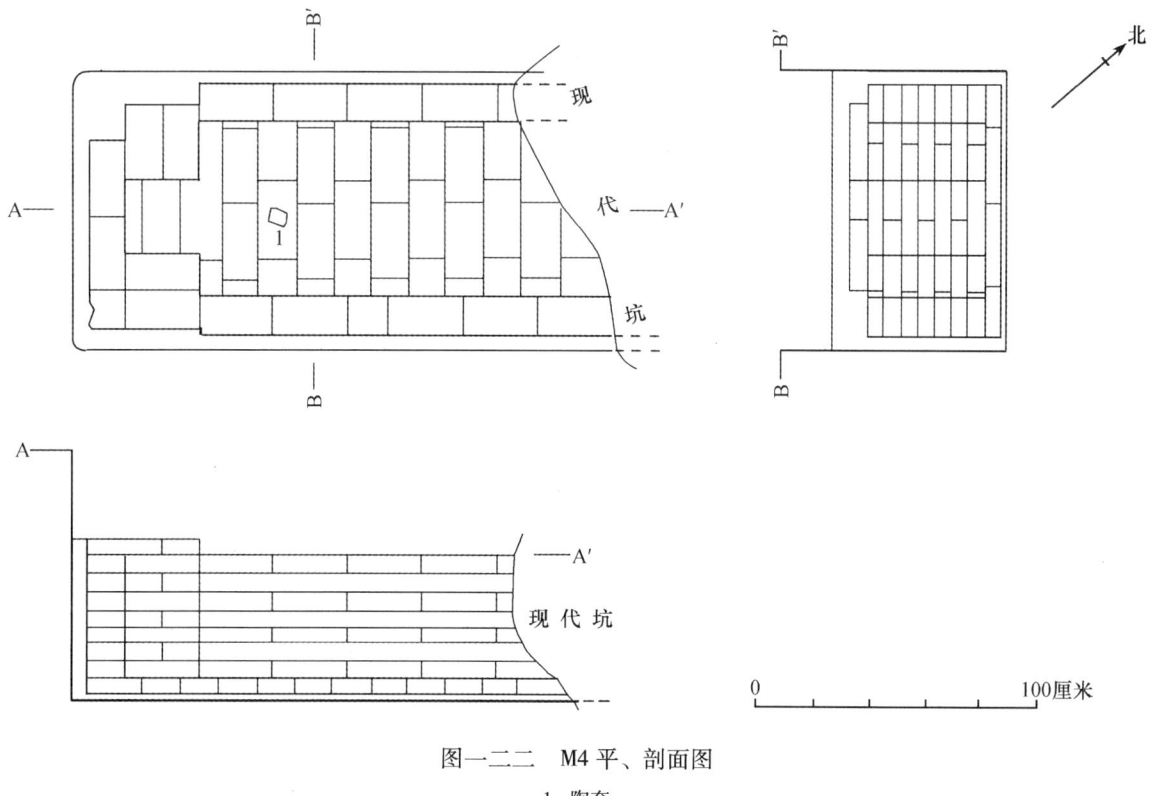

图一二二　M4平、剖面图
1. 陶盦

一现代坑打破,残存部分四壁用砖规格为 0.26 米 ×0.13 米 ×0.06 米的素面青砖叠压错缝平砌。在墓室内的西端修筑一壁龛,呈正方形,面宽 0.25 米、进深 0.26 米。土圹长 1.54~1.94 米、宽 0.96 米,高 0.8 米;墓室长 1.4~1.7 米、宽 0.6 米,残高 0.42 米(彩版七一,1)。

2. 随葬品

出土随葬品有铁器。

铁器　1 件。M4:1,扁体楔形,直刃偏锋,整体似锛状。通体锈蚀严重,部分残缺。通高 6.5 厘米、残宽 5~5.3 厘米、厚 0.1~1.3 厘米(图一二三;彩版七一,2)。

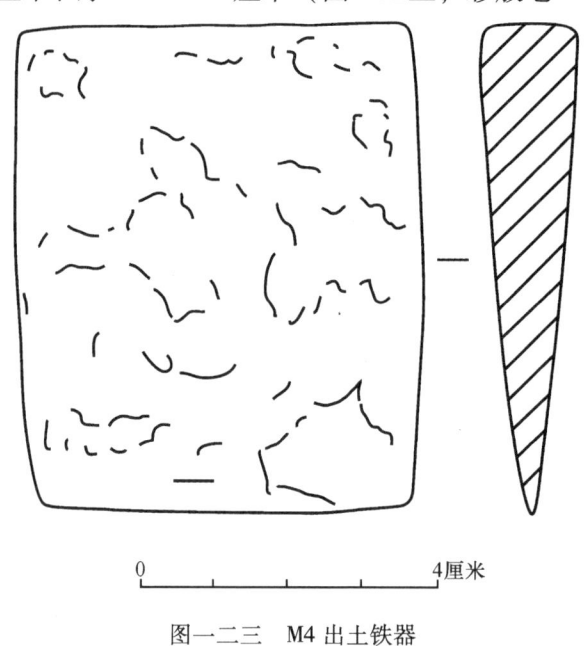

图一二三　M4 出土铁器

二、10YZM10

位于 X11 发掘区的北部,北邻 M10,开口于②层下,墓口距地表深 1.5 米。南北向,方向 350°。平面呈长方形竖穴土圹墓,南北长 2 米,东西宽 1.8 米,口底同宽,墓壁整齐,墓底较平,墓底距墓口深 0.9 米。内发现双棺棺沫痕迹,未见骨架及其他遗物。根据此现象,初步推断应为搬迁墓(图一二四;彩版七一,3)。

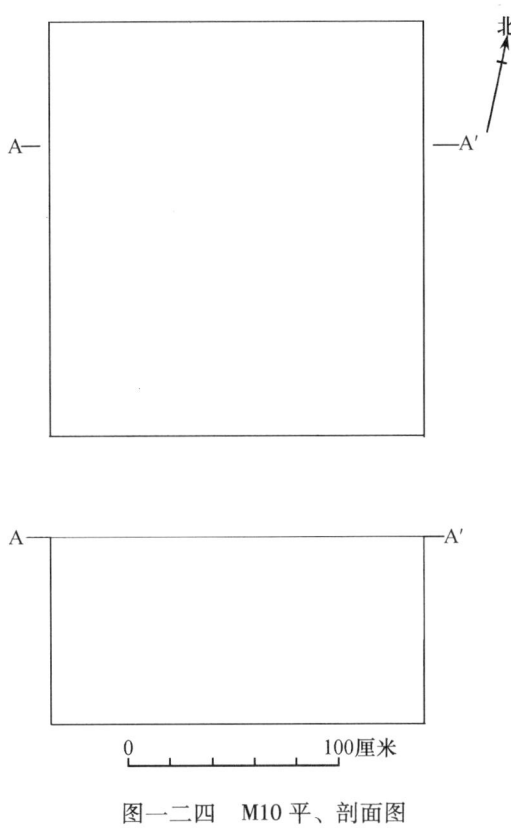

图一二四　M10 平、剖面图

第二节　井

古井 1 眼。编号为 10YZJ1。

10YZJ1　位于 X11 发掘区的中东部，西南邻 Y7，开口于②下，井口距地表深 0.1 米。方向 0°。平面呈圆形，土圹外径长 5.5 米，内径长 2.5 米，深 1.5 米（因安全原因未挖到底）。四壁用素面青砖叠压错缝平砌，井内填杂土，土质较乱，含有砖块、瓦片、兽骨等（彩版七二，2）。

第五章 结 语

第一节 汉代遗存的分期

一、汉墓遗存

墓葬33座，由于M9、M12被现代建筑破坏，形制不详外，其余墓葬依据墓道的有无可分为竖穴土圹墓与带墓道墓。

1. 竖穴土圹墓4座，依据墓葬的建造方式的不同可分为长方形竖穴土圹墓和长方形竖穴土圹砖券墓两种。长方形竖穴土圹墓2座，编号为M11、M32。长方形竖穴土圹砖券墓2座，编号为M23、M24。

2. 带墓道墓27座，依据墓葬形制的不同可分为刀把形竖穴土圹砖券单室墓、凸字形竖穴土圹砖券单室墓、中字形竖穴土圹砖券多室墓（含双室墓）三个类型。

A型：刀把形竖穴土圹砖券单室墓

共计17座，编号分别为M6、M7、M13、M15、M21、M25、M26、M27、M22、M29、M33、M34、M38、M39、M40。

B型：凸字形竖穴土圹砖券单室墓

共计2座，编号为M9、M12。

C型：中字形竖穴土圹砖券多室墓（含双室墓）

共计9座，编号分别为M5、M8、M14、M17、M16、M19、M20、M28、M31。

以上墓葬出土器物如陶俑、壶、罐、盆、灶、捣米俑、陶房、耳杯、陶灯、井、陶案等为北京地区汉代时期常见器形，与丰台王佐[①]、北京亦庄[②]东汉墓、北京亦庄X10号地[③]、北京南郊三台山汉墓[④]、北京顺义田各庄汉墓[⑤]、北京怀柔城[⑥]北东周两汉墓、北京顺义临河村[⑦]东汉

[①] 北京市文物研究所编著：《丰台王佐遗址》，科学出版社，2010年。
[②] 北京市文物研究所编著：《北京亦庄考古发掘报告》，科学出版社，2009年。
[③] 北京市文物研究所编著：《北京亦庄X10号地》，科学出版社，2011年。
[④] 北京市文物研究所编著：《北京东南郊三台山汉墓发掘简报》，《北京文物与考古》第一辑，内部资料，1983年。
[⑤] 李建林：《北京顺义田各庄汉墓发掘简报》，《北京文博》，1999年4期。
[⑥] 北京市文物工作队：《北京怀柔城北东周两汉墓葬》，《考古》，1962年5期。
[⑦] 黄秀纯：《北京顺义临河村东汉墓发掘简报》，《考古》1977年6期。

墓、北京南水北调①汉墓、河北旅馆②汉墓、蔚县埚堡1号汉墓③、北京平谷县西柏店和唐庄子④汉墓、河北石家庄肖家营汉墓、河北武邑中角⑤汉墓群、北京平谷杜辛庄⑥东汉墓、郑州二里冈⑦一座汉代小砖墓、陕西勉县老道寺⑧汉墓、宜昌前坪⑨东汉墓、安徽定远谷堆王⑩汉墓等内出土器物基本相同。同时伴随出土的铜钱以东汉时期为主，西汉为辅，个别墓葬还零散出土有新莽时期货币。墓葬形制与京津冀地区墓葬分期⑪内土坑 D 型、砖室墓 Aa 型、Ab 型、Ba 型、Ca 型、Cc 型基本相同。其中出土的两面铜镜 M6:1、M39:1 与烧沟汉墓⑫四型昭明镜Ⅱ式（图七一：1、2）、广西贵县⑬Ⅱ式（装运 M2:11）；六型规矩镜Ⅰ式（图七四甲：1、2）、广西贵县Ⅲ式（水电 M5:27）、安徽谷堆王汉墓 M6:9 近似。M15:4、M15:5 两件瓦当与洛阳烧沟汉墓内Ⅰ式、Ⅱ式瓦当雷同。据此，我们依据综合因素初步推断这批墓葬的时代大致为西汉晚期至东汉时期遗存较为适宜。

其中 M6、M16 两座墓葬依据出土器物及墓葬形制它与北京西郊发现的西晋墓、延庆西屯发现的魏晋时期墓葬（资料正在整理中）基本相似，因此它的下限可能晚至魏晋时期。

另外，这批砖室墓在券筑墓葬时的用料"网格状绳纹砖"是北京地区汉代墓葬建墓时的常见材料。

二、汉代烧窑遗存

7 座砖瓦窑平面均为长方形，烟道皆为三个。从洛阳东周王城⑭、秦咸阳古城址⑮和长安城址、汉代长安城北宫南窑址⑯等地发掘的战国至西汉时期的陶窑址可以看出，这一时期陶窑窑室平面有椭圆形、长方形、方形等，陶窑烟道主要有单烟道和三烟道。战国秦汉之际的陶窑窑

---

① 北京市文物研究所编著：《房山南正》，科学出版社，2008 年。
② 河北省文物研究所：《邢台旅馆汉唐宋墓葬的发掘》、《河北省石家庄肖家营汉墓发掘报告》，《河北省考古文集》第三辑，科学出版社，2007 年。
③ 河北省文物研究所：《蔚县埚串堡1号汉墓发掘报告》，《河北省考古文集》第三辑，科学出版社，2007 年。
④ 北京市文物工作队：《北京平谷县西柏店和唐庄子汉墓发掘简报》，《考古》1962 年 5 期。
⑤ 河北省文物研究所、衡水地区文物管理所：《武邑中角汉墓群4号墓》，《武邑中角汉墓群4号墓》，《河北省考古文集》，东方出版社，1998 年。
⑥ 北京市文物研究所编著：《平谷杜辛庄遗址》，科学出版社，2009 年。
⑦ 安金槐：《郑州二里冈的一座汉代小砖墓》，《考古》1964 年 4 期。
⑧ 郭清华：《陕西勉县老道寺汉墓》，《考古》1985 年 5 期。
⑨ 卢德佩：《1978 年宜昌前坪汉墓发掘简报》，《考古》1985 年 5 期。
⑩ 阚绪杭：《安徽定远谷堆王九座汉墓的发掘》，《考古》1985 年 5 期。
⑪ 姜佰国：《京津冀地区汉代墓葬研究》，《边疆考古研究》第六辑，科学出版社，2007 年。
⑫ 洛阳文物工作队：《洛阳烧沟汉墓》，科学出版社，1959 年。
⑬ 黄启善：《广西贵县北郊汉墓》，《考古》1985 年 3 期。
⑭ 洛阳市文物工作队：《洛阳东周王城内的古窑址》，《考古与文物》1983 年 3 期。
⑮ 秦都咸阳考古工作站：《秦都咸阳古窑址调查与试掘简报》，《考古与文物》1986 年 3 期。
⑯ 唐金裕：《西安市北郊汉代砖瓦窑址》，《考古》1964 年 11 期。

室平面大多为椭圆形，单烟道；西汉中期以后，陶窑窑室平面大多数为长方形、方形，有三烟道。而此次发掘的 7 座窑炉窑室平面形制和烟道结构具有西汉中期以后陶窑的特点，同时与本地区（北京地区）以往发现[①]的同时期窑址结构相同。虽然说各地区的窑址在某一个时期它的特点基本相同，但是它们在建造时往往又被加入了一些地方特色，如北京地区汉代陶窑的烟道、操作间等就与其他地区不同。西安、洛阳等地的操作间基本为长方形、窑床底部有排烟道，烟道底部有进烟口。而北京地区的操作间基本为圆形、长椭圆形或不规则形等，窑床底部基本不设排烟道、烟道底部也很少设置进烟口。而是在窑室后壁上由上而下直接掏挖形成烟道。

已发掘的 7 座窑址出土遗物较少，主要是建筑材料（北京地区常见的网格状绳纹砖块）及少量的陶器残片（壶、罐、盒、勺），同时还有铜钱出土，同时依据考古学中"文化波论"的特点。据此，我们初步认为这几座陶窑的时代的上限不早于西汉中期，它的下限可能晚至东汉时期。

这 7 座陶窑的时代接近，结构也基本相同，规模相似，窑内出土遗物也大致相同，但是排列没有规律，而是和同时期的墓葬遗存同时凌乱分布于汉代时期文化遗存内。据此可以说明它们不属于统一管理的窑口，而是为了便于某个墓葬的营建而建造的。

第二节　唐辽遗存的分期

该时期墓葬 6 座，编号为 M1、M2、M3、M35、M36、M37。皆为砖券单室圆形墓，出土器物有陶罐、陶釜、瓷碗、瓷碟、白磁盘、绿釉陶罐、陶熨斗、圆珠形陶器盖等。这种方角弧形壁、棺床为拐尺状带壶门的墓葬形制是北京地区唐代墓葬的常见形制。它与密云大唐庄[②]唐墓 M104、M120、M119、M116、M114、M113、M111、M110、M109、M108、M107、M103、M94、M90、M88、M87、M79、M75；亦庄[③] 79 号地 M4、M9、M13；康定街 M2；80 号地 M2、M8、M9、M10、M25、M56、M58、M64；69 号地 M3、M8、M9、M13、M19、M20、M21、M23、M30、M31；新凤河路 M15 相似，也与《北京近几年来发现的几座唐墓》[④] 以及《试论北京地区唐墓》[⑤] 中的圆形墓葬等墓葬形制基本相似，但是出土器形却与北京五棵松篮球馆辽墓[⑥]、

[①] 北京市文物研究所：《北京平谷杜辛庄汉代陶窑发掘报告》、《通州武夷花园二期工程》、《北京市大兴新城北区 8 号地考古发掘报告》、《奥运村绿化隔离带工程考古发掘报告》，《北京考古第二辑》，北京燕山出版社，2008 年。

[②] 北京市文物研究所编著：《密云大唐庄》，科学出版社，2009 年。

[③] 北京市文物研究所编著：《北京亦庄考古发掘报告 2003～2005》，科学出版社，2009 年。

[④] 洪欣：《北京近年来发现的几座唐墓》，《文物》1990 年 12 期。

[⑤] 刘耀辉：《试论北京地区唐墓》，《北京文博》1998 年 4 期。

[⑥] 北京市文物研究所：《北京奥运场馆考古发掘报告》，科学出版社，2008 年。

青云店①辽墓、丰台路口②辽墓、大兴亦庄发掘报告内辽墓、龙泉务③辽金墓等墓葬出土器物相似。同时墓葬用料券砖是唐末辽初时期墓葬常用材料。因此，这几座墓葬的上限最早为唐代中晚期，下限最晚到辽代中期靠前。

第三节　墓葬和附近城址的关系

2000 年以来，我们在亦庄地区做了大量的考古工作，发掘清理了大批墓葬，其中以汉、唐墓居多。这些墓葬的分布昭示出附近定有城址聚落与之相配，否则如此众多的人口便无来源。从已知的北京地区汉代城址的分布来看，距离亦庄地区最近的城址当为大回城④，该城位于亦庄地区的西侧，根据文献可知此城由东汉末年一直沿用到唐代，因此我们认为，亦庄地区的汉唐墓葬当属这一时期大回城居民。

---

① 王清林：《北京大兴青云店辽墓》，《考古》2004 年 2 期。
② 王清林：《丰台路口南出土辽墓清理简报》，《北京文博》2004 年 2 期。
③ 北京市文物研究所：《北京龙泉务辽金墓葬发掘报告》，科学出版社，2009 年。
④ 周正义：《北京地区汉代城址调查与研究》，北京燕山出版社，2009 年。

附 表

附表一 亦庄X10、X11、X16号地汉代墓葬统计表

墓号	层位	方向	形状与结构	墓道 长×宽×深（米）	墓室 长×宽×深（米）	葬式	人骨保存情况	随葬品	年代	备注
M5	④层下	85°	长方形土圹砖室墓	墓道被破坏	8.2×(1.5~2.8)×1.58	不详	无	陶灶1、陶壶3、陶盘2、陶奁2、陶俑2、陶灯2、陶鸡2、陶圈1、陶楼1、陶房1、铜钱30	汉	
M6	④层下	357°	长方形土圹砖室墓	不明	3.14×1.08×0.5	仰身直肢	差	陶瓮1、陶器盖1、陶壶2、陶灯1、陶盘1、铜镜1、铜钱2	汉	
M7	④层下	270°	"刀"形土圹砖室墓	4.34×(1.1~1.31)×(0.6~1.8)	(5.2~5.7)×2.86×1.32	不详	差	陶壶4、陶罐1、铜钱2	汉	
M8	④层下	170°	长方形土圹砖室墓	1.96×(0.79~0.89)×(0.9~1.2)	9.64×(5.7~7.8)×0.4	不详	无	无	汉	
M9	④层下	186°	不明	不明	不明	不明	无	陶盂1、陶灶1、陶狗1、陶鸡1、铜钱25	汉	
M11	④层下	5°	长方形土圹砖室	无墓道	3.94×(0.74~0.84)×1.05	仰身直肢	差	铜钱39	汉	
M12	④层下	350°	"甲"字形土圹砖室	3.4×(1.06~1.33)×(0.65~1.2)	5.4×4×0.14	不明	无	陶盂1、陶器盖1	汉	
M13	④层下	180°	"甲"字形土圹砖室	1.96×1×(0.54~1.48)	2.8×(3.06~3.1)×(0.75~1.4)	不明	无	陶壶2、陶瓮1、铜钱8	汉	
M14	④层下	183°	"中"字形土圹砖室	2.54×0.78×(0.72~1.56)	前室2.5×2.9×(0.78~1.06) 后室2.94×1.52×(0.86~1.28)	不明	无	陶壶1、铜镜1、铜钱27	汉	

续表

墓号	层位	方向	形状与结构	墓道 长×宽×深（米）	墓室 长×宽×深（米）	葬式	人骨保存情况	随葬品	年代	备注
M15	④层下	178°	"刀"形土圹砖室	1.14×0.94×（1.55~1.6）	3.26×1.8×（0.76~1）	不明	无	陶锅1、陶俑1、瓦当2、陶狗1、陶奁3、铜钱40	汉	
M16	④层下	180°	"品"字形土圹砖室	1.18×1.4×1.46	6.7×5.5×（1.4~3.32）	不明	无	陶灶1、陶俑1、陶猪1、陶狗2、陶棺1、铜钱33	汉	
M17	④层下	185°	"中"字形土圹砖室	2.6×（0.7~0.9）×（0.8~1.82）	8.1×（0.7~4.18）×（0.34~1.14）	不明	无	陶盂1、陶俑1、陶盘1、陶奁1、陶灶1、陶罐1	汉	
M18	④层下	180°	"甲"字形土圹砖室	2.2×（0.8~0.9）×（0.5~1.26）	3.12×2.92×（0.36~0.76）	不明	无	无	汉	
M19	④层下	180°	"中"字形土圹砖室	2.64×（0.92~1）×（1.2~1.33）	5.16×（1.6~3.65）×（0.24~0.73）	不明	无	陶房1、陶耳杯1、陶锅3、铜钱7	汉	
M20	④层下	183°	"中"字形土圹砖室	3.2×（1~1.6）×（1.2~1.88）	9.1×（3.54~4.54）×（0.1~0.62）	不明	无	铜钱13、铜泡钉1	汉	
M21	④层下	160°	"刀"形土圹砖室	1.8×（0.9~1）×（1.1~1.36）	4.62×2.16×（0.05~0.2）	不明	无	无	汉	
M22	④层下	160°	"刀"形土圹砖室	2.43×（1~1.2）×（0.56~1.05）	4.05×1.6×（0.1~0.72）	不明	无	陶俑1	汉	
M23	④层下	160°	长方形土圹砖室	无墓道	2.32×1.1×0.05	不明	无	无	汉	
M24	④层下	355°	长方形土圹砖室	无墓道	2.18×0.88×0.12	不明	无	无	汉	
M25	④层下	160°	"刀"形土圹砖室	1.54×0.9×（0.2~0.5）	3.26×2.06×0.05	不明	无	无	汉	
M26	④层下	160°	"刀"形土圹砖室	2.2×（0.8~0.9）×（0.7~1.4）	4.1×2.12×（0.05~0.3）	不明	无	无	汉	
M27	④层下	170°	"刀"形土圹砖室	2.43×（0.7~0.8）×（0.5~1.22）	3.7×（2.05~2.2）×0.7	不明	无	陶奁1	汉	
M28	④层下	163°	"甲"字形土圹砖室	3.13×（0.8~0.93）×（0.54~1.4）	4.92×3.98×（0.05~0.8）	不明	无	无	汉	
M29	④层下	160°	"刀"形土圹砖室	3×（0.9~1.12）×（1.16~1.4）	4.9×2.56×0.05	不明	无	无	汉	
M30	④层下	170°	不明	不明	（1.39~4.4）×2.8×1.78	不明	无	陶罐1	汉	

续表

墓号	层位	方向	形状与结构	墓道 长×宽×深（米）	墓室 长×宽×深（米）	葬式	人骨保存情况	随葬品	年代	备注
M31	④层下	170°	"中"字形土圹砖室	3.08×(0.86~0.96)×1.4	5.86×(1.62~3.12)×(0.14~0.52)	不明	无	无	汉	
M32	④层下	180°	竖穴土圹墓	无墓道	2.4×(1.2~1.31)×0.9	仰身直肢	完整	铜钱36	汉	
M33	④层下	165°	"刀"形土圹砖室	2.95×(0.65~0.7)×(0.6~1.46)	3.33×1.38×1.15	不明	无	陶罐2、陶壶7	汉	
M34	④层下	170°	"刀"形土圹砖室	2.8×(0.9~1)×(0.5~1.4)	3.6×1.8×0.05	不明	无	无	汉	
M38	④层下	170°	"刀"形土圹砖室	3.09×(0.86~0.94)×(0.8~1.4)	3.62×1.56×0.05	不明	无	铜钱8	汉	
M39	④层下	155°	"刀"形土圹砖室	3.32×(0.8~1.07)×(0.5~1.5)	3.26×1.76×0.9	不明	无	陶盒5、陶房1、陶壶1、陶灯1、陶盆4、陶礁壶2、陶灶1、陶器盖2、陶俑1、铜钱18、铜印1、铜镜1	汉	
M40	④层下	270°	"刀"形土圹砖室	2.64×0.82×(0.5~1.46)	3.8×1.4×(0.05~1.05)	不明	无	无	汉	
M41	④层下	183°	"刀"形土圹砖室	2.14×1×1.6	不明	不明	无	无	汉	

附表二　亦庄X10、X11、X16号地唐代墓葬统计表

墓号	层位	方向	形状与结构	墓道（米）	墓室（米）	葬式	人骨保存情况	随葬品	年代	备注
M1	③层下	180°	"甲"字形土圹砖室	2.24×(1.2~1.3)×(0.5~1.2)	2.7×2.5×(0.24~0.6)	不明	无	陶釜2、陶罐1、瓷盘1、瓷碗1	唐	
M2	③层下	183°	"甲"字形土圹砖室	2.06×1.2×(0.5~1.5)	2.5×2.4×1.18	不明	无	无	唐	
M3	③层下	183°	船形土圹砖室	无墓道	2.1×(0.32~0.45)×0.48	仰身直肢	一般	陶罐2、白瓷碗1	唐	
M35	③层下	173°	"甲"字形土圹砖室	2.36×(0.98~1.04)×(0.5~1.4)	3.05×3.21×(0.8~1.1)	不明	无	绿釉陶罐1、陶罐1、陶器盖1、酱釉瓷碗1	唐	
M36	③层下	172°	"甲"字形土圹砖室	2×(1~1.1)×(0.4~1.3)	(2.74~3)×(0.54~0.9)	不明	无	陶罐2、陶熨斗1、瓷碗1	唐	
M37	③层下	170°	"甲"字形土圹砖室	2.16×0.72×(0.4~1.16)	(2.26~2.36)×(0.36~0.58)	不明	无	白瓷碗1	唐	

附表三 亦庄X10、X11、X16号地清代墓葬统计表

墓号	层位	方向	形状与结构	墓道	墓室	葬式	人骨保存情况	随葬品	年代	备注
M4	②层下	310°	长方形土圹砖室	无墓道	1.4~1.7×0.6×0.42	不明	无	铁器1	清	
M10	②层下	350°	长方形土圹	无墓道	2×1.8×0.9	不明	无	无	清	搬迁墓

附表四 亦庄X10、X11、X16号地窑址统计表

窑号	方向	形制	火门（米）			火塘（米）			窑床（米）		窑室残高	烟道（米）（长×深×高）	备注
			高	宽	深	长	宽	深	长	宽			
Y1	10°	长方形	0.18	0.2~0.24	0.4~0.6	1.35~1.5	0.4~0.7	0.6	11	2	0.5	(0.3~0.35)×(0.2~0.25)×0.5	
Y2	275°	马蹄形	0.46	0.44	0.18	0.95	0.45~1.6	0.2	1.14	1.4~1.6	0.12~0.4	0.2×0.2×0.12	
Y3	70°	马蹄形	0.7	0.36	0.3	0.54~3.1	1.1	0.54	2.6	2.7~3.1	0.84	0.2×(0.5~0.6)×0.84	
Y4	350°	马蹄形	0.7	0.48	0.2	1.2	0.5~3	0.64	2.8~3	2.24	0.78	(0.12~0.24)×0.54×0.78	
Y5	178°	马蹄形	0.6	0.6	0.56	0.96~1.12	0.8~1.42	0.66	2.34	2.2	0.4~0.66	0.18×0.12×0.7	
Y6	178°	马蹄形	0.4	0.4	0.5	1.8	0.86	0.7	2.3	2	0.6	无	
Y7	60°	梯形	0.1	0.3	0.4	1.05	0.8~1.26	0.5	2.35~2.65	1.9~2.5	0.6	0.23×0.16×0.24	
Y8	85°	马蹄形	0.5	0.52	0.3	1.68	0.54~2.54	0.44	2.6	1.82	0.8~1.3	(0.13~0.16)×0.46×0.8	

彩版一

1. X11号地全景

2. 陶罐底部（④∶1） 3. 陶罐底部（④∶1-1） 4. 陶壶口沿（④∶2）
5. 陶盒盖（④∶3） 6. 陶勺（④∶4）

X11号地全景及地层出土器物

彩版二

1. M5 全景

2. M5 前室

3. M5 后室

彩版三

1. 陶壶（M5∶1）

2. 陶壶（M5∶2）

3. 陶壶（M5∶9）

4. 陶奁（M5∶3）

5. 三足陶奁（M5∶18）

6. 陶盆（M5∶5）

M5 出土陶器

彩版四

1. 陶盘（M5：8）

2. 捣米俑（M5：6）

3. 陶俑（M5：7）

4. 陶灯碗（M5：10）

5. 陶灯（M5：16）

6. 陶鸡（M5：11）

M5 出土陶器

1. 陶翅膀（M5∶14）

2. 陶房（M5∶12）

3. 陶楼（M5∶13）

4. 陶房（M5∶15）

M5 出土陶器

彩版六

1. M6 全景（南-北）

2. M6 出土器物

3. 铜镜（M6∶1）

M6 遗址及铜镜

彩版七

1. 陶瓮（M6：2）

2. 博山式盖（M6：3）

3. 双系陶罐（M6：5）

4. 双系陶罐（M6：6）

5. 陶灯座（M6：4）

6. 陶盘（M6：7）

M6 出土陶器

彩版八

1. M7 全景（东–西）

2. M7 墓室

3. M7 出土器物

彩版九

1. 陶壶（M7：1）

2. 陶壶（M7：2）

3. 陶壶（M7：3）

4. 陶壶（M7：4）

M7 出土陶器

彩版一〇

1. M8全景（北－南）

2. M8全景（西－东）

彩版一一

1. M9 全景（南－北）

2. 陶盆（M9：1）

3. 陶灶（M9：2）

4. 陶狗（M9：3）

5. 陶鸡（M9：4）

M9 及出土陶器

彩版一二

1. M11 全景（南-北）

2. M12 全景（南-北）

3. 陶盉（M12∶1）

4. 博山式盖（M12∶2）

M11、M12 及出土陶器

彩版一三

1. M13全景（南–北）

2. M13墓室（北–南）

彩版一四

1. 陶壶（M13：2）

2. 彩绘陶壶（M13：3）

3. 陶釜（M13：1）

4. 灰陶罐（M14：1）

M13、M14 出土陶器

彩版一五

1. M14 全景（南–北）

2. M14 前室

M14

彩版一六

1. 铜镜（M14：3）

2. M14后室

M14及出土器物

彩版一七

1. M15 全景（南－北）

2. M15 墓室

彩版一八

1. 陶锅（M15：2）

2. 陶俑（M15：3）

3. 陶瓦当（M15：4）

4. 陶瓦当（M15：5）

M15 出土陶器

彩版一九

1. 陶狗（M15∶6）

2. 陶奁（M15∶7）

3. 陶奁（M15∶8）

4. 陶奁（M15∶9）

M15 出土陶器

彩版二〇

1. M16 全景

2. M16 东耳室

彩版二一

1. M16 西侧墓室

2. M16 东侧墓室

3. M16 后室

彩版二二

1. 陶灶（M16∶1）

2. 灰陶俑（M16∶2）

3. 灰陶猪（M16∶3）

4. 陶狗（M16∶4）

5. 陶狗（M16∶5）

6. 陶棺（M16∶6）

M16 出土陶器

1. M17 全景

2. M17 前室

彩版二四

1. M17 后室

2. 陶盏（M17：1）

3. 陶俑（M17：2）

M17 及出土陶器

彩版二五

1. 陶盘（M17∶3）

2. 陶奁（M17∶4）

3. 陶灶（M17∶5）

4. 灰陶罐（M17∶6）

M17 出土陶器

1. M18 全景与 Y5、Y6 的关系

2. M19 全景

M18、M19

彩版二七

1. 陶房（M19∶1）

2. M19 出土陶房

3. 陶耳杯（M19∶2）

4. 陶锅（M19∶3）

M18 出土陶器

彩版二八

1. M20 全景

2. M20 前室

M20

1. M20 后室

2. 铜泡钉（M20∶1）

3. 铜泡钉（M20∶1）

M20 及出土器物

彩版三〇

1. M21 全景

2. M22 全景

3. 陶俑（M22：1）

M21、M22 及出土陶器

1. M23 全景

2. M24 全景

M23、M24

1. M25 全景

2. M26 全景

M25、M26

彩版三三

1. M27 全景

2. M27 出土器物

3. M27∶1 陶奁

M27 及出土陶器

彩版三四

1. M28 全景

2. M28 前室和后室

M28

彩版三五

1. M29 全景

2. M30 全景

3. M30：1 陶罐

M29、M30 及出土陶器

彩版三六

1. M31 全景

2. M31 前室

彩版三七

1. M32 全景

2. M33 全景

M32、M33

彩版三八

1. M33 墓室

2. M33 出土器物

彩版三九

1. 陶罐（M33：1）

2. 陶罐（M33：2）

3. 陶罐（M33：3）

4. 陶罐（M33：4）

5. 陶罐（M33：5）

6. 陶罐（M33：6）

M33 出土陶器

彩版四〇

1. 陶罐（M33：7）

2. 陶罐（M33：8）

3. 陶罐（M33：9）

M33 出土陶器

彩版四一

1. M34 全景

2. M38 全景

M34、M38

彩版四二

1. M39 全景

2. M39 墓室

3. M39 出土器物

M39 墓室及出土器物

彩版四三

1. 陶盒（M39：2）

2. 陶盒（M39：2-1）

3. 陶盒（M39：3）

4. 陶盒（M39：3-1）

5. 陶盒（M39：4）

6. 陶盒（M39：4-1）

M39 出土陶器

彩版四四

1. 陶盒（M39：5）

2. 陶盒（M39：5-1）

3. 陶盒（M39：6）

4. 陶盒（M39：6-1）

5. 陶房（M39：7）

6. 陶罐（M39：8-1）

M39 出土陶器

彩版四五

1. 陶灯（M39∶9）

2. 陶盆（M39∶10）

3. 陶盆（M39∶14）

4. 陶盆（M39∶15）

5. 陶盆（M39∶19）

6. 陶礁壶（M39∶11）

M39出土陶器

彩版四六

1. 陶礁壶（M39：12）

2. 陶灶（M39：13）

3. 陶器盖（M39：16）

4. 博山式盖（M39：18）

M39 出土陶器

彩版四七

1. 陶俑（M39：17）

2. 铜印（M39：21）

3. 铜镜（M39：1）

M39 出土器物

彩版四八

1. M40 全景

2. M41 全景

M40、M41

1. Y2全景（东－西）

2. Y2全景（西－东）

Y2

彩版五〇

1. Y3全景（西－东）

2. Y3全景（西－东）

1. Y3窑口

2. Y3烟道

彩版五二

1. Y4全景（北-南）

2. Y4全景（南-北）

Y4

1. Y4 火门

2. Y4 窑室和烟道

Y4

彩版五四

1. Y5 全景

2. Y6 全景

Y5、Y6

1. Y7全景

2. Y8全景（东－西）

Y7、Y8

彩版五六

1. Y8全景（西-东）

2. Y8窑门和烟道

1. M1全景

2. M1墓室

3. M1出土器物

彩版五八

1. 陶釜（M1∶1）

2. 陶釜（M1∶2）

3. 陶罐（M1∶5）

4. 白釉磁盘（M1∶3）

5. 酱釉瓷碗（M1∶4）

M1 出土器物

彩版五九

1. M2 全景（南－北）

2. M2 全景（北－南）

M2

彩版六〇

1. M2 封门砖

2. M2 墓室内局部

3. M2 墓室内局部装饰

M2

彩版六一

1. M3 全景（北－南）

3. 陶罐（M3∶1）

2. 白釉瓷碗（M3∶2）

4. 陶罐（M3∶3）

M3 及出土器物

彩版六二

1. M35 全景

2. M35 封门砖

1. M35 墓室

2. M35 出土器物

彩版六四

1. 绿釉陶罐（M35∶1）

2. 陶罐（M35∶2）

3. 陶器盖（M35∶4）

4. 酱釉瓷碗（M35∶3）

M35 及出土器物

彩版六五

1. M36 全景

2. M36 墓室一角

彩版六六

1. 陶罐（M36∶2）

2. 陶罐（M36∶3）

3. 熨斗（M36∶4）

4. 黑半釉瓷碗（M36∶1）

M36 及出土器物

彩版六七

1. M37 全景

2. M37 墓室

3. 白釉瓷碗（M37：1）

M37 及出土器物

彩版六八

1. Y1全景（南–北）

2. Y1侧面（东–西）

1. Y1窑口正面

2. Y1火塘

1. Y1 窑室

2. Y1 烟道

1. M4 全景

2. M4 ∶ 5 铁器

M4

彩版七二

1. M10 全景（南 – 北）

2. J1 全景

M10、J1